I0365302

www.ingramcontent.com/pod-product-compliance
Lightning Source LLC
Chambersburg PA
CBHW061758070526
44586CB00023B/2623
9781927874660

خواب اور تعبیر

پر سکون زندگی کی طرف سات قدم

(گرین زون کا فلسفہ)

ڈاکٹر خالد سہیل

ثمر اشتیاق

سٹی بک پوائنٹ

کراچی۔ پاکستان

ادارہ سٹی بک پوائنٹ کا مقصد ایسی کتب کی اشاعت کرنا ہے جو تحقیق کے لحاظ سے اعلیٰ معیار کی ہوں، اس ادارے کے تحت جو کتب شائع ہوں گی، اس کا مقصد کسی کی دل آزاری یا کسی کو نقصان پہنچانا نہیں بلکہ اشاعتی دنیا میں ایک نئی جدت پیدا کرنا ہے۔ جب کوئی مصنف کتاب لکھتا ہے تو اس میں اس کی اپنی تحقیق اور اپنے خیالات شامل ہوتے ہیں۔ ضروری نہیں ہے کہ آپ اور ہمارا ادارہ مصنف کے خیالات اور تحقیق سے متفق ہوں۔

بیاد: حسن دین

ناشر: آصف حسن

کتاب: پر سکون زندگی کی طرف سات قدم

مصنف: ڈاکٹر خالد سہیل / ثمر اشتیاق

اشاعت: 2024

City Book Point

Naveed Square, Urdu Bazar

Near Muqaddas Masjid Karachi

Ph: 32762483,0312-2306716

Email: citybookurdubazaar@gmail.com

Facebook: city book point Karachi

انتساب

ان تمام مردوں اور عورتوں کے نام

جو

ایک پر سکون گرین زون زندگی گزارنا

اور

ایک پرامن معاشرہ تعمیر کرنا

چاہتے ہیں۔

شکریہ

ہم بے ٹی ڈیوس، مشیل ہیر الڈ اور ثمینہ تبسم کا
خصوصی شکریہ ادا کرنا چاہتے ہیں
کیونکہ
بے ٹی ڈیوس نے گرین زون ورک بک بنانے میں
مشیل ہیر الڈ نے اپنی تھیر پی کی کامیابی کی کہانی لکھنے میں
اور
ثمینہ تبسم نے مشیل کی کہانی ترجمہ کرنے میں
ہماری مدد کی

فہرست

ایک خواب جو شرمندۂ تعبیر ہو گیا 8

ثمر اشتیاق کی گرین زون کہانی 15

گرین زون کا فلسفہ 21

پر سکون گرین زون زندگی کی طرف سات قدم 24

تعارف 24

پہلا قدم-آپ کی اپنے جذباتی زونز سے آگاہی 27

دوسرا قدم: آپ کی اپنے جذبات میں تبدیلی سے آگاہی 29

تیسرا قدم۔۔۔ییلو اور ریڈ زون سے بازیافت 33

چوتھا قدم۔۔۔ییلو اور ریڈ زون میں واپس جانے کی روک تھام 35

پانچواں قدم۔۔۔پرسکون گرین زون رشتوں کو تخلیق کرنا 40

چھٹا قدم۔۔۔پرسکون گرین زون نظاموں کو تخلیق کرنا 44

ساتواں قدم۔۔۔پرسکون گرین زون طرز زندگی تخلیق کرنا 48

پرسکون خاندانی زندگی تخلیق کرنا 53

خوشگوار ازدواجی یار ومانوی رشتے 57

پرسکون گرین زون خاندان تخلیق کرنا 62

خوشحال اور صحت مند خاندان 64

73	پُرسکون تعلیمی نظام
80	صبا مراد کی کہانی
84	گرین زون کی کہانی
91	ڈاکٹر خالد سہیل اور گرین زون تھیریپی
96	زندگی دریا کی طرح ہے جو بہتا رہے تو بہتر ہے
100	گرین زون کا فلسفہ ایک موسیقی کے آلے کی طرح ہے
103	گرین زون فلسفے کے چند اصول
104	پرامن معاشرے کی تعمیر
105	دریا ایک گرین زون کہانی
116	گرین زون کہانیاں
117	زہرہ نقوی کی گرین زون کہانی
124	مینا نقوی کی گرین زون کہانی
127	ڈاکٹر سارہ علی کی گرین زون کہانی
133	ہادیہ یوسف کی گرین زون کہانی
136	شعیب کہوت کی گرین زون نظم
138	ڈاکٹر کامرانی کی گرین زون کہانی
140	سدرا حسین کی گرین زون کہانی
144	قراۃ العین صبا کی گرین زون کہانی

150	ظہور ندیم کی گرین زون کہانی
151	زبدہ ذوالفقار کی گرین زون کہانی
154	مقدس مجید کی گرین زون کہانی
157	دعا عظیمی کی گرین زون کہانی
163	نوروز عارف کی گرین زون کہانی
166	ابصار فاطمہ کی گرین زون کہانی
170	تحریم عظیم کی گرین زون کہانی
172	عائشہ اسلام کی گرین زون کہانی
178	زہرہ زبیری کی گرین زون کہانی
180	عارفہ بھٹو کی گرین زون کہانی
185	صادقہ نصیر کی گرین زون کہانی
196	رنٹو بھاٹیا کی گرین زون کہانی
198	عظمیٰ عزیز کی گرین زون کہانی

ایک خواب جو شرمندۂ تعبیر ہو گیا

خالد سہیل

ہر صبح جب میں اپنے مریضوں کے علاج کے لیے گھر سے نکلتا ہوں تو میرے چہرے پر مسکراہٹ پھیل جاتی ہے۔ مجھے اپنے پیشے سے بے پناہ محبت ہے۔ میں اپنے کام میں اتنا آرام اور اتنی خوشی محسوس کرتا ہوں کہ مجھے یوں لگتا ہے جیسے میں نے اپنی زندگی میں ایک دن بھی کام نہ کیا ہو۔

جب میں نوجوان تھا تو یہ خواب دیکھا کرتا تھا کہ ایک دن میں ماہرِ نفسیات بن جاؤں گا' اپنا کلینک کھولوں گا اور اپنے مریضوں کا علاج کروں گا۔ چنانچہ جب میں نے کینیڈا میں GREEN ZONE CLINIC کھولا تو مجھے یوں محسوس ہوا جیسے میرا خواب شرمندۂ تعبیر ہو گیا ہو۔

جب میں اپنے ماضی پر نگاہ ڈالتا ہوں تو مجھے اپنے تعلیمی اور پیشہ ورانہ سفر کے بہت سے سنگِ میل دکھائی دیتے ہیں۔ میں اس مضمون میں ان میں سے چند سنگ میلوں کا ذکر کروں گا تاکہ آپ کو اس سفر کا اندازہ ہو سکے جس پر عارف عبدالمتین کا یہ شعر صادق آتا ہے

اپنی پہچان کرنے نکلا تھا
ایک عالم سے روشناس ہوا

امی جان کا خواب

میری امی جان کا، جن کا نام عائشہ قاسم تھا، ایک خواب تھا۔ ان کی خواہش تھی کہ میں ایک ڈاکٹر بنوں۔ جب میں نے ان سے پوچھا کہ آپ مجھے کیوں ڈاکٹر بنانا چاہتی ہیں تو وہ کہنے لگیں 'جب تم پیدا ہوئے تھے تو تمہارے بائیں کان کی لو غائب تھی۔ میں تمہارے کان کے بارے میں اتنی فکر مند رہتی تھی کہ اسے رومال سے چھپا کر رکھتی تھی۔ جب تم تین سال کے ہوئے تو میں تمہیں ایک سرجن کے پاس لے گئی۔ اس نے آپریشن کر کے تمہارے بائیں کان کی لو بنا دی۔ میں اس سرجن سے اتنی خوش ہوئی کہ میں نے اس سے کہا کہ جب سہیل بیٹا بڑا ہو گا تو میں اسے آپ کی طرح ایک بڑا ڈاکٹر بناؤں گی۔ وہ سرجن میری بات سن کر مسکرا دیا۔'

ابو جان کی بیماری

جب میں دس سال کا تھا تو میرے ابو جان، جن کا نام عبدالباسط تھا، ایک نفسیاتی بحران کا شکار ہو گئے تھے۔ مجھے وہ دن اچھی طرح یاد ہیں جب وہ کمرے میں گھنٹوں ایک جگہ پر کھڑے رہتے تھے اور خلاؤں میں گھورتے ہوئے بڑبڑاتے رہتے تھے۔ مجھے وہ راتیں بھی یاد ہیں جب وہ گھر کی چھت پر کھڑے ہو کر ستاروں سے باتیں کرتے رہتے تھے۔ وہ دن میں پانی کے بیسیوں گلاس پیتے تھے اور بار بار پیشاب کرنے غسل خانے جاتے تھے۔ میری امی جان پہلے انہیں ایک ڈاکٹر کے پاس، پھر ایک ماہرِ نفسیات کے پاس اور آخر میں ایک روحانی پیشوا کے پاس لے گئیں۔ سب نے ان کا علاج کرنے کی کوشش کی لیکن انہیں کسی علاج سے کوئی فائدہ نہ ہوا۔ آخر ایک سال کے بعد وہ جس پراسرار طریقے سے بیمار ہوئے تھے اسی پراسرار طریقے سے صحتیاب ہو گئے۔ دوستوں اور رشتہ داروں کا خیال تھا کہ وہ نفسیاتی بیماری کی گہرائیوں میں گر گئے تھے ان کا ایمان تھا کہ وہ روحانیت کی بلندیوں کی طرف سفر کر رہے تھے۔ صحت یاب ہونے کے بعد انہوں نے ایک درویشانہ زندگی گزارنی شروع کر دی۔ سادہ خوراک، سادہ لباس اور سادہ طرزِ زندگی۔ لوگ انہیں صوفی صاحب کہنے لگے۔ بیماری سے پہلے وہ گورنمنٹ کالج کوہاٹ میں ریاضی کے پروفیسر تھے۔ بیماری کے بعد انہوں نے پشاور کے ہائی سکول میں پڑھانا شروع کر دیا۔

میرا خیال ہے کہ ابو جان کی بیماری نے ضرور مجھے لاشعوری طور پر ایک ماہرِ نفسیات بننے کی تحریک دی ہو گی تاکہ نفسیاتی مسائل کے راز جان سکوں۔

سگمنڈ فرائڈ اور تحلیلِ نفسی

جب میں طالب علم تھا اور کالج میں پڑھتا تھا تو اکثر لائبریری جاتا تھا۔ مجھے کتابیں پڑھنے کا بڑا شوق تھا۔ ارجنٹینیا کے مشہور لکھاری بورخیز، جو لائبریرین بھی تھے، کا خیال تھا کہ جنت باغ نہیں لائبریری ہے۔ لائبریری میں کبھی نفسیات کبھی روحانیات کبھی ادب کبھی فلسفے کی کتابیں پڑھتا رہتا تھا۔ میں نے چند سالوں میں سینکڑوں کتابیں پڑھ لی تھیں۔

اور پھر ایک شام غیر متوقع طور پر مجھے ایک ہزار صفحوں کی کتاب مل گئی جو سگمنڈ فرائڈ اور تحلیلِ نفسی پر لکھی گئی تھی۔ جب وہ کتاب مجھے ملی تو مجھے یوں لگا جیسے مجھے کوئی قیمتی خزانہ مل گیا ہو۔ وہ کتاب پڑھنے کے بعد مجھے فرائڈ سے عشق ہو گیا۔ اس کتاب نے مجھے ماہرِ نفسیات بننے کی تحریک دی تاکہ میں اس قابل ہو سکوں کہ نفسیاتی مریضوں کا علاج کر سکوں اور نفسیاتی اور سماجی مسائل کی گتھیاں سلجھا سکوں۔ اس کے بعد کارل یونگ، ژاں پال سارتر، ایرک فرام، وکٹر فرینکل اور کئی اور ماہرین سے بھی استفادہ کیا لیکن فرائڈ مجھے آج بھی پہلی محبت کی طرح عزیز ہیں۔

خیبر میڈیکل کالج میں داخلہ

جب میں نے ایف ایس سی کا امتحان امتیازی نمبروں سے پاس کیا تو میں نے خیبر میڈیکل کالج پشاور میں داخلے کے لیے درخواست دی۔ اگرچہ میرے نمبر بہت اچھے تھے اور ہزاروں طلبا کے بورڈ میں میری بیسویں پوزیشن تھی لیکن میری درخواست کو اس لیے رد کر دیا گیا کیونکہ میرے والدین کے پاس صوبہ سرحد کا ڈومیسائل سرٹیفکیٹ نہیں تھا۔ وہ 1947ء میں ہندوستان سے پاکستان ہجرت کر کے آئے تھے اور اپنی ساری جائداد وہیں چھوڑ آئے تھے۔ میں نے اصحابِ بست وکشاد کو بتایا کہ میری ساری زندگی کوہاٹ اور پشاور میں گزری تھی لیکن وہ نہ مانے۔ میرے وہ دوست اور کلاس فیلو جن کے نمبر مجھ سے کم تھے انہیں

پرسکون زندگی کی طرف سات قدم

خیبر میڈیکل کالج میں داخلہ مل گیا لیکن مجھے نہ مل سکا۔ میں اس واقعہ سے بہت دلبرداشتہ ہوا۔ میرا ڈاکٹر اور ماہرِنفسیات بننے کا خواب اتنا چکنا چور ہوا کہ میں بہت اداس و غمگیں ہو گیا۔

اپنی اداسی کو دور کرنے کے لیے میں پشاور سے لاہور اپنی نانی اماں سرور سے ملنے گیا۔ چند دنوں کے بعد جب میں اپنے علاالدین ماموں سے باتیں کر رہا تھا ان کے دوست انکل سعید آ گئے۔ وہ ایک وکیل تھے اور مجھ سے ہمیشہ بڑی شفقت سے ملتے تھے۔ جب انہوں نے میرا حال پوچھا تو میں نے انہیں اپنی دکھ بھری کہانی سنائی۔ انہوں نے مشورہ دیا کہ میں کسی دن ان کے دفتر میں آؤں۔ اگلے دن جب میں ان سے ملنے گیا تو انہوں نے بڑی ہمدردی سے میری کہانی سنی اور پانچ صفحوں کا طویل خط لکھا جس میں تحریر تھا کہ میرے ساتھ ناانصافی ہوئی ہے۔ انہوں نے خط کی ایک کاپی خیبر میڈیکل کالج کے پرنسپل کو، ایک کاپی پشاور یونیورسٹی کے وائس چانسلر کو اور ایک کاپی صوبہ سرحد کے گورنر کو بھیجی۔ میری خوش قسمتی کہ ان دنوں ایر مارشل اصغر خان گورنر تھے جو طلبا و طالبات کے مسائل میں گہری دلچسپی لیتے تھے۔ انہوں نے ایک سپیشل کمیٹی تشکیل دی کہ ڈومیسائل کے مسئلے کا تسلی بخش حل تلاش کیا جائے۔ انہوں نے میرے والد صاحب کا انٹرویو لیا اور مجھے جنوری 1970 میں خیبر میڈیکل کالج میں داخلہ مل گیا۔ پانچ سال کے بعد جب میں نے ایم بی بی ایس کا امتحان پاس کیا تو میری والدہ بہت خوش تھیں کیونکہ ان کا خواب شرمندۂ تعبیر ہو رہا تھا۔

ڈاکٹر احمد علی سے ملاقات

میری امی جان کا خواب تھا کہ میں ڈاکٹر بنوں جبکہ میرا خواب تھا کہ میں ماہرِنفسیات بنوں۔ میں Psychiatry میں ہاؤس جاب کرنا چاہتا تھا لیکن پشاور میں اس کی سہولت نہیں تھی۔ چنانچہ میں سارے شہر میں کسی ماہرِنفسیات کے کلینک کو تلاش کرنے نکل پڑا۔ تین دن کی تلاش بسیار کے بعد جب مجھے ڈاکٹر احمد علی کا کلینک نظر آیا تو میں اندر جا کر ان سے ملا۔ میں نے ڈاکٹر احمد علی سے کہا 'میں نے ایم بی بی ایس کا امتحان پاس کر لیا ہے۔ اب گرمیوں کی چھٹیاں ہیں اور میں تین مہینے کے لیے فارغ ہوں۔ میرا یہ خواب ہے کہ میں آپ کی طرح ایک ماہرِنفسیات بنوں اور اپنا ایک کلینک کھولوں جہاں میں اپنے مریضوں کا علاج کر سکوں۔ کیا آپ اس سلسلے میں میری مدد کر سکتے ہیں؟' ڈاکٹر احمد علی ایک مہربان ڈاکٹر تھے۔ وہ

دوسرے کمرے سے ایک کرسی لے آئے اور کہنے لگے کہ تم ہر روز آیا کرو اور میرے ساتھ میرے مریض دیکھا کرو۔ چنانچہ اگلے تین مہینے میں ہر روز ان کے کلینک جاتا' مریض دیکھتا' مریضوں کے نفسیاتی مسائل کے بارے میں کتابیں پڑھتا اور ڈاکٹر احمد علی سے تبادلہِ خیال کرتا۔

تین مہینوں کے بعد جب ڈاکٹر احمد علی ایک ہفتے کے لیے اپنے گاؤں اپنے رشتہ داروں سے ملنے گئے تو مجھے اپنی کرسی پر بٹھا گئے۔ اس تجربے نے میری حوصلہ افزائی کی اور مجھ میں خوداعتمادی پیدا ہوئی کہ میں ایک کامیاب ماہرِ نفسیات بن کر ایک دن اپنا کلینک چلا سکتا ہوں۔

ایران میں ملازمت

پشاور میں ایک سال میڈیسن اور گائنی میں ہاؤس جاب کرنے کے بعد میں 1976ء میں ایران چلا گیا۔ وہاں میں ایک سال کام کرتا رہا تاکہ اتنی رقم جمع کر سکوں کہ اعلیٰ تعلیم کے لیے مغرب جا سکوں۔ میں ہمدان میں جس بچوں کے کلینک میں کام کرتا تھا اس کی کھڑکی سے بوعلی سینا کا مزار نظر آتا تھا۔ میں دن کے وقت مریض دیکھتا تھا اور شام کو ساری دنیا کی یونیورسٹیوں کو درخواستیں بھیجتا تھا۔ میں نفسیات میں اعلیٰ تعلیم حاصل کرنا چاہتا تھا۔ میں نے چند مہینوں میں سینکڑوں خطوط اور درخواستیں بھیجی ہونگی۔ آخر مجھے خوش خبریاں آنی شروع ہوئیں۔ مجھے آئر لینڈ' نیوزی لینڈ اور کینیڈا کے صوبہ نیوفن لینڈ سے خط آئے کہ انہوں نے مجھے داخلہ دے دیا ہے۔ میں نے کینیڈا کا انتخاب کیا کیونکہ کینیڈا کی ڈگری ساری دنیا میں عزت کی نگاہ سے دیکھی جاتی ہے۔

کینیڈا میں آمد

میں اکتوبر 1977 میں کینیڈا آیا اور میموریل یونیورسٹی میں داخلہ لے لیا۔ ان دنوں ڈاکٹر ہونگ Dr.Hoenig نفسیات کے شعبے کے چیرمین ہوتے تھے۔ وہ مجھ سے بہت شفقت سے پیش آتے تھے۔ ایک دن میں نے ان سے کہا' میں آپ کا شکریہ ادا کرتا ہوں کہ آپ نے مجھے اپنے شعبے میں داخلہ دیا لیکن میں یہ جاننا چاہتا ہوں کہ آپ نے مجھے انٹرویو کیے بغیر کس وجہ سے داخلہ دیا؟' ڈاکٹر ہونگ مسکرائے اور کہنے

لگے 'آپ کے تینوں پروفیسروں نے اپنے خط میں لکھا تھا کہ آپ ایک اچھے شاعر ہیں۔ میں نے سوچا کہ اگر آپ اچھے شاعر ہیں تو آپ ایک اچھے ماہرِ نفسیات بھی بنیں گے'۔ مجھے بعد میں پتہ چلا کہ ڈاکٹر ہونگ کی بیگم ایک آرٹسٹ تھیں اور ڈاکٹر ہونگ کی بہت سے ادیبوں' شاعروں اور دانشوروں سے دوستی تھی۔ وہ فلاسفر کارل جاسپرز Karl Jaspers کے اتنے مداح تھے کہ ان کی ایک ہزار صفحوں کی کتاب کا جرمن سے انگریزی میں ترجمہ بھی کیا تھا۔

نیوفن لینڈ میں زمانہِ طالب علمی میں میں نے ڈاکٹر کاٹسوپلس Dr. Kotsopoulous ' ڈاکٹر لبراکیز Dr. Liberakize اور ڈاکٹر جیمزDr. James سے بہت کچھ سیکھا۔ ڈاکٹر یوجین وولف نے مجھے اپنا خصوصی شاگرد بنایا اور مجھے سائیکو تھیرپی کی سائنس اور فن کے رازوں سے متعارف کروایا۔ بعد میں میں نے بہت سی کانفرنسوں میں شرکت کی اور نفسیات کی دنیا کے جن معتبر اور محترم پرفیسرز سے ملاقات کی اور ان کے لیکچر سنے ان میں پیٹر سفنیوس Peter Sifneos ، مرے بووِن Murray Bowen اور وکٹر فرینکل Victor Frankl شامل ہیں۔ اس مشاہیر نے نفسیات کی دنیامیں گرانقدر اضافے کیے ہیں۔

گرین زون کلینک

کینیڈا کے مختلف جنرل اور نفسیاتی ہسپتالوں میں کام کرنے کے بعد میں نے 1995 میں اپنی نرس این ہنڈرسن Anne Hendreson کی مدد سے اپنا کلینک کھولا۔ بعد میں نرس بے ٹی ڈیوس Bette Davis بھی کلینک میں کام کرنے لگیں۔ پچھلے تیس برس میں ہم نے سینکڑوں مریضوں اور ان کے خاندانوں کا علاج کیا۔ اس کلینک میں ہم نے ایک نیا طریقہِ علاج دریافت کیا جو GREEN ZONE THERAPY کہلاتا ہے۔ ہم نے اس اپنی مدد آپ کے فلسفے پر کتابیں بھی لکھیں۔ مریضوں کے علاج سے مجھے بہت خوشی ہوتی ہے۔ اسی لیے ہر روز میں بڑے شوق سے اپنے کلینک جاتا ہوں۔ مجھے یوں لگتا ہے جیسے گرین زون کلینک میرے نوجوانی کے خواب کی تعبیر ہو۔ میں ان

پرسکون زندگی کی طرف سات قدم

خوش قسمت انسانوں، ادیبوں اور ڈاکٹروں میں سے ہوں جن کے خواب ایک دن شرمندۂ تعبیر ہو جاتے ہیں۔

ثمرا شتیاق کی گرین زون کہانی

میں پرائمری اسکول میں تھی جب ہی محلے کے بچوں کو ٹیوشن پڑھانے کا آغاز کر دیا تھا۔ زمانہ طالب علمی میں مجھے ٹیوشن پڑھانے کے دو فوائد ہوئے۔ ایک تو میری معاشی خود مختاری کا آغاز بُہت کم عمری میں ہو گیا اور دوسرا مجھے معلوم ہو گیا کہ میری شخصیت میں قدرتی طور سے رہنمائی کا عنصر شامل ہے لٰہذا میں ایک اچھی استاد بن سکتی ہوں۔ 1995 میں کراچی یونیورسٹی سے فنون لطیفہ میں ایم اے کی ڈگری حاصل کی اور تعلیم مکمل کرنے کے فورا بعد British Council Karachi سے انگریزی زبان میں تربیت حاصل کرنے کے بعد Adult Education Institute میں انگریزی زبان پڑھانا شروع کر دیا۔ میرے شاگردوں میں کالج، یورنیورسٹی کے طالب علم، سرکاری اور نجی دفاتر کے ملازمین، استاد، ڈاکٹر، انجنیر، بزنس مین گویا ہر شعبہ زندگی سے تعلق رکھنے والے افراد شامل تھے۔ میں اپنے شاگردوں کو انگریزی زبان میں بات چیت پر عبور حاصل کرانے کے لئے ہمیشہ ایسے موضوعات کا انتخاب کیا جہاں اُنہیں اُن کی اپنی رائے بیان کرنے اور ساتھ ہی مخالف کے نقطہ نظر پر سوچنے کا موقع ملے۔

کینیڈین امیگریشن، تعلیم اور ملازمت:

زندگی کی کہانی میں دوسرا موڑ اُس وقت آیا جب میں سن 2006 میں بطور اسکلڈ امیگرینٹ اپنے شوہر عرفان عامر کے ساتھ کینیڈا منتقل ہو گئی۔

کینیڈا منتقل ہونے کے بعد Peer Support Canada

کینیڈا منتقل ہونے کے بعد Canadian Mental Health Association کے تربیتی پروگرام peer support Canada سے ٹریننگ حاصل کی ویمن سنٹر میں peer counselling program کے تحت نئے آنے والوں ساؤتھ ایشین امیگرینٹس خواتین کو اردو اور ہندی زبانوں میں کینیڈین کلچر میں بچوں کی تربیت اور خاندانی مسائل سے متعلق کاؤنسلنگ فراہم کرتی رہی۔ جب peer counselling project اختتام کو پہنچا تو میں YORK UNIVERSITY کے ایک ریسرچ پروگرام کا حصہ بنی۔

اس ریسرچ پروگرام میں کینیڈا میں اسپیشل نیڈز بچوں کے امیگرنٹس والدین سے انٹرویو کے ذریعے یہ معلومات اکٹھی کی گئیں کہ اسپیشل نیڈز بچوں کی پرورش کے لیے کمیونٹی میں کن سہولیات کی ضرورت ہے اور وہ موجودہ پروگرامز اور سہولیات سے کس حد تک مطمئن ہیں۔ اس دوران جن سماجی فلاح و بہبود کے اداروں میں تربیتی پروگرامز کا حصہ بننے کا موقع ملا وہ COMMUNITY LIVING REACH OUT CENTRE FOR KIDS WOODVIEW MENTAL HEALTH NORTH HALTON MENTAL HEALTH CENTRE FOR KIDS اور TOWN OF MILTON تھے۔ یہ تمام سماجی ادارے اور ان کے پروگرامز اونٹریو گورنمنٹ فنڈیڈ ہیں اور کمیونٹی میں اسپیشل نیڈز بچوں کی فلاح و بہبود کے ذمہ دار ہیں۔

2009 میں ہالٹن ملٹی کلچرل کاؤنسلنگ (جو کہ کینیڈا میں نئے امیگرنٹس کو سیٹلمنٹ کے مراحل میں مدد فراہم کرنے والی ایجنسی ہے) میں ملازمت اختیار کی۔ وہاں میرے فرائض میں اسپیشل نیڈز بچوں کے والدین کے لئیے کاؤنسلنگ اور کمیونٹی میں موجود سروسز کی نشاندہی کرنا شامل تھا۔ والدین کی کاؤنسلنگ کے دوران بچے کی معذوری اور اُس سے جڑی مشکلات کے لیے acceptance پیدا کرنا ایک کٹھن مرحلہ ہوتا ہے۔ اُنہیں اس بات کا احساس دلانا کہ دُنیا میں آنے والا ہر بچہ اپنے کچھ اسپیشل ٹیلنٹس اور

کمزوریوں کے ساتھ آتا ہے۔ آپ کا بچہ بھی اُن میں سے ایک ہے۔ اپنے بچے کے اسپیشل ٹیلنٹ کو نا صرف سراہیں اور مزید فروغ دیں بلکہ ساتھ ہی اُنہیں بچے کی کمزوریوں سے لڑنے کے لیے ہتھیار کے طور پر بھی استعمال کریں۔ مثال کے طور پر اگر آٹیزم کے حامل ایک بچے کو دوسروں بچوں کے ساتھ دوستی کرنے میں دشواری ہے اور وہ پڑھنے لکھنے میں اچھا ہے تو اُس کے پڑھنے لکھنے کو اُس کی طاقت بنا کر دوسروں بچوں کی مدد کے لیے تیار کریں۔ اس طرح وہ دوسروں بچوں کے ساتھ دوستی کرنا سیکھے گا اور جب دوسرے بچے پڑھنے لکھنے میں اُس کی مدد حاصل کریں گے تو آگے بڑھ کر اُس سے دوستی کرنا چاہیں گے۔

بچوں اور والدین کو اس مشکل مرحلے کے لیے تیار کرنے کے دوران میری دلچسپی اسپیشل ایجوکیشن میں بڑھتی گئی اور میں نے فیصلہ کیا کہ میں اسپیشل ایجوکیشن میں تعلیم حاصل کر کے اسکول بورڈ سے منسلک ہو جاؤں گی۔

2010 میں اسپیشل ایجوکیشن میں تعلیم حاصل کرنے کے بعد میں نے سن 2011 میں پیل ڈسٹرکٹ اسکول بورڈ میں بطور اسپیشل ایجوکیٹر ملازمت شروع کی. میری ذمہ داریوں میں اسپیشل بچوں کو تعلیم و تربیت کے بہترین مواقع فراہم کرنے کے ساتھ اُن کے والدین کو بچوں کے لیئے تعلیم و تربیت سے متعلق مشورے اور کمیونٹی وسائل کے بارے میں معلومات دینا شامل ہے۔

مجھے پیل ڈسٹرک اسکول بورڈ سے منسلک ہوئے بارہ سال گزر چکے ہیں۔ اس عرصے میں بورڈ کی طرف سے دیے گئے بُہت سے تربیتی پروگرامز کا حصہ رہی ہوں۔ جس میں سب سے قابل ذکر Applied Behaviour Analysis Training ہے۔ ایک Autism Behavioral Analyst ہونے کی حیثیت سے میں نے اسکول بورڈ میں ملازمت کے دوران نا صرف پرائمری اسکول کی سطح پر بچوں کے نفسیاتی الجھنوں اور self-regulation skills کو بڑھانے کے لیے نت نئے تجرباتی طریقے اپنائے بلکہ اپنے شاگردوں کے والدین کو بھی یہ طریقہ کار اپنانے کی ترغیب دی۔ بچوں میں مصوری، موسیقی، ایکٹنگ، بورڈ گیمز اور اسپورٹس ایکٹوٹیز کے زریعے اپنے جذبات سے آگاہی اور اُن کا دُرست اظہار کرنے کی صلاحیت پیدا کی۔ جس سے اُن کے تعلقات اپنے

دوستوں، اساتذہ اور والدین سے بہتر ہوئے۔ میرا ماننا ہے کہ جب بچے ان آرٹ اور اسپورٹس سرگرمیوں میں حصہ لیتے ہیں تو محسوس کرتے ہیں کہ وہ اسکول اور کمیونٹی کا حصہ ہیں۔ وہ اپنے ساتھیوں، اساتذہ، اسکول کے دیگر عملے، والدین اور کمیونٹی کے لیئے اہمیت رکھتے ہیں اور وہ اس قابل ہیں کہ اُن سے محبت کی جائے۔

2001 سے پیل ڈسٹرک اسکول بورڈ کے Mentor program کا حصہ ہوں اور اپنے ساتھیوں کو اسپیشل بچوں کی دیکھ بھال اور تعلیم و تربیت میں رہنمائی فراہم کرتی ہوں۔

ویسے تو بیس پچیس سال کچھ بھی سیکھنے اور سکھانے کو ایک بہت ہی قلیل عرصہ ہے لیکن اسپیشل ایجوکیشن اور نفسیات کے شعبہ جات سے منسلک ہونے کے بعد مجھے اس چھوٹے سے عرصے میں وہ تجربات ہوئے جن سے میرا زندگی کو دیکھنے کا زاویہ بالکل بدل گیا۔ میں نے کوشش کی ہے کہ اس کتاب میں اپنی زندگی کے تجربات اور اُن سے سیکھے سبق کو آپ سب کے ساتھ شیر کروں۔ اُمید کرتی ہوں کہ گرین زون فلسفے پر کتاب آپ کی نجی اور سماجی زندگی کو پُر سکون بنانے میں مددگار ثابت ہو گی۔

گرین زون کمیونٹی پروجیکٹ

میری خوش قسمتی ہے کہ مجھے نا صرف گرین زون کمیونٹی پروجیکٹ میں بطور co-counsellor ڈاکٹر خالد سُہیل کی معاونت کرنے کا موقع ملا بلکہ اب گرین زون فلاسفی پر مبنی اس کتاب کے زریعے میں اپنے کچھ ذاتی تجربات اور مشاہدات بھی آپ تک پہنچانے میں کامیاب رہوں گی۔

ڈاکٹر خالد سُہیل سے میری واقفیت کو تقریبا سترہ یا آٹھارہ سال ہو چکے ہیں۔ سن 2010 میں جب میں Sheridan College Oakville سے اسپیشل ایجوکیشن میں اپنی تعلیم مکمل کر رہی تھی تو ڈاکٹر صاحب نے اس کی مناسبت سے اپنی کتاب کریٹینگ گرین زون اسکولز مجھے تحفے میں دی جو کہ تعلیمی نظام میں سائیکوتھراپی کے نظریے کا تصور پیش کرتی تھی۔ اس کتاب میں پیش کیئے گئے تصور نے مجھے اسپیشل ایجوکشن کی اصل روح کو سمجھنے میں بہت مدد دی۔

اُن ہی دنوں ڈاکٹر صاحب نے پہلی بار مجھے اپنی تنظیم ’’فیملی آف دا ہارٹ‘‘ میں شرکت کی دعوت دی ۔ جہاں میں نے معذور افراد کے لیئے لکھا اپنا ایک مضمون ’’معذور افراد اور قابل احترام زبان‘‘ پڑھا۔ جس کو کافی پذیرائی ملی۔ اس کے بعد میں اپنے مختلف موضوعات پر لکھے مضامین جیسے کہ ’’اینگر مینجمنٹ اور گھریلو تشدد‘‘ اور گرین زون تعلیمی نظام وغیرہ وقتاً فوقتاً فیملی آف دا ہارٹ کے سیمینارز میں پڑھتی رہی۔

جولائی 2020 میں ڈاکٹر صاحب نے اپنی کتاب Seven Steps towards Happy and Healthy Living کا مجھے اردو میں ترجمہ کرنے کا موقع دیا اور اس کے ساتھ ہی مجھے دعوت دی کہ میں گرین زون فلسفے کے ایک نئے تجرباتی پراجیکٹ کا حصہ بنوں اور آن لائن ورک شاپس اور سیمینارز میں اُن کی معاونت کروں۔ میں نے ڈاکٹر صاحب کی دعوت قبول کرلی اور اس طرح گرین زون فلسفے پر مبنی ورک شاپس کا سلسلہ شروع ہوا۔

ورک شاپس کا یہ سلسلہ سات ہفتوں پر مشتمل تھا۔ اس میں شامل بارہ شُرکاء کا انتخاب کیا گیا۔ جن کا تعلق مختلف ممالک سے تھا۔ ان شرکاء کا انتخاب کرتے ہوئے ہم نے خاص طور پر اس بات کا خیال رکھا کہ عورتوں اور مردوں کا تناسب برابر ہونے کے ساتھ ساتھ اُن کا تعلق مختلف شعبہ جات زندگی سے ہو۔

ورک شاپس کے اس سلسلے میں ہر ہفتے تمام شرکاء کو اپنی گرین زون ڈائری لکھ کر لانے کی ہدایت دی جاتی ۔ گرین زون ڈائری میں اُنہیں دن کے مختلف اوقات اور سرگرمیوں کے دوران اپنے جذبات کا اندراج کرنا ہوتا تھا تاکہ اُنہیں اپنے جذبات سے آگاہی حاصل ہوسکے۔ اگر وہ اپنی روزمرہ مصروفیات کے دوران زیادہ تر خوش اور مطمئن رہے تو اس کا مطلب ہے کہ وہ زیادہ تر گرین زون میں تھے۔ اگر الجھن، اُداسی اور پریشانی کا سامنا تھا تو یلو زون اور اگر بے پناہ بے چینی، اختلاج اور غصے کی کیفیت رہی تو زیادہ تر وقت ریڈ زون میں گزرا۔

ہر ہفتے ورک شاپ میں شرکاء گرین زون ڈائری میں درج اپنے جذبات کو دوسرے گروپ ممبران اور گرین زون ماہرین کے ساتھ شیئر کرتے۔ ڈاکٹر سُہیل ڈائری سُننے کے بعد گروپ ممبران سے اُن کی

جذباتی کفیت سے متعلق مزید کچھ سوالات پوچھتے اور اُس کے بعد میں ممبران کے ریڈ اور یلو زون کے پیچھے کارفرما حالات کو سمجھتے ہوئے تبدیلی کے لیے کچھ تجاویز دیا کرتی۔

سات ہفتوں پر مشتمل ہمارا یہ پروجیکٹ بہت کامیاب رہا اور ہم نے فیصلہ کیا کہ گرین زون فلسفے اور تکنیک کو مزید لوگوں تک پہنچانے کے لیے ایک گرین زون کمیونٹی گروپ قائم کیا جائے۔

گرین زون کمیونٹی گروپ میں پہلے ہی مہینے تقریباً بارہ سو ممبران نے شمولیت اختیار کی اور ہمیں اُن کی جانب سے روزانہ کی بُنیاد پر نفسیاتی اور جذباتی مسائل سے متعلق سوالات موصول ہونے لگے۔ وقت کی کمی کی وجہ سے اُن تمام سوالات کا جواب دینا ناممکن تھا لہذا فیصلہ کیا گیا کہ سیمناروں کا ایک سلسلہ شروع کیا جائے اور گرین زون کمیونٹی گروپ کے تمام ممبران کو سات مہینوں پر مشتمل آن لائن سیمناروں میں شامل ہونے کی دعوت دی جائے۔

2021 میں گرین زون فلسفے پر مبنی سات سیمیناروں کا آن لائن انعقاد کیا گیا اُن سیمیناروں میں ہم نے گرین زون فلاسفی کی اہمیت اور افادیت کو اُجاگر کیا۔ گرین زون سیمیناروں میں تفصیل سے یہ بھی بیان کیا گیا کہ گرین زون فلسفے کا اطلاق فرد کی ذات، خاندانی نظام، تعلیمی اداروں، ملازمت کی جگہوں اور کمیونٹی پر کیسے ممکن ہے۔ اس کے علاوہ سن 2020 میں ہونے والی ورک شاپس کے شرکاء سے اپنے گرین زون سفر کے تجربات بیان کرنے کی درخواست بھی کی گئ۔ جن سے تمام گرین زون کمیونٹی ممبران نے استفادہ اُٹھایا۔

ستمبر 2021 میں ممبران کے پُرزور اصرار پر ایک بار پھر گرین زون ورک شاپس کا اہتمام کیا گیا۔ اس بار گرین زون ورک شاپس میں چالیس افراد کو ورک شاپس میں شمولیت کے لئیے منتخب کیا گیا۔ ورک شاپس کی مقبولیت نے ہمیں اس بات کا احساس دلایا کہ جذباتی صحت سے متعلق معلومات اور مشوروں کے حصول کو ہر شخص کے لیے عام بنانا بہت ضروری ہے۔ لہذا ہم نے فیصلہ کیا گیا کہ اس کتاب کے زریعے گرین زون فلسفے کو آپ تک پہنچایا جائے۔

گرین زون کا فلسفہ

پرسکون زندگی کی طرف سات قدم

ورک بک

ڈاکٹر خالد سہیل، ثمر اشتیاق

گرین زون فلسفے کی ابتدا

ایک ماہرِ نفسیات ہونے کی حیثیت سے مختلف نفسیاتی ہسپتالوں میں کام کرنے کے بعد مجھے احساس ہوا کہ روایتی ڈاکٹر نفسیاتی مریضوں کا ادویہ سے علاج کرتے ہیں۔ میرے دل میں یہ خواہش پیدا ہوئی کہ میں ایک ایسا پروگرام بناؤں جو اپنی مدد آپ کے اصول پر قائم ہو تا کہ اس پروگرام سے مریض اپنے نفسیاتی مسائل کو خود سمجھ سکیں اور ایسے اقدامات کر سکیں جن سے وہ ایک صحتمند، خوشحال اور پرسکون زندگی گزار سکیں۔ جس طرح ایک ذیابیطس کا مریض اپنی خوراک اور ورزش سے اپنے جسم کی شوگر کو کنٹرول کر سکتا ہے اسی طرح میں چاہتا تھا کہ ایک نفسیاتی مریض بھی اپنی anxiety اور depression کو نفسیاتی طریقوں سے کنٹرول کرنا سیکھ سکے۔

پرسکون زندگی کی طرف سات قدم

پھر ایک دن ایسا ہوا کہ مجھے ایک فیملی ڈاکٹر نے ایک جوڑا بھیجا جو ازدواجی مسائل کا شکار تھا۔ BILL اور NANCY کی شادی کو بارہ سال ہو گئے تھے اور ان کا ایک دس سال کا بیٹا JASON بھی تھا۔ بل کا نفسیاتی مسئلہ یہ تھا کہ اسے بہت جلد غصہ آجاتا تھا اور وہ غصے کی حالت میں اپنی بیوی پر چیختا چلاتا تھا، اس کی بے عزتی کرتا تھا، ہتک کرتا تھا، تذلیل کرتا تھا۔ آخر نینسی تنگ آگئی اور اس نے بل سے کہا کہ تم اپنے غصے کا علاج کرواؤ ورنہ میں تمہیں طلاق دے دوں گی۔ تم ہمارے بیٹے کے لیے اچھا رول ماڈل نہیں ہو۔

جب میں نے بل کا انٹرویو لیا تو وہ کہنے لگا کہ میں اپنی بیوی سے بہت محبت کرتا ہوں۔ آپ میری مدد کریں تاکہ میں ایک بہتر شوہر اور باپ بن سکوں۔ بل نے مجھے بتایا کہ وہ جس خاندان میں پلا بڑھا تھا وہ بھی نفسیاتی مسائل کا شکار تھا۔ اس کا باپ ایک اچھا رول ماڈل نہیں تھا۔ بل کا کہنا تھا کہ اس کا باپ ایک شدت اور جارحیت پسند انسان تھا۔ جب بھی اس کی ماں اس کے باپ کی کسی رائے، موقف یا فیصلے کی مخالفت کرتی تو وہ اسے مارتا پیٹتا کیونکہ وہ اپنے ہر سچ کو حتمی سچ اور ہر فیصلے کو صحیح فیصلہ سمجھتا تھا۔ بل کو اس بات پر فخر تھا کہ اس نے اپنی بیوی پر کبھی ہاتھ نہیں اٹھایا تھا۔

نینسی نے مجھے بتایا کہ بل جب بھی غصے میں آپے سے باہر ہوتا تھا وہ اگلے دن نینسی سے معافی مانگتا تھا اور وعدہ کرتا تھا کہ آئندہ ایسا نہیں کرے گا لیکن چند دن بعد وہ پھر بے قابو ہو جاتا تھا۔ بل کبھی کبھار نینسی کے لیے تحفے اور پھول بھی لاتا تھا جو نینسی کی نگاہ میں اس کی محبت سے زیادہ اس کی ندامت اور احساسِ گناہ کے آئینہ دار تھے۔

بل ہر ہفتے اپنی تھراپی کے لیے مجھ سے ملنے آتا۔ ایک دن بل انٹرویو میں اپنے بیٹے کے بارے میں باتیں کر رہا تھا۔ میں نے اس سے پوچھا 'تم اپنے بیٹے کے مستقبل کے بارے میں کیا سوچتے ہو؟' کہنے لگا 'میں چاہتا ہوں وہ بڑا ہو کر ایک شہزادہ بنے'۔ میں نے مسکراتے ہوئے کہا 'اگر تم چاہتے ہو کہ تمہارا بیٹا شہزادہ بنے تو تمہیں اس کی ماں کو ملکہ کی طرح رکھنا چاہیے۔ تم اس سے کنیزوں جیسا سلوک کرتے ہو اور کنیزوں

22

کے بیٹے شہزادے نہیں بنا کرتے'۔ میری بات سن کر بل ایک گہری سوچ میں ڈوب گیا جس سے مجھے اندازہ ہوا کہ وہ تھراپی سے کچھ سیکھ رہا ہے۔

ایک دن جب بل مجھے بتا رہا تھا کہ وہ کیسے چھوٹی چھوٹی باتوں سے بے قابو ہو جاتا ہے تو میں نے اس کی آنکھوں میں آنکھیں ڈال کر پوچھا 'بل جب تم ڈرائیو کر رہے ہوتے ہو اور اشارہ YELLOW ہو جائے تو تم کیا کرتے ہو؟'

کہنے لگا 'میں ایکسلیریٹر پر پاؤں رکھتا ہوں'

میں نے پوچھا 'وہ کیوں؟'

کہنے لگا 'میں ہمیشہ جلدی میں ہوتا ہوں۔ دفتر جانے کی جلدی۔ بیٹے کو بے بی سٹر سے اٹھانے کی جلدی۔ گھر پہنچنے کی جلدی۔'

میں نے کہا 'ایک عقلمند انسان ییلو اشارہ دیکھ کر ایکسلیریٹر پر نہیں، بریک پر پاؤں رکھتا ہے۔ جب تمہیں غصہ آنے لگتا ہے تو تم نفسیاتی طور پر ییلو زون میں ہوتے ہو اور جب بے قابو ہو جاتے ہو تو تم ریڈ زون میں چلے جاتے ہو۔ جب تمہیں غصہ آنے لگے تو کمرے سے باہر چلے جایا کرو اور اس وقت تک باہر رہا کرو جب تک تم واپس گرین زون میں نہیں آجاتے۔'

بل کرسی میں اٹھ کر بیٹھ گیا اور کہنے لگا 'ڈاکٹر صاحب۔ مجھے بات سمجھ آگئی ہے۔ میں وعدہ کرتا ہوں کہ میں آج سے ہی آپ کے مشورے پر عمل کرنا شروع کروں گا۔ آپ ایک ہمدرد ڈاکٹر ہیں'۔

اس انٹرویو کا بل کے دل پر بڑا اثر ہوا اور اس کے مزاج میں تبدیلی آنی شروع ہو گئی۔ دو ہفتوں کے بعد نینسی آئی اور کہنے لگی 'ڈاکٹر صاحب آپ کے گرین زون فلسفے کا بہت فائدہ ہو رہا ہے'۔ چند ماہ میں بل نے اپنے غصے کو کنٹرول کرنا سیکھ لیا اور ان کی شادی طلاق سے بچ گئی۔ میں نے آخری انٹرویو میں بل کو شاباش دی اور کہا کہ اس کی تھراپی کا اس کے بیٹے کو بھی فائدہ ہو گا اور بڑا ہو کر وہ بھی اپنے بیوی کی عزت کرے گا۔ جانے سے پہلے جب بل نے مجھے گلے لگایا تو اس کی آنکھوں میں آنسو اور اس کی بیوی کے چہرے پر مسکراہٹ تھی۔

بل اور نینسی کے علاج کے بعد میں نے گرین زون فلسفے کو دوسرے مریضوں پر آزمایا اور مجھے یہ جان کر خوشی ہوئی کہ انہوں نے بھی اسے بہت کارآمد پایا۔آہستہ آہستہ اگلے چند سالوں میں میں نے گرین زون فلسفے کی بنیاد پر ایک عمارت تعمیر کی اور چند کتابیں لکھیں۔

پر سکون گرین زون زندگی کی طرف سات قدم

تعارف

اپنے تیس سالہ پیشہ ورانہ تجربات اور مشاہدات کی بنیاد پر ہم نے آپ کے لیے ایک خاص گرین زون پروگرام ترتیب دیا ہے جو آپ کو ایک صحتمند 'خوشحال اور پرسکون زندگی تعمیر کرنے میں مدد کرے گا۔ہم نے پرسکون زندگی کی طرف سفر کو سات حصوں میں بانٹا ہے۔اس منزل کی طرف آپ نے سات قدم اٹھانے ہیں اور ہم نے ہر قدم کے لیے ایک ہفتے کا وقت سوچا ہے۔اس سفر میں آسانی پیدا کرنے کے لیے ہم نے آپ کے لیے کچھ مشقیں بھی بنائی ہیں اور اپنی ایک مریضہ مشیل کے خط کا ترجمہ بھی کیا ہے کیونکہ اس نے اپنے سفر کے ساتوں اقدام کی کہانی بڑی خوبصورتی اور خوش اسلوبی سے بیان کی ہے۔اس کہانی سے آپ کو حوصلہ ملے گا کہ اگر مشیل وہ قدم اٹھا سکتی ہے تو آپ بھی سات قدم اٹھا کر ایک پر سکون گرین زون زندگی بنانے میں کامیاب ہو سکتے ہیں۔

مشیل اپنی گرین زون کہانی کی ابتدا ان الفاظ میں کرتی ہے

ڈیر ڈاکٹر سہیل!

جب میں پہلی دفعہ آپ سے ملنے کے لیے آئی تھی تو میری زندگی کا دائرہ مجھ پر تنگ ہو چکا تھا۔سکول میں میرے تعلقات سب سے بگڑ چکے تھے۔میرے رفقا کار ٹیچرز اور سٹوڈنٹس سب مجھ سے ناراض تھے اور میں ان سے بیزار۔ایک ہائی سکول ٹیچر کی حیثیت سے مجھے اکثر بگڑے ہوئے بچوں اور ان کے دکھی

والدین سے واسطہ پڑتا تھا جو مجھے لوہے کے چنے چبانے پر مجبور کرتے تھے۔ میرے پرنسپل اور وائس پرنسپل بھی مجھ سے نالاں تھے کیونکہ میں ان کو اکثر ناراض کر دیتی تھی۔

میرے رفقا کار چاہتے تھے کہ اپنا کام کرنے کے ساتھ ساتھ میں ان کا کام بھی کروں اور میرے انکار پر وہ شدید خفا ہو جاتے تھے۔ کام پر ہونے والی سب مشکلات میری گھریلو زندگی پر بھی بری طرح اثر انداز ہوتی تھیں۔ میرے شوہر کی ناراضگی اور بدمزاجی کی وجہ سے ہماری خوشگوار ازدواجی زندگی بس یادوں کی حد تک رہ گئی تھی۔ گھر میں ہر وقت چیخ و پکار اور گالی گلوچ کا سماں ہوتا۔ ایک دوسرے پر طنزیہ اور نفرت بھرے جملے کسنا معمول کی بات تھی۔

ان سب حالات کا بدترین اثر ہمارے بچوں پر ہو رہا تھا۔ خاص طور پر ہمارا منجھلا بیٹا اپنا سارا دکھ اور غصہ لڑائی جھگڑے کی صورت اپنے کلاس فیلوز پر اتارتا اور اپنے اساتذہ کے ساتھ بدتمیزی کرتا۔ انہیں گالیاں دیتا اور اگر وہ سختی سے جواب دیتے تو خودکشی کرنے کی دھمکی دیتا۔ صرف گیارہ سال کی عمر میں میرے اس بیٹے نے نہ صرف میری بلکہ اپنے دونوں بھائیوں کی زندگی جہنم بنا رکھی تھی۔ میری اور اس کے درمیان کشیدگی کی وجہ سے میری ماں کی زندگی بھی متاثر ہو رہی تھی۔ میری کبھی بھی اپنی ماں سے نہیں بنی تھی اور اب تو صورتِ حال بد سے بدتر ہوتی جا رہی تھی۔

میرے چند ہی گنے چنے دوست تھے جن کے کندھے پر سر رکھ کر رونا میرا روز کا معمول بن چکا تھا۔ میری وجہ سے میرے دوست بھی ڈپریشن کا شکار ہو رہے تھے اور آہستہ آہستہ مجھ سے دور ہوتے جا رہے تھے۔ جب میرے پاس خوش رہنے کا کوئی اور راستہ نہ رہا تو میں نے اپنی پریشانی ختم کرنے کے لیے بے تحاشا شاپنگ کرنی شروع کر دی اور جلد ہی نوبت بینک کرپسی تک پہنچ گئی۔

یہ سب بتانے کا مقصد یہ ہے کہ اب مجھے یہ سب باتیں ایک ڈراؤنے خواب کی طرح یاد ہیں کیونکہ اب میری زندگی آپ کی گرین زون تھیراپی سے مکمل طور پر بدل چکی ہے۔

جب میں نے آپ کی گرین زون تھیرپی کی کتاب پڑھنی شروع کی تو مجھے کچھ حوصلہ ہوا کہ میری تباہ شدہ زندگی میں بہتری کی امید ابھی باقی ہے۔آپ نے مجھے ہمت دی حوصلہ دیا امید دی۔آپ کی مدد سے میں نے گرین زون تھیراپی میں حصہ لینا شروع کیا تو مجھے پتہ چلا کہ یہ نفسیاتی علاج ہے اور مجھے اپنے حالات اور تضادات کی وجہ سے اس علاج کی ضرورت ہے۔

آپ نے مجھے بتایا اور سمجھایا کہ یہ علاج اصل میں تین مزاجی کیفیات کو بیان کرتا ہے جنہیں آپ نے بڑی خوبصورتی سے ریڈ ییلو اور گرین زون RED, YELLOW AND GREEN ZONE میں تقسیم کیا ہے۔

گرین زون

مجھے اندازہ ہوا کہ گرین زون سوچ کی وہ خوبصورت منزل ہے جب انسان کو زندگی خوبصورت لگنا شروع ہو جاتی ہے۔جب انسان دکھوں کی قید سے آزاد ہو کر ان کو اپنی طاقت بنالیتا ہے اور زندگی میں آگے بڑھنے کے قابل ہو جاتا ہے۔

ییلو زون

ییلو زون کا مطلب ہے کہ انسان اپنے آپ کو ایسے حالات کا شکار پاتا ہے جب اس کا بس نہیں چلتا کہ کس طرح وہ ہر ایک سے اپنی جان چھڑا کر بس اکیلا رہ جائے۔وہ ہر چھوٹی بات سے پریشان ہو جاتا ہے۔

ریڈ زون

ریڈ زون میں انسان نرم لہجے میں بات کرنا بھول جاتا ہے۔بدلحاظی اور بدتمیزی سے لے کر گالی گلوچ کے بغیر بات کرنا ناممکن ہو جاتا ہے۔

میں جب علاج کے لیے آئی تو میں ایک ریڈ زون زندگی گزار رہی تھی۔ میں اپنی زندگی پر سے اپنا اختیار کھو چکی تھی۔اس وقت میں شدید احساسِ تنہائی کا شکار تھی۔ میں اتنی اکیلی تھی کہ مجھ سے ہمدردی

کرنے والا کوئی نہ تھی اور پھر میری آپ سے ملاقات ہوئی اور ایک طویل عرصے کے بعد زندگی میں ایک مثبت تبدیلی آئی۔

پہلا قدم-آپ کی اپنے جذباتی زونز سے آگاہی

پیشہ کوئی بھی ہو۔آپ چاہے ٹیچر، نرس، گھریلو خاتون، کسی کمپنی کے صدر، قانون دان، پروفیسر، کسان یا پھر کوئی کاروباری شخص ہوں۔آپ اپنی زندگی کے معیار کو بہتر بنانے کے ساتھ ساتھ ایک خوشگوار، صحتمند اور پُرامن طرز زندگی اپنانے کے اہل ہو سکتے ہیں۔ جیسے ہم گرین زون طرز زندگی کہتے ہیں۔

لیکن اس سے پہلے کہ ہم آپ کے ساتھ اس فلسفے کی کچھ عملی تفصیلات شیئر کریں، آیئے ہم آپ کو گرین زون فلسفے کے بنیادی اصولوں سے متعارف کراتے ہیں، جو کہ بنیادی طور پر تین طرح کے جذباتی کیفیات یا emotional zones کے تصور پر مبنی ہیں۔

ہم انہیں ٹریفک لائٹس کی علامتوں کا استعمال کرتے ہوئے، سبز، پیلا اور سرخ زون کہتے ہیں۔

جب آپ پر سکون اور خوشگوار زندگی سے لطف اندوز ہو رہے ہوں تو آپ اپنے ہرے یا گرین زون میں ہوتے ہیں۔ جب آپ معمولی طور پر مایوس، غمگیں، پریشان یا معمولی غصے میں ہوں تو آپ اپنے پیلے یعنی یلو زون میں ہوتے ہیں۔ اسی طرح جب آپ کا غصہ اس حد تک بڑھ جائے کہ آپ اپنا کنڑول کھو بیٹھیں اور شدید ناراض، افسردہ یا پریشان ہو جائیں تو آپ اپنے لال یا ریڈ زون میں ہوتے ہیں۔

ہر شخص انفرادی شخصیت کا حامل ہوتا ہے اور اپنے جذباتی زون کو مختلف انداز میں محسوس کرتا ہے۔ یہ کتاب آپ کے اپنے گرین زون کو پہچاننے اور پھر وہاں بسیرا کرنے میں مددگار ثابت ہو سکتی ہے۔

آگاہی گرین زون لائف اسٹائل اپنانے کی طرف پہلا اور اہم قدم ہے۔ یعنی کہ آپ ہمیشہ یہ جانتے ہوں کہ آپ کس وقت کس طرح کے جذباتی کیفیت میں ہیں اور اس طرح کے جذبات کا تعلق کس رنگ (گرین، یلو یا ریڈ) کے زون سے ہے۔

پر سکون زندگی کی طرف سات قدم

جذبات سے آگاہی خوشگوار زندگی کی طرف ایک سادہ لیکن موثر قدم ہے۔

آگاہی آپ کو نا صرف آپکے گرین زون میں رہنے میں مدد دینے کے لئیے ایک اہم عنصر ہے بلکہ اس کے زریعے آپ جذباتی زون سے واقف ہو کر اپنے منفی جذبات پر بھی کنٹرول رکھ سکتے ہیں۔

آپ کو زندگی میں کسی بھی طرح کی شعوری مثبت تبدیلی لانے کے لیے پہلے زندگی پر اپنی گرفت مضبوط کرنے کی ضرورت ہوتی ہے۔ اس بات کی آگاہی کہ آپ کسی بھی لمحے جذباتی طور پر کیسا محسوس کر رہے ہیں ایک تو حیرت انگیز طور پر آپ کو تقویت پہنچاتا ہے اور دوسرا آپ اپنی زندگی پر ایک کڑی گرفت محسوس کرتے ہیں۔

یہ بات حیرت انگیز ہے کہ یہ معمولی سی آگاہی کیسے آپ کی شخصیت کو مضبوط کرتی ہے اور آپ اپنی ذات اور ماحول پر کیسے مکمل کنٹرول محسوس کرتے ہیں۔

یہ ایک افسوسناک حقیقت ہے کہ ہم میں سے بیشتر لوگ اپنی روزمرہ زندگی کچھ سوچے سمجھے، شعوری طور سے محسوس کیے اور ہر روز ہونے والے نت نئے تجربات کو سراہے بغیر گزارتے ہیں۔

ہم روزمرہ کی زندگی میں جذبات کی شدت کو محسوس تو کرتے ہیں مگر جذبات کے بارے میں آگاہی نہ ہونے کے سبب خوشگوار لمحوں سے بھرپور طریقے سے لطف اندوز نہں ہو پاتے۔

ہم معاملات زندگی کو شعوری طور سے سوچے سمجھے اور جانے بغیر کہ ہمارے کس رویے، عمل یا الفاظ کا کسی دوسرے یا پھر ہمارے اپنے اوپر کیا اثر ہو گا بہت سے اقدام اُٹھاتے ہیں۔

جب آپ اپنے جذبات سے واقف ہوں گے تو آپ اس قابل ہونگے کہ آپ اپنی روزمرہ زندگی میں پیدا ہونے والی مشکل صورتحال کا شعوری طور سے جائزہ لیں اور مثبت طور پر اس کا مقابلہ کریں۔

اگر آپ اپنے جذبات سے واقف نہیں ہیں تو پھر آپ آسانی سے منفی رویوں جیسے غصے اور پریشانی کو محسوس کرتے ہوئے نہ صرف یلو زون میں داخل ہو جائیں گے بلکہ ممکن ہے منفی جذبات کا یہ دباؤ آپ کو

مزید تکلیف دہ جذباتی صورتحال کا شکار کردے اور آپ مشتعل ہو کر کچھ ایسے اقدامات اُٹھائیں جو آپ کو تکلیف دہ ریڈ زون میں داخل کردے۔

دوسرا قدم: آپ کی اپنے جذبات میں تبدیلی سے آگاہی

روزانہ گرین زون ڈائری لکھتے اور اپنے جذبات کا اندراج کرتے ہوئے آپ اپنے روزمرہ کے معمولات میں تبدیلی محسوس کرنا شروع کردیں گے اور یہ آگاہی آہستہ آہستہ آپ کو اس بات سے بھی متعارف کرائے گی کہ وہ کون سے افراد یا حالات و واقعات ہوتے ہیں جو آپ کو گرین زون میں رہنے میں مدد دیتے ہیں۔ اسی طرح اُن افراد اور ناپسندیدہ حالات کی بھی نشاندہی کرے گی جو آپکے منفی جذبات کی وجہ بنتے ہیں اور آپ کو یلو زون اور ریڈ زون کی طرف دھکیل کر غم و غصہ اور تکلیف کا باعث بنتے ہیں۔

اس مرحلے میں سب سے اہم کام یہ ہے کہ ڈائری میں کئے گئے اندراج کے ذریعے آہستہ آہستہ اُن افراد اور حالات کا جائزہ لیا جائے جن کا تعلق آپ کے مثبت اور منفی جذبات کے بہاؤ سے جڑا ہے۔ کیونکہ اُن افراد اور حالات کے بارے میں آگہی آپ کو اپنے جذباتی پیٹرن کو سمجھنے میں مدد دے گی اور آپ یہ جان کر کہ کس شخص یا حالات کا کون سا عمل آپ کے جذبات پر کس طرح اثرانداز ہوتا ہے اپنے منفی ردعمل تبدیل کرسکتے ہیں۔

دوسری طرف بیرونی عوامل کی آگہی اور اثرات کے علاوہ یہ بھی جاننے کی ضرورت ہے کہ آپ کے اپنی ذات سے رشتے کی نوعیت کیسی ہے۔ کیا وہ رشتہ ایک مہربان دوست کے ساتھ۔ رشتے جیسا ہے یا پھر کسی ایسے رشتے دار یا محلے دار کے رشتے کے جیسا جو کہ آپ کی ذات پر مسلسل تنقید کرتا ہے اور بار بار آپ کی کوتاہیوں اور ناکامیوں کی یاد دہانی کرانا اپنا فرض سمجھتا ہے۔

دن بھر جو بھی مثبت یا منفی سوچیں آپ کو گھیرے رہتی ہیں، اُن کا آپ پر بہت گہرا اثر ہوتا ہے۔ دن بھر آپ کی اپنے آپ سے جو بھی اچھی بُری بات چیت چلتی رہتی ہے اُس کا نہ صرف آپ کی عزت نفس پر

بہت گہرا اثر ہوتا ہے بلکہ بیرونی عوامل آپ کو کس طرح متاثر کرتے ہیں اس بات کا تعلق بھی کافی حد تک آپکی اندرونی سوچ سے ہی ہے۔

اگر آپ کی عزت نفس پست ہے تو آپ کی سوچ کا بہاؤ بھی منفی ہوتا ہے۔

آپ اپنے آپ پر دل ہی دل میں تنقید اور لعن طعن کرتے رہتے ہیں۔ اور سوچتے ہیں کہ

-آپ ایک بے وقعت انسان ہیں۔

-آپ نے زندگی میں کچھ حاصل نہیں کیا اور آپ ایک ناکام انسان ہیں۔

-آپ نہ اچھے شریک حیات ہیں، نہ اچھے والدین، نہ اچھے ملازم اور حتیٰ کہ نہ ہی اچھے انسان۔

اگر اُن میں سے کوئی بھی منفی سوچ اکثر آپکے ذھن میں ڈیرہ ڈالے رہتی ہے تو اس کا مطلب ہے کہ آپ اکثر یلو اور ریڈ زون میں رہتے ہیں اور یہ منفی سوچ کا بہاؤ آپکو زندگی کے بہت سے مثبت تجربات کو منفی انداز میں دیکھنے پر مجبور کرتا ہے۔

آپکی عزت نفس کی کمزوری اور اپنی ذات کے بارے میں شک و شُبہات آپکے زندگی کے رنگوں کو پھیکا کر کے آپکو یقین دلاتے ہیں کہ زندگی آپ پر مہربان نہیں ہے۔ اس ناانصافی پر آپ مسلسل غم و غصے میں مبتلا رہتے ہیں اور یہ جذباتی کیفیت آپکو یلو اور ریڈ زون میں قیام پذیر رکھتی ہے۔

کسی دانا انسان کا قول ہے کہ زندگی ایک سمندر ہے اور انسان کا دل اُس میں تیرتی ایک کشتی۔ جب تک کشتی مضبوط ہے پریشانی کی کوئی بات نہیں۔ لیکن اگر کشتی میں ایک سوراخ ہو جائے اور دو گیلن پانی اندر کشتی میں بھر جائے تو وہ دو گیلن پانی سمندر میں موجود دو ھزار گیلن پانی سے زیادہ خطرناک ثابت ہوتا ہے۔

جن لوگوں کی عزت نفس بُلند ہو اُن کا دل خوشیوں سے سرشار اور مضبوط ہوتا ہے مگر جن کی عزت نفس پست ہو اُن کے دل میں سوراخ ہوتا ہے۔ عزت نفس کی یہ پستی اُنہیں معمولات زندگی کے چھوٹے سے چھوٹے مسائل سے نبٹتے ہوئے بھی گہری اُداسی، مایوسی اور ڈپریشن میں مبتلا کر دیتا ہے۔

چلیں دیکھتے ہیں مشیل اس بارے میں کیا کہتی ہیں۔

دوسرا قدم۔۔۔

میرے لیے اپنے جذباتی کیفیت کو سمجھنا اور اُس میں تبدیلی کو محسوس کرنا آسان تھا کیونکہ مجھے صرف یہ جاننا تھا کہ میں کب یلو اور ریڈ زون میں چلی جاتی ہوں۔ اس کے لیے مجھے اپنے آپ سے کچھ سوالات کرنے پڑے۔

-وہ کیا عوامل ہیں جو مجھے یلو اور ریڈ زون میں دھکیل دیتے ہیں؟

-وہ کیا ماحول اور کون افراد ہیں جن کے ساتھ میں یلو زون میں محسوس کرتی ہوں؟

-کب حالات میرے کنٹرول سے باہر ہو جاتے ہیں اور میں یلو زون سے ریڈ زون میں چلی جاتی ہوں؟

اُن سوالات کے جوابات ڈھونڈتے ہوئے کچھ چیزیں فوراً میرے ذہن میں آئیں۔

جیسے کہ جب بھی میں ایک مصروف اور تھکا دینے والے دن کے بعد گھر کی دہلیز پر پاؤں رکھوں تو میرے شوہر اور بچوں کی طرف سے سوالات کی بوچھاڑ شروع ہو جاتی ہے۔ عام طور پر مجھے اپنے کوٹ اتارنے اور پرس لٹکانے سے پہلے فون پر موصول ہوئے کسی پیغام سے نبٹنا پڑتا ہے۔ یا بچوں کی اسکول کی ڈائری میں اسکول کی طرف سے بھیجے گئے پیغامات پڑھتے ہوئے کسی کو اس بات کا جواب دینا ہوتا ہے کہ رات کے کھانا کب ملے گا اور اُس میں کیا پکایا جائے گا۔ یا پھر کسی کو کہیں ڈرائیو کر کے لے جانا ہوتا ہے۔

اکثر ایسے حالات مجھے پریشانی اور غصے میں مبتلا کر دیتے ہیں جو کہ تمام ریڈ زون جذبات ہیں۔

یلو اور ریڈ زون سے دور رہنے کے لیے مجھے شعوری کوشش کرنی پڑی کہ ایسے تجربات کروں جو مجھے گرین زون میں رہنے میں مدد دیں۔

اب آتی ہے آپ کی باری

مشق نمبر ۲

آپکی گرین زون ڈائری

اپنی گرین زون ڈائریمیں ہر روز دن کے اختیتامپر کچھ وقت نکال کر اندراج ضرور کریں۔ جو کہ آپ کو نہ صرف آپ کے جذباتی نظام emotional zones سے آگاہی دلائے گا بلکہ آپکی جذباتی کیفیت میں جو تبدیلیاں رونما ہو رہی ہیں اُن سے بھی آشنا کرے گا۔

اس دوران آپ اپنی جذباتی کیفیت کا خاص کر جائزہ لیں گے۔ آپ بغور مشاہدہ کریں گے کہ کن لوگوں کے ساتھ اور کن سرگرمیوں کے دوران آپ کیسا محسوس کرتے ہیں اور وہ احساسات کس طرح آپ پر اثر انداز ہوتے ہیں۔

مشق نمبر ۳

اس دوران جب بھی آپ خود سے بات کریں تو اپنی سوچ کے دھارے کو اپنے جذباتی زون (گرین، یلو اور ریڈ) سے جوڑیں۔ تاکہ معلوم کیا جا سکے کہ آپ کا اپنی ذات سے رشتہ کیسا ہے اور خود سے بات کرتے ہوئے آپ اپنی ذات پر مہربان یا قہربان ہیں۔

مشق نمبر ۴

گرین زون ڈائری میں روزانہ کیے گئے اندراج کا ہفتے میں ایک بار جائزہ لیں اور خاص کر وہ کالم جس میں آپ لکھ رہے تھے کہ ''اسوقت کیا ہو رہا تھا''۔

بہت سارے افراد جائزے کے بعد گرین، یلو اور ریڈ زون جذباتی کیفیات کو اُن ہی رنگوں سے نمایاں بھی کر دیتے ہیں تاکہ ایک گروپ سے تعلق رکھنے والے علیحدہ علیحدہ جذبات کی نشاندہی ہو سکے۔ آپ اُن تمام واقعات اور ردعمل کو علیحدہ صفحات پر بھی گروپ کی شکل دے سکتے ہیں۔

تیسرا قدم۔۔۔۔یلو اور ریڈ زون سے بازیافتی

اپنے منفی رویوں کی پہچان ہو جانے کے بعد آپکو اگلے مرحلے میں سیکھنا ہوگا کہ یلو اور ریڈ زون سے بازیافتی کیسے کی جائے۔ خود اعتمادی کا یہ سفر آپکی زندگی پر آپکی گرفت مضبوط محسوس کرائے گا۔

جب آپ نے کسی شخص کو یہ موقع دیا کہ وہ آپکو یلو زون میں دھکیل دے یا پھر کبھی کسی ایسی صورتحال سے دوچار ہوئے کہ آپ نے اپنے آپ کو ریڈ زون میں محسوس کیا تو اس کا مطلب ہے کہ اُس وقت آپ جذباتی طور سے بہت کمزور محسوس کر رہے تھے اور آپ اپنی ساری طاقت اُس شخص یا صورتحال سے نبٹنے میں صرف کر چکے تھے۔ مگر اب ریڈ زون کی کھائی میں گرنے کے بعد یہ بھی آپ ہی کی ذمہ داری ہے کہ اُس کھائی سے باہر آئیں اور اپنے کپڑوں سے مٹی جھاڑ کر اپنے آپ کو دوبارہ گرین زون میں واپس لائیں۔

ہم سب انسان ہیں اور انسان خطا کا پُتلا ہے لہذا غلطیاں تو ہم سب سے ہوتی ہیں اور ہم سب ہی وقتاً فوقتاً یلو اور ریڈ زون میں داخل ہو جاتے ہیں مگر بجائے اس کے کہ ہم وہاں مستقل پڑاؤ ڈال لیں ہمیں اُس قیام کو وقتی بنانے کی پوری کوشش کرنی چاہیے۔

اگر ہم چاہیں تو ہماری یلو اور ریڈ زون سے بازیافتی آسان ہو سکتی ہے۔ جیسے کہ کچھ آرام کرنا یا پھر کسی ہمدرد و مہربان دوست سے بات کرنا یا پھر کسی ایسے سمجھدار بزرگ یا گھر والے سے مشورہ لینا جو آپ کے دل کے قریب ہو۔

جب آپ اپنے مہربان دوستوں اور پیار کرنے والے عزیز رشتہ داروں سے بات کرتے ہیں تو ایک تو آپ کا دل ہلکا ہو جاتا ہے اور دوسرے اُن کے کچھ کہے بغیر ہی آپ کو اس بات کی یقین دہانی بھی ہو جاتی ہے کہ آپ جو محسوس کر رہے ہیں وہ اھم ہے۔

مگر یاد رہے کہ اُن کی اس مدد کے لیے بھی آپ کا اُن سے رابطہ کرنا ضروری ہے لہذا آپ اُن سے ملاقات یا فون کے ذریعے رابطہ کر کے مشورہ مانگیں۔ ایسا کرنے سے نہ صرف آپ اپنے ذھنی تناؤ میں کمی لا سکتے ہیں بلکہ اپنا زیادہ تر وقت بھی گرین زون میں گزار سکتے ہیں۔

دیکھتے ہیں مشیل اس بارے میں کیا کہتی ہیں!

تیسرے مرحلے میں یلو اور ریڈ زون سے بازیافتی کے دوران میں نے سب سے پہلے معلوم کیا کہ مجھے کیا کیا کرنے سے خوشی محسوس ہوتی ہے۔

میں ایسا کیا کام کروں کہ جس کہ کرنے سے میں گرین زون ہیں رہوں۔

اور پھر میں نے وہ سارے کام کیے جن سے مجھے گرین زون میں رہنے میں مدد ملی۔ جیسے کہ مجھے معلوم ہوا کہ کچھ دیر اکیلے اپنے ساتھ وقت گزارنا میرے اندر صبر و تحمل میں اضافہ کر دیتا ہے۔ لہذا اُس وقت تھراپی میں میرا ہوم ورک اپنے ساتھ روزانہ ایک گھنٹہ گزارنا ہوتا تھا۔ شروع شروع میں تو ایسا کرنا تقریباً ناممکن سا لگا کیونکہ باہر میری ملازمت، اور گھر میں تین بچوں کے ساتھ گھریلو ذمہ داریاں جیسے کہ بچوں کو ہوم ورک میں مدد کرنا، اُن کے کپڑے اور کھانے پینے کا خیال رکھنا اور سب سے بڑھ کر اُن کے آپس کے تنازعات حل کرانا۔ اس کے ساتھ ساتھ مزید صبح کے لیے اپنی تیاری اور کلاس کے بچوں کے ہوم ورک اور ٹیسٹ پیپرز چیک کرنا۔ اوپر سے سونے پر سُہاگہ شوہر کی ملازمت کے اوقات شام کے تھے جس کی وجہ سے وہ میری مدد کرنے سے قاصر تھے۔ ایسے میں پورا ایک گھنٹہ روزانہ اپنے لیے نکالنا جوئے شیر لانا تھا۔

مگر خود کو گرین زون میں رکھنے کے لیے میں نے کوشش کر کے کسی نہ کسی طرح ٹائم نکال ہی لیا۔ شروع میں تو پورا ایک گھنٹہ نکالنا مشکل ہوا مگر بالآخر میں اپنے مقصد میں کامیاب ہو گئی۔ جس کے نتیجے میں پہلے پہل تو صرف میری شامیں بہتر ہوئیں۔ اب میں زیادہ تر شام کے اوقات گرین زون میں یعنی پُر سکون اور مطمئن گزارنے لگی اور بعد میں یہ اوقات بڑھ کر پورا دن اور پھر پورا ہفتہ میں تبدیل ہو گئے۔

کچھ ماہ بعد مزید چھوٹی موٹی تبدیلیوں کے ذریعے میں پورے دو ہفتے گرین زون میں گزارنے لگی۔ جس میں نہ صرف بہت خوش اور مطمئن محسوس کرتی رہی بلکہ اس دوران میری سوچ کا بہاؤ مثبت تھا اور میرے تعلقات دوسروں سے بھی بہتر ہوئے۔

گرین زون میں زیادہ سے زیادہ رہنے کا عمل بہت خوبصورت تھا۔ ایک بار جب مجھے معلوم ہو گیا کہ گرین زون میں کیسے پہنچا جائے تو بس اب وہ طریقے تلاش کرنے تھے کہ جو وھاں ٹھہرنے میں مدد دے سکیں اور یہی کام اگلے مرحلے میں ہونا تھا۔

اب آتی ہے آپ کی باری

مشق نمبر ۵

مشیل کے گرین زون کے سفر کی آگہی کے دوران اب آپ اُن سرگرمیوں کی لسٹ بنائیں جو آپ کو کرنا پسند ہیں اور جو آپ کو گرین زون میں رہنے میں مدد دیں گی۔ مثال کے طور پر

- کوئی دلچسپ کتاب پڑھیں
- اپنی پسندیدہ فلم دیکھیں
- موسیقی سنیں
- کسی دوست سے ملیں

مشق نمبر ۶

اپنے لیے ایک گرین زون گھنٹے کا اہتمام کریں

کوئی نیا مشغلہ اپنائیں یا کسی پرانے مشغلے کی طرف لوٹیں

چوتھا قدم ۔۔۔ ییلو اور ریڈ زون میں واپس جانے کی روک تھام

اپنے مثبت اور منفی رویوں کے بہاؤ کو اچھی طرح سمجھنے کے بعد اب آپ آگلے مرحلے کے لیے تیار ہیں۔

اگلا مرحلہ روک تھام کا مرحلہ ہے۔ اب جبکہ آپ جان چکے ہیں کہ کچھ لوگوں سے ملاقات اور بات چیت کرنا آپ کو ہمیشہ یلو زون میں دھکیل دیتے ہیں یا کچھ ناپسندیدہ حالات آپ کو ریڈ زون میں جانے پر مجبور کر دیتے ہیں تو اُن تمام حالات اور واقعات کو دوبارہ ذہن میں دُہرا کر سوچیں کہ آپ کا ردعمل اُن حالات میں کیسے مختلف ہو سکتا تھا تاکہ آپ مستقبل میں خود کو یلو یا ریڈ زون میں جانے سے روک پائیں۔

یہ بھی ہو سکتا ہے کہ آپ نااُمیدی کی اُس بلندی پر ہوں جہاں سے کسی طرح کے مثبت ردعمل کی گنجائش ہی نظر نہ آتی ہو اور آپ اپنے آپ کو اس مشکل صورتحال کے جال میں اس بُری طرح پھنسا ہوا محسوس کرتے ہوں کہ بچاؤ کی کوئی صورت ہی دکھائی نہ دیتی ہو، مگر یاد رکھیں کہ درحقیقت ایک ہی صورتحال کو کئی مختلف طریقوں سے سنبھالا جا سکتا ہے جن کے بارے میں ہم نے پہلے کبھی سوچا بھی نہیں ہوتا۔

جیسا کہ اگر آپ اپنی پریشانی اپنے کسی دوست پر ظاہر کریں گے تو یقیناً حیران رہ جائیں گے کہ ایک ہی صورتحال کے بارے میں اُس کی رائے آپ سے کتنی مختلف ہے جو کہ آپ کو مسئلے کا حل نکالنے میں مدد دے گی۔

ان تمام معلومات کو حاصل کرنے کے بعد اب آپ اپنے لیے ایک طرزِ عمل مرتب کر سکتے ہیں۔ جس کے ذریعے آپ کو یلو اور ریڈ زون میں دھکیلنے والے عناصر سے یا تو مکمل گریز کرنے میں مدد ملے گی یا کم از کم آپ اس قابل ہو جائیں گے اُن لوگوں اور حالات کا سامنا کم سے کم ہو گا۔ اس سلسلے میں آپ ہمارے کلینک میں آزمودہ تکنیک " EMOTIONAL RAINCOAT جذباتی برساتی" کو بھی اپنا سکتے ہیں جو آپکو یقیناً گرین زون میں پڑاؤ ڈالنے میں مددگار ثابت ہو گا۔

جذباتی برساتی کا سہارا کیسے لیا جائے۔

ہم نے بہت سالوں کی ریاضت کے بعد جذباتی برساتی کے نظریے کو اپنے کلینک میں آنے والے مریضوں کے لیے پیش کیا۔

جذباتی برساتی ایک علامتی اصلاح ہے جو اُس حکمت عملی کے لیے استعمال کی جاتی ہے جو ذہن پر منفی جذبات کی بوچھاڑ کے وقت بتاتی ہے کہ جذباتی برساتی پہن کر ان منفی جذبات سے کیسے بچا جائے۔ زیادہ تر یہ حکمت عملی پہلے سے سوچ سمجھ کر تیار کی جاتی ہے تاکہ بروقت کام آسکے۔

ہمارے بہت سے دوست اور مریض اس طرح کی حکمت عملی کو پریشان کن صورتحال سے نبٹنے کے لیے بہت موثر تسلیم کرتے ہیں۔ چلیں اس سلسلے میں کچھ مثالیں دیکھتے ہیں۔

۱۔ جمعہ کی شام کو کام کے بعد اگر مجھے کسی دوست سے ملنے جانا ہے تو اس بات کا خیال آتے ہی کہ مجھے ٹریفک جام سے واسطہ پڑے گا میں ریڈ زون میں پہنچ جایا کرتا تھا، مگر اب میں پہلے ہی اپنے دوست کو فون کر کے مطلع کر دیتا ہوں کہ مجھے پہنچنے میں دیر ہو سکتی ہے۔ اس کے علاوہ میں اپنے کچھ پسندیدہ گانوں کی سی ڈیز بھی اپنے ساتھ رکھ لیتا ہوں تاکہ اگر ٹریفک میں پھنسوں تو راستے بھر موسیقی سے محضوظ ہو سکوں۔

۲۔ ایک مریض جس کی اپنے بھائی سے بہت قربت ہے مگر اپنی بھابھی سے نہیں بنتی ہے آپنے آپ کو گرین زون میں رکھنے کے لیے بھائی سے ملاقات اُس کے گھر جا کر کرنے کے بجائے کسی پارک یا ریستوران میں کرتا ہے۔

۳۔ ایک دوست کا کہنا ہے کہ وہ اپنی بہن کو اپنی جان سے زیادہ عزیز سمجھتی ہے مگر اُس کا بہنوئی اُسے ایک آنکھ نہیں بھاتا۔ وہ مزید یہ بھی کہتی ہے کہ اُس کی بہن نے ایک پاگل سے شادی کی ہے جو غصے کی حالت میں درندہ بن جاتا ہے۔ اسی صورتحال میں بہن کے بچے ہی واحد بچاؤ کا راستہ ہیں۔ جب بچے قریب ہوں تو اُسکا بہنوئی بہن کے ساتھ زیادہ بدتمیزی سے پیش نہیں آتا لہذا میری دوست کوشش کر کے اسے وقت میں بہن کو ملنے اُسکے گھر جاتی ہے جب بچے اسکول وغیرہ نہ گئے ہوں بلکہ آس پاس ہی ہوں۔

۴۔ ہمارے ساتھ کام کرنے والی ایک ساتھی نے بتایا کہ اُسکی ماں جب کبھی اکیلے میں اُس سے ملتی ہے تو اُسکے طرز زندگی پر بہت تنقید کرتی ہے مگر کسی تقریب میں یا پھر دوسرے اہل خانہ کے سامنے نارمل رہتی ہے۔ لہذا اُس نے یہی حکمت عملی اپنائی کہ وہ اپنی بہن اور بچوں کی موجودگی میں والدہ سے ملاقاتیں کرنی شروع کردیں جس سے اُن کا رشتہ ایک گرین زون رشتے میں بدل گیا۔

کیا آپ کو اندازہ ہوا کہ کس طرح آپ تھوڑا سا وقت صرف کر کے اپنے جذباتی برساتی کو تیار کر سکتے ہیں۔ اب آپ اپنے رویوں میں بدلاؤ کو مذید سہارا اور استحکام دینے کے لیے لگے ہاتھوں اُن تمام حکمت عملیوں کا اندراج بھی اپنی گرین زون ڈائری میں کرتے جائیں۔

جب آپ ہر مشکل صورتحال سے نبٹنے کے لیے ایک حکمت عملی تیار کرلیں گے تو آپ کا زیادہ سے زیادہ وقت گرین زون یعنی کہ سکون اور اطمینان میں گزرنے لگے گا اور دیکھتے ہی دیکھتے یلو اور ریڈ زون یعنی کہ انتشار اور تصادم میں گزرنے والا وقت کم ہوتا چلا جائے گا۔

میرے بہت سارے دوست احباب، ساتھ کام کرنے والے لوگ اور مریض کچھ ہی ہفتوں میں اس حکمت عملی کو اپنا کر اپنا زیادہ سے زیادہ وقت گرین زون میں گزارنے لگے ہیں۔

آیئے دیکھتے ہیں مشال اس بارے میں کیا کہتی ہیں۔

چوتھا قدم میرے لیے تھوڑا مشکل تھا۔ کیونکہ اس میں مجھے اپنے آپ کو یلو اور ریڈ زون میں جانے سے روکنا تھا۔ اس میں مجھے گرین زون میں رہتے ہوئے یلو اور ریڈ زون لوگوں اور صورتحال سے نبٹنا تھا۔ جو زرا مشکل کام تھا۔ خاص کر اُن لوگوں ساتھ نبٹنا جن کو گرین زون تھیوری کے بارے میں پتہ بھی نہیں تھا۔

کافی غور و فکر کرنے کے بعد میں نے کچھ ایسی چیزوں کا انتخاب کیا جن کی مدد سے اگر میں یلو اور ریڈ زون میں چلی بھی جاؤں تو آسانی سے واپس گرین زون میں آجاتی تھی۔ اس سلسلے میں ایک چیز جس کو میں

نے خاص کر اپنایا وہ یہ تھی کہ لوگوں کو فوری جواب دینے یا نا چاہتے ہوئے بھی اُن کا کام کرنے کی حامی بھرنے کے بجائے یہ کہنا شروع کر دیا کہ ہیں تھوڑی دیر کے بعد آپکو جواب دیتی ہوں۔

مثال کے طور پر پہلے اگر میرے ساتھ کام کرنے والا کوئی فرد مجھ سے کوئی ایسی مدد مانگے جس میں میرا بہت ٹائم اور محنت لگ سکتی ہو اور میں پہلے سے ہی بہت مصروف ہوں تو مجھے فوراً غصہ آجاتا تھا۔ مجھے ایسا محسوس ہوتا تھا کہ کہ مدد مانگنے والا شخص انتہائی کاہل ہے اور یہ اپنے حصے کا کام مجھ پر ڈال کر مجھے چالاکی سے استعمال کرنا چاہ رہا ہے۔ انکار کرنا میرے بس میں نہیں تھا کیونکہ اُس سے مجھے لگتا تھا کہ میں ایک اچھی انسان نہیں ہوں اور لوگوں کی مدد نہیں کرنا چاہتی۔

میرے ذہن اور دل کے درمیان ایک نا ختم ہونے والی جنگ جاری ہو جاتی۔ ذہن کہتا کہ تمہیں اپنا خیال پہلے رکھنے کا حق ہے اور دل کہتا کہ لوگوں کی خدمت میں ہی عظمت ہے۔

مگر چوتھے مرحلے نے مجھے سکھایا کہ غصہ کر کے یا دل ہی دل میں کُڑھنے اور بعد میں دوسروں کا کام کر دینے کی بجائے جب لوگ مدد مانگیں تو میں اُنہیں کہہ سکتی ہوں کہ میں تھوڑی دیر بعد جواب دوں گی۔ یہ کہنے سے ایک تو مجھے اپنے غصے سے بھرپور جذبات قابو کرنے کا موقع مل گیا اور اُسکے ساتھ ہی تھوڑا وقت سوچ بچار کرنے کے لیے بھی مل جاتا جس کی وجہ سے کسی کی مدد کرنے کی حامی بھرنے سے پہلے مجھے بالکل صاف معلوم ہوتا تھا کہ پہلے اپنے آپ کو ترجیح دینا ہے یا دوسروں کا خیال رکھنا ہے۔

چوتھا مرحلہ دراصل میرے لیے اُس وقت مزید آسان ہو گیا جب میں نے لوگوں کو گرین زون ماڈل کے بارے میں آگاہی دینا شروع کی اور اُنہیں سمجھایا کہ مجھے اس سے کس طرح فائدہ ہوا۔

اب آتی ہے آپکی باری

مشق نمبر ۷-آپکی گرین زون ڈائری

یقینا گرین زون ڈائری لکھنا آپ کے لیے ابھی تک ایک بہت ضروری چیز ہے۔

مشق نمبر ۸

ایسی چیزوں کی ایک لسٹ بنائیں جن کو کرنے سے آپ ییلو یا ریڈ زون سے دور رہ سکیں۔ اکثر اُن تمام چیزوں کی لسٹ بنانا جو آپ کو فوری طور سے ییلو اور ریڈ زون سے باہر لے آئیں کافی مددگار ثابت ہوتا ہے۔ مثال کے طور پر تھوڑی دیر کے لیے اُس جگہ کو چھوڑ دینا جس میں آپ ییلو یا ریڈ زون کا شکار ہو رہے ہیں۔ جیسے کہ کمرے سے یا عمارت سے باہر نکل جائیں، گہری سانس بھر کر ذھن میں ایک سے دس تک گنتی گنیں، چہل قدمی کریں یا پھر کسی دوست سے بات کرلیں۔

آپ کی ییلو اور ریڈ زون صورتحال جتنی زیادہ پریشان کن ہو گی اُسکے بار بار پیدا ہونے کا امکانات ناہی زیادہ ہو گا۔ لہذا آپکو پہلے سے اُس صورتحال سے نپٹنے کی تیاری کرنا پڑے گی۔

آگر آپ کا کوئی دوست، رشتے دار یا کوئی کام کرنے والا ساتھی ایسا ہے کہ جس پر آپ بہت بھروسہ کرتے ہوں تو وہ بھی آپکو یہ جذباتی برساتی والی حکمت عملی بنانے میں مدد دے سکتا ہے۔

پانچواں قدم ۔۔۔ پر سکون گرین زون رشتوں کو تخلیق کرنا

جس طرح افراد کا کردار ہوتا ہے اسی طرح رشتوں کا بھی کردار ہوتا ہے۔ ہر انسانی رشتہ مختلف مراحل سے گزرتا ہے۔ رشتے پیدا ہوتے ہیں جوان ہوتے ہیں اور ایک دن ختم ہو جاتے ہین کبھی موت سے اور کبھی جدائی سے۔ ہم لوگوں کو بتاتے اور سکھاتے ہیں کہ وہ یہ جانیں اور پہچانیں کہ ان کے رشتے کس زون میں رہتے ہیں۔

صحتمند رشتے گرین زون میں رہتے ہیں جن سے لوگ نہ صرف محظوظ ہوتے ہیں بلکہ ان رشتوں کے مسائل کا حل خوش دلی اور مکالمے سے تلاش کرتے ہیں۔ ایسے رشتوں میں طرفین اپنی محبت اور پیار کا کھل کر اظہار کرتے ہیں۔

غیر صحتمند رشتے یا تو پریشان کن ییلو زون میں اور یا تکلیف دہ ریڈ زون میں رہتے ہیں۔ ایسے رشتوں میں فریقین نہ تو اپنے مثبت جذبات کا اظہار کرتے ہیں اور ہی اپنے مسائل کا حل تلاش کر سکتے ہیں۔ ایسے رشتے جذباتی اور سماجی تضادات کا شکار ہو جاتے ہیں۔

گرین زون کے فلسفے کے مطابق فریقین تین طریقوں سے مسائل اور تضادات سے نبٹ سکتے ہیں۔

RESOLVING

DISSOLVING

MEDIATING

تضادات کو ریزولو کرنے کے لیے فریقین کو یہ حقیقت قبول کرنی ہو گی کہ ان کا رشتہ تضادات کا شکار ہے اور انہیں یہ بھی فیصلہ کرنا ہو گا کہ وہ مل کر ان مسائل کا حل تلاش کر سکیں تا کہ وہ اپنے رشتے کو صحتمند گرین زون رشتہ بنا سکیں۔

آپ ایسے شخص سے یا بات کر سکتے ہیں اور یا انہیں خط لکھ کر دعوت دے سکتے ہیں۔ ہم اپنے مریضوں کو مشورہ دیتے ہیں کہ وہ اپنی گرین زون ڈائری میں اس شخص کو ایک خط لکھیں اور اپنے جذبات کا اظہار کریں۔ بعض دفعہ خط لکھتے ہوئے کئی ایسے جذبات بھی سطح پر آجاتے ہیں جن سے انسان ناواقف ہوتا ہے۔ ایسے جذبات کی آگاہی مسئلے کی بہتر تفہیم میں مدد کرتی ہے۔ اگر پہلے خط میں غصہ اور تلخی ہے اور وہ ریڈ زون خط ہے تو ہم مشورہ دیتے ہیں کہ آپ ایک اور خط لکھیں جو گرین زون خط ہو۔ ایسا خط جس میں آپ خلوصِ دل سے دوسرے شخص کو ایک گرین زون مکالمے کی دعوت دیں۔ پھر آپ وہ گرین زون خط اپنے دوست یا رشتہ دار کو بھیج بھی سکتے ہیں اور اگر آپ کو خطرہ ہے کہ وہ شخص آپ کے خط کا ناجائز فائدہ اٹھائے گا تو آپ ان سے مل کر انہیں وہ خط پڑھ کر سنا بھی سکتے ہیں۔ اگر اس شخص کو بھی احساس ہے کہ رشتہ مسائل کا شکار ہے اور وہ آپ سے مل کر اسے بہتر بنانا چاہتا ہے تو آپ خوش قسمت ہیں اور آپ مل کر ایک گرین زون رشتہ بنا سکتے ہیں۔

اگر دوسرا شخص مسائل کی ذمہ داری لینے کے لیے تیار نہیں ہے اور مل کر ایک گرین زون رشتہ نہیں بنانا چاہتا تو پھر آپ اس رشتے کو الوداع کہہ سکتے ہیں۔ ڈیزولو کر سکتے ہیں اور اس تعلق کو ہمیشہ کے لیے خدا حافظ کہہ سکتے ہیں۔ بعض دفعہ غیر صحتمند رشتوں کو خدا حافظ کہنے سے انسان سکھی ہو جاتا ہے بہت سا بوجھ اتر جاتا ہے اور انسان سبک سبک محسوس کرنے لگتا ہے۔

اگر آپ نہ تو مسئلے کو حل کر سکتے ہیں اور نہ ہی خدا حافظ کہہ سکتے ہیں تو ایک راستہ اور ہے آپ اس شخص سے درخواست کر سکتے ہیں کہ ہم ایک ثالث کے پاس جائیں جو ہماری اس سلسلے میں مدد کرے اسے ہم MEDIATING کہتے ہیں۔ یہ مدد صرف ایسا شخص کر سکتا ہے جس پر دونوں انسانوں کا اعتماد ہو۔ اس شخص کا فریقین سے گرین زون رشتہ ہو اور وہ انسان دانا بھی ہو۔ وہ ایک دوست بھی ہو سکتا ہے ایک رشتہ دار بھی اور ایک تھیرپسٹ بھی۔

ہم نے اپنے کلینک میں کئی دفعہ فریقین کو بلا کر انہیں اپنے مسائل کا حل تلاش کرنے میں مدد کی ہے۔

اب دیکھتے ہیں کہ مشیل کی کہانی کیا ہے۔ وہ لکھتی ہیں۔

پانچویں قدم میں مجھے لوگوں سے اپنے تعلقات اچھے بنانے تھے۔ انہیں یہ بتانا تھا کہ میں آپ کی مدد اور گرین زون تھیرپی سے ایک صحتمند زندگی گزار سکتی ہوں۔

جہاں تک میرے خاندان کا تعلق تھا وہ تو جانتے ہی تھے کہ میں آپ سے مل رہی ہوں اور آپ میرے نفسیاتیمسائل کو حل کرنے میں میری مدد کر رہے ہیں۔ اس وقت تک ریڈ' ییلو اور گرین زون کے الفاظ بھی میرے اور میرے بچوں کے لیے روزمرہ کی زبان کا حصہ بن چکے تھے۔ میرے شوہر، بھائی، بہن اور والدین بھی ان سے اچھی طرح واقف تھے۔ ہم میں سے جب بھی کوئی کسی خاص کیفیت میں ہوتا تو ان رنگوں کی مدد سے اسے بیان کرنے میں کوئی مشکل نہ ہوتی تھی۔ مثال کے طور پر جب میں گھر میں داخل ہوتی تو بچوں سے کہتی کہ ابھی میں ییلو زون میں ہوں پلیز تھوڑا سا انتظار کر لو تا کہ میں اپنا کوٹ اور بیگ

سنبھال سکوں تب میں اپنے گرین زون میں آجاؤں گی اور تمہاری باتیں سن سکوں گی۔ کبھی کبھار میں اپنے بچوں کو یہ بھی کہتے سنتی تھی،"تم مجھے ریڈ زون میں بھیج رہے ہو" اس وقت تک یہ الفاظ ہمارے گھر کا حصہ بن چکے تھے۔

لیکن کام پر ایسا کرنا آسان نہ تھا۔اس لیے میں نے صرف ایک دو قریبی رفقاکار کو اس بارے میں بتایا تھا اس اعتماد کے ساتھ کہ وہ میری حوصلہ افزائی کریں گے اور میرا مزاق نہیں اڑائیں گے کہ میں ایک گرین زون انسان بننے کی کوشش کر رہی ہوں۔اس طرح کچھ ہی عرصے میں میں ان کے ساتھ گرین زون دوستی کرنے میں کامیاب ہوگئی۔

اب آپ کی باری ہے

مشق نمبر۹

اب اگر آپ چاہیں تو روزانہ لکھنے کی بجائے آپ اپنی گرین زون ڈائری ہفتہ وار لکھیں۔

مشق نمبر ۱۰

آپ اپنے تمام رشتوں کی ایک فہرست بنائیں اور اپنے آپ سے پوچھیں کہ وہ کس زون میں رہتے ہیں۔

مشق نمبر ۱۱

آپ اپنا ایک گرین زون رشتہ تلاش کریں اور اس شخص کو شکریے کا خط لکھیں کہ اس کی وجہ سے آپ کی زندگی میں خوشیوں کا اضافہ ہوا ہے۔

مشق نمبر ۱۲

آپ اپنی زندگی میں ایک ایسا شخص چنیں جن سے آپ کا یلو یا ریڈ زون رشتہ ہے اور اسے خط لکھ کر گرین زون رشتہ بنانے کی دعوت دیں۔

مشق نمبر ۱۳

آپ وہ خط دوبارہ پڑھیں اور اگر اس میں غصہ اور تلخی ہے تو سوچیں کہ کیا آپ اس رشتے کو بچانا چاہتے ہیں یا خدا حافظ کہنا چاہتے ہیں۔

مشق نمبر ۱۴

اگر آپ اس رشتے کو بچانا چاہتے ہیں تو پھر ایک اور خط لکھیں جو گرین زون خط ہو۔ اگر آپ چاہیں تو ایسا خط لکھنے میں کسی اور گرین زون دوست کی مدد حاصل کر سکتے ہیں۔

چھٹا قدم۔۔۔پر سکون گرین زون نظاموں کو تخلیق کرنا

جب لوگ افراد اور رشتوں کی ذہنی صحت کے بارے میں جان لیتے ہیں تو ہم ان سے نظاموں کی ذہنی صحت سے باخبر کرتے ہیں۔ ہم انہیں بتاتے ہیں کہ ہر انسان بیک وقت مختلف نظاموں میں زندگی گزارتا ہے۔ ہم سب کم از کم تین نظاموں میں رہتے ہیں

پہلا نظام۔۔۔خاندانی نظام

دوسرا نظام۔۔۔کام کی جگہ کا نظام

تیسرا نظام۔۔۔سماجی نظام

گرین زون کے فلسفے کے مطابق جس طرح انسان اور رشتے تین زونز میں رہتے ہیں اسی طرح نظام بھی گرین ،ییلو اور ریڈ زون میں رہتے ہیں۔ آپ کی ذہنی صحت کے لیے یہ جاننا بہت اہم ہے کہ آپ جن نظاموں میں زندگی گزارتے ہیں وہ نظام کس زون میں رہتے ہیں۔ اکثر لوگ یہ نہیں جانتے کہ کسی بھی شخص کے لیے ریڈ زون میں زندگی گزارنے کے دوران گرین زون میں رہنا اس لیے بہت مشکل ہوتا ہے کیونکہ نظام نفسیاتی طور پر افراد سے زیادہ طاقتور ہوتے ہیں۔

خاندانی نظام

ہم سب ایک خاندان میں پیدا ہوتے ہیں اور اس نظام میں پرورش پاتے ہیں۔ وہ خاندان ہماری شخصیت اور ذہنی صحت کو متاثر کرتا ہے۔ جو بچے گرین زون خاندانی نظام میں پلتے بڑھتے ہیں وہ نہ صرف صحتمند اور خوشحال ہوتے ہیں بلکہ ان میں خود اعتمادی بھی بدرجہِ اتم پائی جاتی ہے۔ ایسے بچے چونکہ اپنے والدین اور بہن بھائیوں سے گرین زون رشتے رکھتے ہیں اس لیے وہ جوان ہو کر خود بھی گرین زون رشتے استوار کر سکتے ہیں۔

وہ بچے جو یلو اور ریڈ زون خاندانی نظام میں پرورش پاتے ہیں وہ اکثر یا تو اداسی کا شکار ہوتے ہیں اور یا غصیلے ہوتے ہیں۔ ان کے لیے جوان ہو کر اپنے ہمسایوں اور رفیقِ کاروں سے دوستی کرنا مشکل ہو جاتا ہے۔ بعض تو نفسیاتی مسائل اور ذہنی بحران کا شکار ہو جاتے ہیں۔

کام کا نظام

بہت سے لوگ اپنی صبحیں اور شامیں تو خاندانی نظام میں گزارتے ہیں لیکن اپنا سارا دن اس نظام میں گزارتے ہیں جہاں وہ ملازمت کرتے ہیں۔

ایک گرین زون نظام میں لوگ خوشی خوشی کام پر جاتے ہیں اور ان کے کام کی قدر کی جاتی ہے۔

یلو اور ریڈ زون نظام میں کام کرنے والوں کے انسانی حقوق کا احترام نہیں کیا جاتا اور وہاں انصاف مفقود ہوتا ہے۔ اس لیے کام کرنے والے اپنے آپ کو دوسرا درجے کا شہری سمجھتے ہیں جس سے ان کی انا اور عزتِ نفس مجروح ہوتی ہے۔

جب لوگوں کو احساس ہو جاتا ہے کہ وہ ایک غیر صحتمند ریڈ زون کے نظام میں ملازمت کر رہے ہیں تو بعض ریڈ زون نظام سے استعفیٰ دے کر کسی صحتمند اور انصاف پسند گرین زون نظام میں کام شروع کر دیتے ہیں۔ جو ایسا نہیں کر سکتے وہ اپنے ہم خیال رفقا کار سے مل ایک ایسا نفسیاتی حسار بناتے ہیں جو انہیں نظام کی سنگینیوں سے بچاتا ہے۔

جو لوگ ریڈ زون نظام میں کام کرتے ہیں وہ اکثر بیمار رہتے ہیں اور ذہنی صحت کے لیے چھٹیاں لیتے رہتے ہیں۔

سماجی نظام

ہم اپنے مریضوں سے کہتے ہیں کہ وہ جس بھی سماجی ادارے ' تنظیم اور نظام کا حصہ ہیں اس کے بارے میں سوچیں کہ وہ کس زون میں زندگی گزارتا ہے۔

اگر وہ نظام گرین زون میں ہے تو لوگوں کا شکریہ ادا کریں اور اگر وہ نظام ریڈ زون میں ہے تو اس سے احتراز کریں۔

اپنے سماجی نظاموں کی ذہنی صحت کے بارے میں جاننا اور اس کی بنیاد پر سماجی فیصلے کرنا ہم سب کی ذہنی صحت کے لیے اہم ہے۔

مشیل کی کہانی

ڈیئر ڈاکٹر سہیل!

چھٹے قدم پر مجھے یہ سیکھنا تھا کہ میں کیسے پر سکون گرین زون کے نظاموں کا حصہ بن سکتی ہوں۔ نظام ' چاہے وہ خاندان کا ہو یا سماج کا نفسیاتی طور پر افراد سے زیادہ طاقتور ہوتا ہے۔ اس لیے ریڈ زون نظام ہیں کسی بھی انسان کا گرین زون میں رہنا ناممکن نہیں تو دشوار ضرور ہو جاتا ہے۔ مثال کے طور پر میرے سکول کا نظام ریڈ زون میں تھا، میری اپنی پرنسپل سے اچھی دوستی نہیں تھی لیکن میرا اس سے ہر روز کا آمنا سامنا بھی نہیں تھا۔ اس لیے اسے ساری باتیں بتانا ضروری بھی نہیں تھا۔ لیکن جب میں اس کے دفتر میں جاتی تو مجھے یہ دھڑکا لگا رہتا کہ کہیں وہ مجھے اپنی باتوں سے ریڈ زون مین نہ دھکیل دے۔ میں نے آپ سے جذباتی رین کوٹ EMOTIONAL RAINCOAT کا تصور سیکھا۔ اس لیے جب میں پرنسپل سے ملنے جاتی تو اپنے ذہن پر رین کوٹ ڈال دیتی تاکہ پرنسپل کی چھبتی باتیں دل پر نہ لوں اور کم متاثر ہوں۔ کبھی یہ طریقہ زیادہ کامیاب ہوتا کبھی کم۔ میں نے یہ بھی سوچا کہ میں پرنسپل سے اکیلے نہ ملوں کیونکہ باقی لوگوں

کے سامنے وہ زیادہ احترام سے بات کرتی تھی۔ چھٹا قدم اٹھانے کے بعد اگر میں ریڈ زون میں جاتی بھی تو جلد گرین زون میں آجاتی جو میرے لیے بہت بڑی کامیابی تھی۔ مجھے آپ کا یہ جملہ مدد کرتا۔

مشیل اگر ریڈ زون میں جاؤ بھی تو ڈرائیو کرتے ہوئے واپس گرین زون میں آجاؤ۔ ریڈ زون میں گاڑی پارک نہ کیا کرو۔ وہی ریڈ زون جہاں میں گرین زون تھیراپی سے پہلے کئی دن رہتی اب صرف چند گھنٹوں میں لوٹ آتی۔

اب آپ کی باری ہے

مشق نمبر ۱۵

آپ اپنے خاندان کے بارے میں سوچیں "نہ صرف والدین کا وہ خاندان جس میں آپ پیدا ہوئے بلکہ وہ خاندان بھی کس میں آپ کا شریک سفر اور بچے شامل ہیں" اور جانیں کہ وہ کس زون میں رہتا ہے۔ اپنے خاندان والوں سے ایک میٹنگ کریں اور اس موضوع پر تبادلہ خیال کریں۔

مشق نمبر ۱۶

اپنی ملازمت کی جگہ کے بارے میں سوچیں کہ وہ کس زون میں رہتا ہے۔ اگر وہ گرین زون میں ہے تو اپنے بوس اور رفقا کار کا شکریہ ادا کریں اور اگر وہ ییلو یا ریڈ زون میں ہے تو اپنے مستقبل کے بارے کچھ فیصلہ کریں۔

مشق نمبر ۱۷

اپنے سماجی نظاموں کے بارے میں سوچیں اور اپنے آپ سے پوچھیں کی وہ کس زون میں رہتے ہیں۔ ایسا جاننے کے بعد آپ اپنے مستقبل کے بارے میں صحتمندانہ اور دانشمندانہ فیصلے کر پائیں گے۔

مشق ۱۸

ایسے لوگوں کے بارے میں سوچیں جو آپ کے خاندانی پیشہ ورانہ اور سماجی نظاموں کو گرین زون میں لانے میں آپکی مدد کر سکتے ہیں۔

ساتواں قدم۔۔۔پر سکون گرین زون طرز زندگی تخلیق کرنا

بیسیوں مریضوں اور ان کے خاندانوں کی مدد کرنے کے بعد ہمیں اس بات کا اندازہ ہوا ہے کہ گرین زون طرزِ زندگی کی طرف تین راستے جاتے ہیں جن کا ایک دوسرے سے قریبی تعلق ہے۔ ہم انہیں تین نام دیتے ہیں

CREATING

SHARING

SERVING

ہر انسان کو فطرت نے چند قیمتی تحفے دیے ہیں۔

پہلا راستہ اپنے فطری تحفوں اور تخلیقی صلاحیتوں کو پہچاننا ہے۔انسان بچپن میں اکیلے یا دوسرے بچوں کے ساتھ بہت سے کھیل کھیلتے ہیں۔ اس طرح وہ اپنی خفیہ تخلیقی صلاحیتوں کا اظہار کرتے ہیں۔بد قسمتی سے بہت سے بچے جوان ہونے کے بعد اپنی خاندانی اور سماجی ذمہ داریوں میں اتنے گھر جاتے ہیں کہ وہ مسکرانا ہنسنا اور کھیلنا بھول جاتے ہیں۔

اپنی تخلیقی صلاحیتوں کو اجاگر کرنے کا ایک طریقہ یہ ہے آپ ایک مشغلہ اپنائیں۔ایسا مشغلہ جو آپ کی زندگی میں خوشی کی نوید لے کر آئے۔جب ہم ایک ایسا کام کر رہے ہوتے ہیں جس سے ہم محظوظ ہوتے ہیں تو وقت کا اندازہ ہی نہیں ہوتا۔

پرسکون زندگی کی طرف سات قدم

جب آپ اپنے پسندیدہ ادیب، شاعر اور دانشور کی کتاب پڑھ رہے ہوتے ہیں یا اپنے پسندیدہ موسیقار کی غزلیں نظمیں گیت اور نغمے سن رہے ہوتے ہیں تو گھنٹوں گزر جاتے ہیں اور آپ کو وقت گزرنے کا احساس ہی نہیں ہوتا۔

جب آپ ایک مشغلہ اپنائیں گے تو وقت کے ساتھ ساتھ آپ کے ذوق اور شوق میں اضافہ ہوگا اور دھیرے دھیرے وہ مشغلہ ایک جذبہ ایک خواب اور ایک آدرش بن جائے گا۔

جو لوگ فنونِ لطیفہ میں دلچسپی رکھتے ہیں انہیں ادب، فلم یا موسیقی کا شوق ہوتا ہے۔ بعض لوگوں کا مشغلہ طرح طرح کے کھانے پکانا، ڈیزائنر کپڑے سینا، گھر کی آرائش کرنا یا باغبانی کرنا ہوتا ہے۔ یہ سب کام تخلیقی صلاحیتوں کو اجاگر کرتے ہیں۔

اپنے کلینک میں ہماری ملاقات ایسے ادیبوں، شاعروں اور دانشوروں سے بھی ہوئی ہے جو نفسیاتی طور پر حد سے زیادہ حساس تھے اور اپنی حساس طبیعت کی وجہ سے نفسیاتی مسائل کا بھی شکار تھے۔ ہم ایسے فنکاروں کی مدد کرتے ہیں کہ وہ اپنے نفسیاتی مسائل کا رشتہ اپنے فن سے جوڑیں تاکہ ان کا فن بھی بہتر ہو اور وہ نفسیاتی طور پر بھی صحتمند ہوں۔ اسی لیے ہم نے اپنے کلینک کا نام CREATIVE PSYCHOTHERAPY CLINIC رکھا ہے۔

ہم اپنے مریضوں کو ورجینیا وولف جیسی لکھاریوں اور فریڈا کہلو جیسی فنکاروں کی سوانح عمریاں پڑھنے کا مشورہ بھی دیتے ہیں تاکہ وہ ان فنکاروں سے سیکھ سکیں کہ انہوں نے کس طرح اپنی زندگی کے کرب اور اذیت کو اپنے فن میں ڈھالا۔ جب انسان اپنے دکھ میں معنی تلاش کرلیتا ہے تو وہ دکھ سکھ میں بدلنا شروع ہو جاتا ہے۔

دوسرا راستہ SHARING

ہم اپنے مریضوں کو مشورہ دیتے ہیں کہ وہ اپنے دوستوں کا حلقہ بنائیں تاکہ وہ اپنے فن پارے اور اپنی دلچسپیاں ان سے شیر کر سکیں۔ ہمارا خیال ہے کہ ہر انسان کے دو خاندان ہیں ایک وہ خاندان جس میں وہ پیدا

ہوتا ہے اور ایک دوستوں کا وہ خاندان جو وہ خود بناتا ہے۔ ہم دوستوں کے ایسے خاندان کو فیمیلی آف دی ہارٹ کا نام دیتے ہیں۔

تیسرا راستہ SERVING

جب ہم دنیا کے مختلف ممالک اور کلچرز کے ادیبوں شاعروں اور فنکاروں کی سوانح عمریاں پڑھتے ہیں تو ہمیں اندازہ ہوتا ہے کہ انہوں نے اپنی زندگی میں تو بہت سی اذیتوں اور مصیبتوں کا سامنا کیا لیکن انہوں نے اپنی قوم اور معاشرے کی بہت خدمت کی۔ وہ خود تو تخلیقی اقلیت کا حصہ تھے لیکن ہر دور میں انہوں نے روایتی اکثریت کی رہنمائی کی۔ اس طرح ان کے خیالات اور نظریات نے انسانی ارتقا میں اہم کردار ادا کیا۔

ہم اپنے مریضوں کو مشورہ دیتے ہیں کہ وہ اپنی کمیونٹی میں وولنٹیر ورک کریں کیونکہ دوسروں کو خوش رکھنے اور ان کی خدمت کرنے سے انسان خود بھی خوش رہتا ہے اور اس کی زندگی بامعنی اور بامقصد ہو جاتی ہے۔

اب ہم مشعال کے خیالات پڑھتے ہیں

ڈیئر ڈاکٹر سہیل

آج کل میں ساتویں قدم پر ہوں تاکہ گرین زون طرزِ زندگی کو اپنا سکوں۔ مجھے اب یہ فیصلہ کرنا ہے کہ مجھے اپنی مستقبل کی زندگی کیسے گزارنی ہے۔ آپ کی محنت رنگ لائی ہے۔ اب میں ذہنی طور پر اتنی مضبوط ہو گئی ہوں کہ میں نے اپنی زندگی کا کنٹرول اپنے ہاتھ میں لے لیا ہے۔ گرین زون میں زندگی گزارنے کے لیے عمر بھر کی محنت اور ریاضت چاہیے۔ اب میں اپنی زندگی میں وہ مثبت تبدیلیاں پیدا کر رہی ہوں تاکہ میں دوسروں کے لیے ایک اچھی مثال بن سکوں۔ دوسروں سے خوش اخلاقی سے پیش آنا' دنیا کو مثبت نظر سے دیکھنا' اپنے خاندان اور اپنی کمیونٹی کے لیے خود کو ایک کارآمد انسان بنانا' خدمتِ خلق کرنا اور سب سے بڑھ کر خوشی سے پر سکون زندگی گزارنا یہ سب گرین زون تھیراپی کی کرامات ہیں۔

یہ سفر مشکل ضرور تھا لیکن آپ کی مدد سے میں نے یہ جانا کہ ایسا کرنا ناممکن نہیں تھا۔ یہ ایک مسلسل کوشش ہے۔ وقت گزرنے کے ساتھ ساتھ میرے لیے یہ سفر آسان ہوتا جارہا ہے اور اب میں زندگی کا پیشتر حصہ گرین زون میں گزارتی ہوں۔

ڈاکٹر سہیل!

آج میں مڑ کر دیکھتی ہوں تو مجھے یقین نہیں آتا کہ میں وہی عورت ہوں جو اپنے احساسات و جذبات میں بری طرح ناکام ہو چکی تھی اور میری ذات ایک ایسا جیتا جاگتا بم بن چکی تھی جو کسی بھی وقت پھٹنے کے لیے تیار تھا۔ میرا خاندان' میری ملازمت اور میرے معاشی حالات سب بری طرح ناکامی کا شکار تھے۔ میرا خود اپنی زندگی پر اختیار ختم ہوتا جارہا تھا۔ میں اپنے آپ کو ایک تنہا اور ناکام انسان سمجھنے لگی تھی۔ لیکن آپ کی گرین زون تھیریپی کی وجہ سے مجھ پر یہ انکشاف ہوا کہ میں پرسکون زندگی سے صرف سات قدم کے فاصلے پر تھی۔ اس معجزے کے لیے میں آپ کی بے حد مشکور ہوں۔ اگرچہ میں زندگی میں کبھی بھی آپ کے احسان کا بدلہ نہیں چکا سکتی مگر آپ سے یہ وعدہ کرتی ہوں کہ آپ کا گرین زون کا معجزانہ فلسفہ نہ صرف خود اپنائے رکھوں گی بلکہ اس کو اپنے دوست احباب اور کمیونٹی میں متعارف بھی کرواؤں گی۔ مجھے یقین ہے کہ ایک دن میرے بچے' میرے رفقاکار میرے طالب علم اور میرے شوہر گرین زون میں زندگی گزاریں گے اور یہ دنیا پھر سے خوبصورت ہو کر ایک گرین زون جنت کی شکل اختیار کرلے گی۔

آپ کی بہت مشکور

مشیل

اب آپ کی باری ہے

مشق نمبر ۱۹

اپنے ایسے دوستوں کا حلقہ بنائیں جو آپ کے مشغلے میں دلچسپی رکھتے ہوں۔

اپنی فیمیلی آف دی ہارٹ بنائیں جن سے آپ بار بار مل سکیں اور زندگی سے محظوظ ہو سکیں۔

مشق نمبر ۲۰

اس حوالے سے سوچیں کہ آپ اپنی کمیونٹی کے لوگوں کی کس طرح خدمت کر سکتے ہیں۔ خدمتِ خلق کرنے سے آپ کی زندگی بامقصد اور بامعنی بن سکتی ہے۔

مشق نمبر ۲۱

اپنے خاندان والوں سے ہر ہفتے ایک گرین زون میٹنگ کریں تاکہ آپ خاندانی مسائل پر تبادلۂ خیال کر سکیں اور روزمرہ کے مسائل کا حل تلاش کر سکیں۔

مشق نمبر ۲۲

اگر آپکا کوئی محبوب یا شریک حیات ہے تو اس کے ساتھ ہر ہفتے کسی تفریح کا اہتمام کریں تاکہ آپ کے رشتے میں شگفتگی قائم رہے۔

مشق نمبر ۲۳

اپنی پچھلے چند ماہ کی زندگی پر ایک نظر ڈالیں اور گرین زون کے فلسفے پر عمل کرنے سے آپ کی زندگی میں جو مثبت تبدیلیاں آئی ہیں اس کے بارے میں اپنی گرین زون کہانی لکھیں۔ وہ کہانی دوسرے لوگوں کو ایک خوشحال صحتمند اور پرسکون زندگی گزارنے کی تحریک دے گی۔

مشق نمبر ۲۴

اپنے مستقبل کے بارے میں سوچیں

فطرت نے آپ کو کیا قیمیتی تحفہ دیا ہے؟

آپ کا خواب اور آدرش کیا ہے؟

آپ کن دوستوں کے ساتھ وقت گزارنا چاہتے ہیں؟

آپ اپنی کمیونٹی کے لوگوں کی کس طرح خدمت کر سکتے ہیں؟

آپ اپنی زندگی کو کس طرح بامعنی اور بامقصد بنا سکتے ہیں؟

اگر چند ہفتوں اور مہینوں کی کوشش کے باوجود آپ گرین زون زندگی نہیں گزار رہے تو آپ سوچیں کہ کہیں آپ کو کسی ماہرِ نفسیات کی پیشہ ورانہ خدمات کی تو ضرورت نہیں ہے۔

پرسکون خاندانی زندگی تخلیق کرنا

خالد سہیل

گرین زون فلسفے کے مطابق انسانوں کی طرح انسانی رشتے بھی گرین' ییلو اور ریڈ زون میں رہتے ہیں۔ میں اپنے مریضوں سے کہتا ہوں کہ وہ اپنے تمام رشتوں کی ایک فہرست بنائیں۔ اس فہرست میں اپنے دوست، رشتہ دار، رفیقِ کار اور ہمسایے سب کو شامل کریں اور پھر خود سے پوچھیں کہ کون سا رشتہ کس زون میں ہے۔

جو رشتے محبت بھرے ہیں ان سے مل کر ہمیں خوشی ہوتی ہے' مسرت ہوتی ہے' دل باغ باغ ہو جاتا ہے اور ایسے لوگوں سے بار بار ملنے کو جی چاہتا ہے۔ یہ رشتے گرین زون میں رہتے ہیں۔

جن لوگوں سے مل کر ہم فکر مند ہو جاتے ہیں پریشان ہو جاتے ہیں اداس ہو جاتے ہیں جو طنز کرتے ہیں ہمیشہ شکایتیں کرتے رہتے ہیں وہ رشتے ییلو زون میں رہتے ہیں۔ احمد فراز ایسے ییلو زون لوگوں کے بارے میں کہتے ہیں

؎ رو رہے ہیں کہ ایک عادت ہے۔

ورنہ اتنا ہمیں ملال نہیں

پرسکون زندگی کی طرف سات قدم

اور جن رشتوں سے ہمیں غصہ ' نفرت ' تلخی اور حسد کی بو آتی ہے وہ رشتے ریڈ زون میں رہتے ہیں۔

میں اپنے مریضوں سے کہتا ہوں کہ وہ اپنے گرین زون رشتوں کا شکریہ ادا کریں اور ان لوگوں کو بتائیں کہ ایسے گرین زون لوگوں کی وجہ سے ان کی زندگی میں محبت پیار اور سکون موجود ہے۔

میں اپنے مریضوں کو مشورہ دیتا ہوں کہ وہ ریڈ زون رشتوں سے فاصلہ رکھیں کیونکہ وہ ان کی زندگی میں مسائل لے کر آتے ہیں اور ان کے شب و روز کو ناخوشگوار بناتے ہیں۔

ہم اپنے کلینک میں شادی شدہ جوڑوں کی بھی مدد کرتے ہیں۔ ہم انہیں دو مشورے دیتے ہیں۔

پہلا مشورہ یہ ہے کہ آپ ہر ہفتے میں سے ایک دن تفریح کے لیے گھر سے باہر جائیں۔ چاہے وہ سیر کے لیے کسی پارک میں ہو آئس کریم کھانے جائیں فلم دیکھنے جائیں یا کسی رسٹورانٹ میں لنچ یا ڈنر کھانے جائیں۔ اس ملاقات میں مسائل پر تبادلۂ خیال کرنے کی بجائے محبت اور پیار بھری باتیں کریں تا کہ رشتے میں خوشی کی لہر دوڑ جائے۔

دوسرا مشورہ یہ کہ ہفتے میں ایک دن ایک میٹنگ رکھیں جس میں پچھلے ہفتے کے مسائل ڈسکس کریں اور اگلے ہفتے کا پلین بنائیں۔ ایسا کرنے سے گرین زون میں زیادہ وقت گزارا جا سکتا ہے۔ اس سے ازدواجی زندگی بہتر ہوتی ہے۔

ہم جوڑوں کو مشورہ دیتے ہیں کہ وہ گھر میں ایک ڈائری رکھیں اور اس میں وہ باتیں لکھیں جو وہ ہفتہ وار میٹنگ میں ڈسکس کرنا چاہتے ہیں۔

گرین زون فلسفے پر عمل کرتے ہوتے جوڑے آہستہ آہستہ زیادہ وقت گرین زون میں گزارنے لگتے ہیں اور ان کی زندگی میں خوشگوار تبدیلیاں آنے لگتی ہیں۔

ہم اپنے کلینک میں جوڑوں کی مدد کرتے ہیں تا کہ وہ اپنے مسائل کا تسلی بخش حل تلاش کر سکیں اور اپنے تعلقات کر ریڈ زون سے واپس گرین زون میں لا سکیں۔

اس کی ایک مثال میری کنیڈین مریضہ کیرن (فرضی نام) اوراس کا پاکستانی شوہر جنید (فرضی نام) کا تضاد تھا۔ کیرن نے مجھے بتایا کہ وہ اپنے شوہر اور بچوں کے ساتھ گرین زون میں رہ رہی تھی کہ ایک دن اس کے شوہر نے دفتر سے فون کر کے بتایا کہ اس کے والدین پاکستان سے آرہے ہیں۔ وہ ان کے پاس ٹورانٹو میں دو ہفتے رہیں گے اور پھر اپنی بیٹی شبانہ سے ملنے وین کوور چلے جائیں گے۔

یہ خبر سن کر کیرن ریڈ زون میں چلی گئی۔ اسے احساس ہوا کہ نہ صرف اسے ان کے لیے کھانا پکانا پڑے گا بلکہ ان کی سیر کے لیے انہیں نیاگرا فالز' سی این ٹاور دکھانا پڑے گا اور تھاؤزینڈ آئلینڈ بھی لے جانا پڑے گا۔ اس کی مدد کرنے کے لیے میں نے کیرن اور جنید کو ایک انٹرویو کے لیے بلایا۔ تبادلہِ خیال کرنے کے بعد میں نے جنید کو مشورہ دیا کہ وہ دو ہفتوں کی دفتر سے چھٹی لے اور جب تک اس کے والدین ان کے ہاں رہیں وہ کیرن کی مدد کرے اور وہ خود انہیں سیر کے لیے لے کر جائے۔ جنید نے میرا مشورہ مان لیا۔ اور کیرن دوبارہ گرین زون میں آگئی۔

مخلوط شادیوں کے مسائل ایک ہی کلچر کے جوڑوں سے مختلف ہوتے ہیں اور انہیں خاص رہنمائی کی ضرورت ہوتی ہے۔

ہم سب جانتے ہیں کہ انسانی رشتے ذہنی صحت کے لیے کتنے اہم ہیں۔ جس قدر ہمارے رشتے گرین زون میں ہوں اسی قدر ہم گرین زون میں زیادہ وقت گزار سکیں گے۔

میرے ایک دوست ہیں جو خود تو گرین زون میں رہتے ہیں لیکن وہ اپنے جس سسرال کے ساتھ رہتے ہیں وہ سارا خاندان ریڈ زون میں رہتا ہے۔ ایک دن میں نے اپنے دوست سے کہا کہ میں آپ کو آپ کے گھر میں ملنے کی بجائے کسی چائے خانے یا ریسٹورنٹ میں ملا کروں گا۔ وہ میری بات سمجھ گئے اور اب ہم ایک رسٹورانٹ میں ملتے ہیں۔ اس طرح میں اپنی دوستی کو ریڈ زون سے گرین زون میں لے آیا۔

گرین زون فلسفے پر عمل کرتے ہوئے بہت سے لوگوں نے گرین زون رشتے بنانے اور نبھانے کا فن سیکھا ہے۔ میرا ایک شعر ہے

پرسکون زندگی کی طرف سات قدم

آج کل رشتوں کا یہ عالم ہے
جو بھی نبھ جائے بھلا لگتا ہے

خوشگوار ازدواجی یار ومانوی رشتے

ثمر اشتیاق

یہ سچ ہے کہ ہماری ملازمت، عہدہ، گھر، گاڑی اور اثاثے ہمارے معیار زندگی طے کرتے ہیں اور ہماری زندگی میں آسانیاں پیدا کرتے ہیں مگر ہماری خوش گوار اور پُر سکون زندگی کا دار و مدار ہمارے رشتوں میں آسودگی سے ممکن ہوتا ہے۔

اگر رشتوں میں ایک دوسرے کی خواہشات اور ضروریات کا خیال رکھا جائے تو ہم اور ہمارے ساتھ رشتے میں مُنسلک افراد پُر سکون اور خوش و خرم رہتے ہیں۔ اگر رشتوں میں تنازعات ہوں تو ضد بحث اور ٹوٹ پھوٹ ہوتی ہے جس سے نا صرف رشتے بلکہ ہم خود بھی غم و غصے کا شکار ہوتے ہیں۔

Women Centre Oakville میں امیگرنٹ خواتین اور اُن کے اہل خانہ کو کاونسلنگ کی سہولیات فراہم کرنے کے دوران مجھے بہت سی ایسی کہانیاں سُننے کا موقع ملا جہاں میاں بیوی اپنے رشتوں میں سو فیصد آسودہ ہونے کے خواہشمند تھے مگر ایک دوسرے کی جذباتی ضروریات سے بالکل ناآشنا تھے۔

مثال کے طور پر کاؤنسلنگ کے لیئے آنے والی ثمینہ نامی ایک خاتون نے بتایا کہ ہم دونوں میاں بیوی ملازمت پیشہ ہیں اور ملازمت سے گھر واپس آنے کے بعد گھر اور بچوں کی ساری ذمہ داری میرے اوپر ہے۔ میرے شوہر (جن کا نام شاہد ہے) کی ملازمت کے اوقات بُہت زیادہ ہیں اور وہ ویک اینڈ پر بھی کام

کرتے ہیں۔ وہ میری بار بار گزارش کے باوجود اپنی ملازمت کے اوقات میں کمی کرنے کے لیے کسی طرح تیار نہیں ہیں۔ مجھے ایسا لگتا ہے کہ میں ایک سنگل پیرنٹ ہوں جس کو اپنی اور اپنے بچوں کی اکیلے دیکھ بھال کرنی ہے۔

اُن کی ملازمت کے اوقات بُہت لمبے ہونے کی ایک وجہ یہ بھی ہے کہ وہ زیادہ سے زیادہ کام کر کے پاکستان میں اپنے والدین اور بہن بھائیوں کی بھی مدد کرتے ہیں۔ جب وہ گھر آتے ہیں تو اُس وقت تک اتنے تھک چکے ہوتے ہیں کہ بچوں کو سمبھالنے میں میری تھوڑی بُہت مدد کر کے زیادہ تر وقت ٹی وی دیکھنے اور آرام کرنے میں صرف کرتے ہیں۔ میں اگر کوئی بات کرنے کی کوشش کروں تو اُس کے جواب میں هوں هاں کر کے ٹال دیتے ہیں۔ مجھے اُن کے اس رویے پر شدید غصہ آتا ہے اور بلاوجہ ہمارے درمیان ٹینشن بڑھ جاتی ہے۔ اس لڑائی میں کبھی تو ہفتوں تک سرد جنگ چلتی ہے تو کبھی میں شکاتیں کرتی رہتی ہوں اور وہ چُپ چاپ بغیر کسی ردعمل کے صرف سُنتے رہتے ہیں لیکن کچھ بدلتا نہیں ہے۔

ثمینہ نے بات چیت کے دوران اپنے شوہر کے جن رویوں کی نشاندہی کی اُس سے صاف ظاہر ہو رہا تھا کہ نا تو اُنھیں اپنی جذباتی ضروریات کا شعوری احساس ہے اور نا ہی وہ جانتی ہیں کہ اُن کے شریک حیات کی جذباتی ضروریات کیا ہیں۔ کچھ یہی حال اُن کے شریک حیات کا بھی تھا۔

میں دل ہی دل میں سوچ رہی تھی کہ مسئلہ صرف گھر کے کام اور بچوں کی پرورش میں برابری سے ہاتھ بٹانے کا نہیں ہے۔ بلکہ رشتے میں منسلک ہونے کے باوجود تنہائی کا احساس ہے۔

کاؤنسلنگ کے دوران جب ثمینہ سے صورتحال سے متعلق مزید سوالات کیے گئے تو معلوم ہوا کہ اُن کی جذباتی ضروریات اپنے شوہر سے عزت و احترام حاصل کرنے، اُن کی ذاتی کاوشوں اور کامیابیوں کو سراہے جانے اور محبت اور قربت محسوس کرنے کی خواہشات تھیں۔ دوسری طرف شاہد صاحب سے بات کرنے کے بعد محسوس ہوا کہ اُن کی جذباتی ضرورت تھی کہ وہ ایک ذمہ دار شخص کے طور پر پہچانے جائیں۔ اُن کی خواہش تھی کہ اُن کی شریک حیات اُن کی اس خواہش کا احترام کریں اور نا صرف اُن کی محنت اور

جذبے کو سراہیں بلکہ اُن کی خواہش کی تکمیل میں اُن کا ساتھ دیتے ہوئے پہلے سے بھی زیادہ محبت اور قربت محسوس کرائیں۔

ویمن سینٹر او کویل میں کام کے دوران یہ بھی محسوس کیا کہ شادی شدہ جوڑے تنازعات کو حل کرنے کے لیے بات چیت کے جو طریقے اپنا رہے تھے وہ بھی غیر موثر تھے۔ مثال کے طور پر بہت جلدی غصے میں آجانا اور غصے میں بے قابو ہو کر دوسرے فریق کو ایسی دل دُکھانے والی باتیں کہہ دینا کہ بعد میں پچھتاوے کا شکار ہونا پڑے اور معافی تلافی سے بھی معاملات سُدھرتے نظر نا آئیں۔ یا پھر صرف اپنے موقف کو صحیح سمجھنا اور اُسی پر ڈٹے رہنا۔ مسئلے سے آنکھیں چُرانا اور ایسا ظاہر کرنا جیسے کہ کوئی مسئلہ ہی نا ہو۔ شریک حیات کی ہر اچھی بُری بات کو خاموشی سے برداشت کرنے کا عادی ہونا۔ اس کے علاوہ ایک اور طریقہ جس میں مخالف کو خاموشی کی مار مارنا اور بات چیت بند کر دینا۔ بظاہر صورتحال سے سمجھوتہ کر لینا مگر اندر سے خوش نا ہونا۔

ان تمام ہی طریقوں کے نتائج موثر نہیں تھے۔ مثال کے طور پر یا تو فوری غصے میں آنے والے ذرا ذرا سی بات پر تلخ باتوں سے دوسرے فریق پر حملہ کر رہے تھے۔ جس سے وہ اپنے آپ کو بھی تکلیف پہنچا رہے تھے اور اپنے رشتوں میں بھی بے سکونی پیدا کر رہے تھے۔ یا پھر مسئلے کو نظرانداز کرنے والے افراد مسئلے کو حل کرنے کے بجائے اُس سے آنکھیں چُرا رہے تھے۔ جس سے مسئلہ جوں کا توں موجود تھا اور رشتے میں مذید ناآسودگی پیدا کر رہا تھا۔

اسی طرح یا تو خاموشی سے حالات سے سمجھوتہ کرنے والوں میں کوئی ایک فریق خاموش سے سب کچھ سہے جا رہا تھا گو کہ وہ سمجھ رہا تھا کہ وہ ارد گرد کے ماحول میں امن و شانتی بنائے رکھنے میں کامیاب ہے اور دوسرا فریق اُس سے خوش ہے مگر اسطرح وہ اپنی ضروریات کو نظرانداز کر کے اپنی ذات سے حالت جنگ میں تھا۔ یا پھر ایک فریق خاموشی سے جارحیت کا اظہار کر کے شریک حیات کو silent treatment دے رہا تھا۔ گو کہ وہ اپنے مقاصد حاصل کرنے میں کسی حد تک کامیاب بھی تھا مگر اُس کی کامیابی وقتی تھی۔ اس سیاست سے اُس کے رشتوں میں نا تو سکون تھا اور نا ہی اُس کے رشتے پُرخلوص اور پائے دار تھے۔

کیونکہ اکثر جوڑے شادی شدہ زندگی میں پیدا ہونے والے مسائل کے لیے ایک دوسرے کو قصوروار ٹھہراتے ہیں اور ایک دوسرے سے تبدیلی کی اُمید رکھتے ہیں مگر خود اپنے عمل کی ذمہ داری لینے کو تیار نہیں ہوتے۔ لہذا سب سے پہلے یہ حقیقت قبول کرتے ہوئے کہ رشتے میں تناؤ ہے اپنے شریک حیات سے بات چیت کا آغاز کرنا چاہیے۔

بات چیت کا آغاز کرنے سے پہلے ایک بار کُھلے دل سے اپنے طرز گفتگو پر غور کرنا ضروری ہے کہ کہیں آپ کے طرز گفتگو میں دوسروں پر حملہ آور ہونا اور اپنی غلطی قبول کرنے میں ہچکچاہٹ محسوس کرنا تو شامل نہیں ہے۔ کیا آپکا شریک حیات آپکے اس طرز گفتگو کی وجہ سے خود کو جذباتی طور سے غیر محفوظ تصور کرتا ہے۔ یا پھر آپ کا خاموشی کی مار مارنے والا انداز اُسے بے وقعت محسوس کراتا ہے۔ یا آپ اپنی بات چیت کے دوران اُس کے دل میں احساس جُرم (guilt) اور شرمساری (shame) کے جذبات پیدا کرنے کی کوشیش کرتے ہیں اور بار بار اُس کی پچھلی غلطیوں کے بارے میں سوال اُٹھاتے ہیں۔

ان تمام پہلوؤں پر غور کرنے کے بعد شعوری طور سے مثبت الفاظ کا استعمال کریں۔

بات چیت کا آغاز کرتے وقت پہلے شریک حیات کی اچھی عادتوں اور مثبت کردار کی نشاندہی کریں او پھر اس کے بعد اس بارے میں بات کریں کہ اُن کے کس منفی عمل پر آپ نے کیسا محسوس کیا۔ اگر آمنے سامنے بیٹھ کر بات کرنے میں دقت محسوس ہو تو جوڑے ایک دوسرے کے درمیان خطوط کا تبادلہ بھی کر سکتے ہیں۔ جس میں وہ اپنے جذبات کا اظہار کرتے ہوئے بتا سکتے ہیں کہ اس مسئلے کے بارے میں وہ کیسا محسوس کرتے ہیں۔ اگر دوسرا شخص خط پڑھ کر یا سُن کر یہ احساس کر لیتا ہے کہ رشتہ مسائل کا شکار ہے اور اُسے بہتر بنانے کے لئیے آمادہ ہے تو اب ایک خوشگوار رشتہ قائم کیا جا سکتا ہے۔

ثمینہ کے کیس میں اُن کے شوہر وقتی طور پر رشتے کو بہتر بنانے پر آمادہ ہو گئے مگر عملی طور سے کوئی تبدیلی رونما نہیں ہوئی۔ ایسی صورت میں ثمینہ کو اپنے شریک حیات سے فاصلہ قائم کرنے کی تجویز دی گئی۔ ایک گھر میں رہتے ہوئے فاصلہ رکھنا یقیناً بہت ہی مشکل کام تھا۔ ثمینہ نے میرے مشورہ پر پوری کوشش کی کہ شریک حیات سے فاصلہ قائم کرنے کے دوران اُس میں کوئی منفی جذبہ یا تلخ کلامی شامل نا

کریں۔ بلکہ اپنی جذباتی صحت کو بہتر بنانے کے لیے ایسی دلچسپیوں میں حوصلہ لیا جنھوں نے اُنہیں پُرسکون رکھنے میں مدد دی۔ جیسے کہ یوگا کرنا یا واک وغیرہ پر جانا۔ شریک حیات سے فاصلہ قائم کرنے سے اُنہیں یہ جاننے کا موقع مل گیا کہ اُن کے شریک حیات کو اُن سے جذباتی لگاؤ ہے بھی یا نہیں۔

میں نے ثمینہ کو یہ بات سمجھنے میں مدد دی کہ فاصلہ قائم کرنے سے معلوم ہو جائے گا کہ آپ کے شریک حیات آپ سے جذباتی قربت کے خواہشمند ہیں یا نہیں۔ آگر وہ رشتہ بہتر بنانے کے لیے آپ کی طرف قدم بڑھائیں تو آپ کُھلے دل سے اُن کا خیر مقدم کریں۔ اگر وہ مسائل کی ذمہ داری لینے کو تیار نہیں ہیں اور رشتے کو بہتر بنانے پر آمادہ نہیں ہیں تو رشتے کو خدا حافظ کہہ کر ختم کیا جا سکتا ہے۔ بعض دفعہ ناخوشگوار رشتوں کو خیر آباد کہہ دینے سے انسان کو سکون مل جاتا ہے اور وہ ہلکا محسوس کرتا ہے۔ اگر نا ہی مسئلے کو باہمی رضامندی اور بات چیت سے حل کیا جا سکتا ہے اور نا ہی رشتے کو خدا حافظ کہا جا سکتا ہے تو ایک راستہ اور ہے ۔ وہ یہ کہ ایک ثالث کی مدد سے مسلئے کو حل کیا جائے۔ یہ ثالث کوئی بھی ہو سکتا ہے مثال کہ طور پر سمجھ دار دوست، بزرگ یا couple marriage counselor شرط صرف یہ ہے کہ دونوں فریقین اُس شخص پر اعتماد کرتے ہوں۔

ثمینہ نے بتایا کہ اُن کے شوہر نے مسائل پر بات چیت کا آغاز تو نہیں کیا البتہ اب وہ کوشش کرتے ہیں کہ میرے ساتھ ساتھ رہیں۔ مثال کے طور پر اگر ٹی وی دیکھ رہے ہیں تو مجھے بھی دعوت دیتے ہیں کہ میرے ساتھ آکر بیٹھو اور ٹی وی پروگرام کے انتخاب میں بھی میری پسند ناپسند کا خیال رکھتے ہیں۔ اگر میں تھکی ہوئی لگ رہی ہوں تو مجھے ایک چائے بنا کر پلاتے ہیں۔ اب ہم ٹائم نکال کر کبھی کبھی ساتھ واک پر جاتے ہیں۔ جہاں وہ زیادہ تر خاموش ہی رہتے ہیں اور میں کانوں میں ہیڈ فون لگا کر میوزک سُنتی رہتی ہوں۔ بجائے اس کے کہ میں اُن سے شکوہ کروں، کوشیش کرتی ہوں کہ اپنی خوشی کا خیال رکھوں۔ وہ اکثر واک کے دوران گرم جوشی سے میرا ہاتھ پکڑ لیتے ہیں اور مجھے محسوس ہوتا کہ میں اب اس رشتے میں تنہا نہیں ہوں۔ وقتی فاصلے نے ہمارے درمیان جذباتی لگاؤ کو بڑھا دیا ہے۔

پرسکون گرین زون خاندان تخلیق کرنا

خالد سہیل

گرین زون فلسفے کے مطابق انسانوں اور رشتوں کی طرح سسٹم بھی گرین، ییلو اور ریڈ زون میں رہتے ہیں۔ ہم میں سے اکثر لوگ تین سسٹمز میں رہتے ہیں:

پہلا سسٹم خاندان کا ہے

دوسرا سسٹم کام کا ہے

تیسرا سسٹم سماج کا ہے۔

ہم اپنے مریضوں سے کہتے ہیں کہ وہ اس حقیقت پر غور کریں کہ ان کے سسٹم کس زون میں رہتے کیونکہ نظام انسان سے نفسیاتی طور پر زیادہ مضبوط ہوتا ہے۔ اگر سسٹم ریڈ زون میں ہو تو کسی انسان کا گرین زون میں رہنا بہت مشکل ہو جاتا ہے۔

ہر انسان کے لیے خاندانی نظام ایک اہم نظام ہوتا ہے۔ ہم اپنے کلینک میں ان لوگوں کی مدد کرتے ہیں جو ییلو یا ریڈ زون خاندان میں رہتے ہیں تا کہ وہ اپنے سسٹم کو پرسکون گرین زون میں لا سکیں۔ یہ میرا مشاہدہ ہے کہ بہت سے میاں بیوی اپنے بچوں کی نگہداشت کے بارے میں اتفاق الرائے نہیں رکھتے کیونکہ وہ مختلف خاندانوں میں پلے بڑھے ہوتے ہیں جن کے نظریات اور خیالات مختلف ہوتے ہیں۔

اگر کسی خاندان میں کوئی بچہ حکم عدولی کرتا ہے تو اکثر اوقات بچے کا باپ اس کی سرزنش کرتا ہے۔ اس وقت اکثر اوقات ماں بچے کے ساتھ مل جاتی ہے اور باپ کو برا بھلا کہنا شروع ہو جاتی ہے۔ ایسا کرنے سے نہ صرف بچے کی باپ میں عزت میں کمی آتی ہے بلکہ ماں باپ میں بھی ناچاقی بڑھ جاتی ہے۔ میں جب ایسے جوڑوں کی مدد کر رہا ہوتا ہوں تو ان سے کہتا ہوں کہ کسی ماں کا بچے کے سامنے اپنے شوہر کی بے عزتی کرنا ناقابل قبول ہے۔ اس سے بچے کی نفسیات پر برا اثر پڑتا ہے۔ میں ماں سے کہتا ہوں کہ وہ کمرے سے باہر چلی جائیں اور شام کے وقت اپنے شوہر سے تنہائی میں بات کریں اور انہیں اپنا موقف سمجھائیں۔ بچے کی پرورش کے لیے ماں باپ کا مکالمہ بہت ضروری ہے۔ جب ماں باپ ایسا ہوم ورک کرتے ہیں تو اس کا بچوں کی صحت پر مثبت اثر ہوتا ہے۔

میں والدین کو مشورہ دیتا ہوں کہ وہ ہفتے کی ایک شام اپنے خاندان کے لیے وقف کر دیں اور ہفتہ وار گرین زون میٹنگ کریں تاکہ پچھلے ہفتے کے بارے کوئی اہم بات رہ نہ جائے اور اگلے ہفتے کے لیے پلیننگ کریں تاکہ ریڈ زون میں جانے کے امکانات کم ہوں اور گرین زون میں رہنے کے امکانات بڑھ جائیں۔

والدین کو چاہیے کہ وہ مل جل کر فیصلہ کریں کہ انہوں نے کن خطوط پہ خاندانی زندگی گزارنی ہے۔ پہلے ماں باپ اپنے خاندان کے اصول لکھتے ہیں پھر ان پر عمل کرتے ہیں اور اگر کوئی بچہ کسی اصول پر عمل نہ کرے تو اس کو تنبیہہ بھی کرنا ہے تاکہ آئندہ وہ ایسا نہ کرے۔

والدین کے لیے یہ بھی اہم ہے کہ وہ اپنے بچوں کا جن اصولوں سے تعارف کروانا چاہتے ہیں ان پر خود بھی عمل کریں۔ اعمال کا بچوں پر باتوں سے کئی گنا زیادہ اثر ہوتا ہے۔ جو ماں باپ اپنے اصولوں پر خود عمل نہیں کرتے وہ زیادہ کامیاب نہیں ہوتے۔ عارف عبدالمتین کا شعر ہے

؎ عمر گزری ہے تری اوروں کو دیتے ہوئے درس
کیا کبھی خود کو بھی سمجھانا ہے تو نے عارف

میں نے اپنے ایک گزشتہ کالم میں لکھا تھا کہ ایک دفعہ جب میری چھوٹی بہن عنبر نے شام کے کھانے کے دوران میرے والد سے شکایت کی تھی کہ سہیل بھائی نے مجھے جب دھکا دیا تھا تو میں گر گئی تھی اور مجھے چوٹ آئی تھی تو میرے والد نے مجھ سے کہا تھا کہ میں اپنی چھوٹی بہن سے معافی مانگوں۔ میں نے جب معافی مانگی تو ابا جان نے عنبر سے پوچھا تھا

''کیا آپ نے سہیل بھائی کو معاف کر دیا ہے؟''

عنبر نے کہا' جی معاف کر دیا ہے' اس عمل سے میں نے نہ صرف عنبر کا بلکہ لڑکیوں اور عورتوں کا احترام کرنا بھی سیکھا۔

یہ والدین کا فرض ہے کہ وہ اپنے بچوں کی صحیح خطوط پر تربیت کریں کیونکہ تمام بچوں نے کل کا شہری بننا ہے۔ جو بچے والدین کا احترام نہیں کرتے وہ بڑے ہو کر اساتذہ اور پرنسپل کا احترام بھی نہیں کرتے اور ایک دن قوانین کا احترام بھی نہیں کرتے۔ جب خاندان اور سکول بچوں کی صحیح تربیت کرتے ہیں تو وہ بچے جوان ہو کر گرین زون شہری بنتے ہیں اور ایک پر امن معاشرہ قائم کرتے ہیں۔

خوشحال اور صحت مند خاندان

ثمر اشتیاق

ایک صحت مند اور خوشحال خاندان کی سب سے بڑی نشانی یہ ہے کہ اُس خاندان کے افراد کے تعلقات آپس میں ایک دوسرے کے ساتھ باہمی محبت اور حُسن سلوک پر مبنی ہوں۔ خاندان میں افراد کا ایک دوسرے کے ساتھ یہ مثبت تعلق صرف اُس وقت ہی ممکن ہے جب اُن کا رشتہ خود اپنی ذات سے مثبت ہو۔

عموماً فرد کا اپنی ذات سے مثبت رشتہ اس بات کی ضمانت ہوتا ہے کہ بچپن میں اُسکا رشتہ اپنے والدین، اساتذہ، خاندان اور ہمسایوں سے محبت، تحفظ اور قربت پر مبنی رہا ہے۔ جدید سائنسی اور نفسیاتی تحقیق نے

ثابت کیا ہے کہ بچپن میں اپنے والدین، اساتذہ اور دیگر بزرگوں کے ساتھ مثبت تعلقات بچوں کے دماغ میں ایسے cells پیدا کرتے ہیں جو نو عُمری سے ہی بچوں کا اپنی ذات سے ایک مضبوط اور گہرا تعلق جوڑنے میں مدد دیتے ہیں۔ اپنی ذات سے یہ مضبوط رشتہ بچوں اور نوجوانوں میں impulse controlیعنی جذباتی استحکام پیدا کرتا ہے۔

اگر میں اپنے بچپن کی بات کروں تو ہم آٹھ بہن بھائیوں میں میرا نمبر ساتواں تھا۔ میں تین سال کی تھی جب پاپا کا انتقال ہو گیا اور امی نے اکیلے بُہت محنت سے ہم سب بہن بھائیوں کی پرورش کی ذمہ داری نبھائی۔ پاپا کی بے وقت چلے جانے سے ہم سب کی زندگیوں پر بُہت منفی اثرات ہوئے۔ خاص کر معاشی تنگی کا سامنا کرنا پڑا۔ مگر میرے بڑی بھائیوں اور بہنوں نے ہمیشہ مہربان دوستوں کی طرح بُہت پیار اور توجہ سے میری آبیاری کی۔ اُن گھنے سایہ دار درختوں کے سائے میں پلنے سے میری شخصیت میں محبت اور خدمت کا جو جذبہ پیدا ہوا، اُس نے نا صرف میرا رشتہ اپنی ذات سے مضبوط کیا بلکہ adult life میں بھی میرے نجی اور پیشہ وارانہ رشتوں کو مضبوط اور دیر پا بنانے میں مدد دی۔

کیا آپ نے کبھی سوچا ہے کہ آپ کی موجودہ جذباتی اور ذہنی صحت میں آپکے والدین کے آپس میں تعلقات اور گھر کے ماحول نے کیا اہم کردار ادا کیا ہے۔ آپکے گھر کا رہن سہن اور طور طریقے کیسے آپکی شخصیت میں رچے بسے ہیں اور آپکے والدین کی پرورش آپکے موجودہ رشتوں پر کیسے اثر انداز ہو رہی ہے؟

پُر سکون خاندانی نظام میں بچوں کی پرورش

میری خوش قسمتی ہے کہ مجھے کینیڈا میں اپنی اسپیشل ایجوکیشن کی تعلیم اور پیل ڈسٹرکٹ اسکول بورڈ میں ملازمت کے دوران بُہت سارے تربیتی پروگرامز میں شرکت کرنے کا موقع ملا۔

ایک تربیتی پروگرام میں بین الاقوامی شُہرت یافتہ استاد اور مصنف Barbara Coloros کی parenting stylesتھیوری کو متعارف کرایا گیا۔ Barbaraنے بچوں کی پرورش کے طریقوں کو تین حصوں میں بانٹ کر مختلف چیزوں جیسے کہ brick wall, jellyfishاور

backbone سے تشبیہ دی۔ جس سے بچوں کی تربیت کے لیے والدین کے مختلف انداز کو سمجھنے میں بہت مدد ملتی ہے۔

1- Brickwall parenting : جہاں بچوں پر بلاوجہ سختی کی جاتی ہے۔
2- Jelly fish parenting جہاں بے جالاڈ پیار سے بچوں کو بگاڑ دیا جاتا ہے۔
3- Backbone parenting جہاں والدین ریڑھ کی ہڈی کی طرح مضبوط مگر لچک دار اصولوں پر بچوں کی تربیت کرتے ہیں۔

تربیت کے روایتی طریقوں میں مار پیٹ، ڈانٹ ڈپٹ یا بے جا سختی بچوں میں خوف اور ڈر پیدا کرتے ہیں۔ بچوں کی طبیعت میں خوف غصہ اور بغاوت کے جذبات جنم لیتے ہیں۔ جس سے بچوں اور والدین کے رشتے میں ضد بحث اور تناؤ پیدا ہوتا ہے۔

والدین اور بزرگ ڈانٹ ڈپٹ، زور زبردستی اور حتیٰ کے مار پیٹ کے ذریعے اپنی بات منوانے پر یقین رکھتے ہیں اور بچوں کو اپنی زندگی کے چھوٹے سے چھوٹے فیصلے کرنے کا بھی کوئی اختیار نہیں ہوتا۔ بچوں کی زندگی کے تمام حتمی فیصلوں کا اختیار گھر کے سربراہ کی کے ہاتھ میں ہوتا ہے۔

اس کے برعکس ضرورت سے زیادہ خود مختاری پر مبنی پرورش کے انداز میں والدین اور بزرگ رہنمائی فراہم کرنے کے بجائے بچوں کو اختیار کل دے دیتے ہیں۔ جس سے بچوں پر اُن کی عمر اور استطاعت سے زیادہ بوجھ پڑتا ہے اور بچے اس قبل از وقت خود مختاری کا غلط فائدہ اُٹھاتے ہیں۔

جیسے ریڑھ کی ہڈی کی لچک دار بناوٹ انسان کو جسمانی توازن برقرار رکھنے میں مدد دیتی ہے۔ اسی طرح میانہ روی بچوں کی طبیعت میں ٹھہراؤ اور اعتماد پیدا کرتی ہے۔ اس تربیتی طریقے میں نا بے پناہ سختی یا نرمی ہے۔

یہاں بچوں اور نوجوانوں کو اُن کی عمر اور صلاحیتوں کے مطابق زندگی کے چھوٹے چھوٹے فیصلے کرنے کا اختیار دیا جاتا ہے۔ اپنے لیے چھوٹے چھوٹے فیصلے کرنے کا اختیار بچوں میں نا صرف خود اعتمادی پیدا کرتا ہے بلکہ اُنہیں بے بسی اور بغاوت دونوں طرح کے احساسات سے دور رکھتا ہے۔

اکثر والدین بچوں کو اُن کے اچھے رویوں پر اُن کے من پسند کھلونے اور ویڈیو گیمز وغیرہ خرید کر دیتے ہیں اور اُن کے بُرے رویوں پر یہی اشیاء چھین کر سزا دیتے ہیں۔ سزا اور جزا کا نظام انسان میں خوف اور تکبر پیدا کرتا ہے۔ خوف اور تکبر وہ بیرونی عوامل ہیں جو شاید وقتی طور سے کارآمد ہوتے ہیں۔ مگر اُن کے اثرات دیرپا نہیں ہوتے اور وہ بچوں کو خوشی حاصل کرنے کے لیے اشیاء یا پھر والدین اور اساتذہ کا مرہون منت بناتے ہیں۔

جبکہ اساتذہ اور والدین کا بچوں کی صلاحیتوں اور دلچسپیوں کو فروغ دینا اصل میں بچوں کے بہتر رویوں کو فروغ دیتا ہے۔ جہاں وہ اپنی خوشی کے لیے دوسروں کی طرف سے دی گئی اشیاء پر انحصار نہیں کرتے بلکہ اپنی من پسند سرگرمیوں میں حصہ لے کر خوش و خرم محسوس کرتے ہیں۔

منظم اور متوقع ماحول میں بچے کو معلوم ہوتا ہے کہ میرے کونسے مطالبات پر میرے والدین کا کیا ردعمل ہوگا۔ یعنی میری کون سی بات مان لی جائے گی اور کونسی بات رد کر دی جائے گی۔ بچے اور والدین کے درمیان اعتماد کا رشتہ قائم ہوتا ہے اور بچے میں تحفظ کا احساس پیدا ہوتا ہے۔

دانیال کی پرورش

2006 میں کینیڈا منتقل ہونے کے کچھ عرصے بعد ہی ہمارے بیٹے دانیال کی پیدائش ہوئی۔ میں ایک ناتجربہ کار ماں ہونے کی حیثیت سے پرورش کے اصولوں سے بالکل ناآشنا تھی۔ جیسے جیسے بچے نے چلنا پھرنا اور اپنے اردگرد کے ماحول کو دریافت کرنا شروع کیا، اُس کی خود مختاری کی خواہش بھی زور پکڑنے لگی۔ ہر جگہ بھاگنا دوڑنا، بات نا سُننا، بلاوجہ ضد کرنا اور رونا دھونا جیسے رویوں نے مجھے پریشان کر دیا تھا۔ مجھے بہت جلد ہی یہ احساس ہوگیا کہ ایک اجنبی ملک میں بغیر Extended family support

کے بچے کی دُرست پرورش کرنا بُہت مشکل ہے۔ لہٰذا مجھے دانیال کی دُرست پرورش کرنے کے لیے پہلے خود اپنی تربیت کرنی ہوگی۔

اس سلسلے میں سب سے پہلے اپنی کمیونٹی میں موجود Early Year Centre سے رابطہ کیا۔ جہاں چھوٹے بچوں اور اُن کے والدین کو آپس میں گھلنے ملنے کے مواقع فراہم کرنے کے ساتھ ساتھ والدین کو بچوں کی تربیت کے لیے معلومات اور مدد بھی فراہم کی جاتی ہے۔ اس پروگرام میں شرکت سے میں نے سیکھا کہ میرے تربیتی انداز میں کیا خرابیاں ہیں اور اُن خرابیوں کو کیسے دُرست کیا جائے؟ بحیثیت والدہ میری مستقل مزاجی، متوقع رویے اور روزمرہ کی سرگرمیوں میں نظم و ضبط نے دانیال کے لیے گھر کو ایک محفوظ مقام بنایا۔ دانیال کی دُرست پرورش کرنے کی اس کوشش میں مجھے ہر دن کچھ نیا سیکھنے کا موقع ملا۔ جس نے مجھے نا صرف ایک بہتر انسان بننے میں مدد دی بلکہ ایسی دُنیا سے روشناس کرایا کہ جس کا تصور کرنا بھی میرے لیے ناممکن تھا۔

دانیال کی عمُر اس وقت سترہ سال ہے۔ وہ بُہت جلد ایک بالغ انسان کی حیثیت سے اپنے زندگی کے فیصلے خود کرنے کا ذمہ دار ہوگا۔ مجھے پوری اُمید ہے کہ میرا تربیتی پروگرامز کا حصہ بننا دانیال کی آئندہ آنے والی زندگی میں بھی کارآمد ثابت ہوگا۔ اُس کا تعلق نا صرف اپنی ذات سے مثبت اور محبت پر مبنی رہے گا بلکہ آئندہ بننے والے رشتوں میں بھی سُکون اور ہم آہنگی پیدا کرے گا۔

Teenager / نوعمُر بچوں کے ساتھ والدین کے خوشگوار تعلقات

اکثر دیکھا گیا ہے کہ بچے جب چھوٹے ہوتے ہیں تو والدین اور بچوں کے تعلقات میں قربت اور محبت کا رنگ نمایاں رہتا ہے مگر جیسے جیسے بچے نوجوانی کی طرف قدم بڑھاتے ہیں اُن تعلقات میں کشیدگی آجاتی ہے۔ میں اپنے قصبے کے ایک کمیونٹی سینٹر میں رضاکارانہ طور پر بچوں اور نوجوانوں کو آرٹ اور اسپورٹس کی کلاسز میں معاونت کرتی ہوں۔ جہاں اکثر والدین بات چیت کے دوران اپنے بچوں کے نافرمان رویوں کی شکایت کرتے ہیں۔

کینیڈا میں جنوبی ایشا سے ہجرت کر کے آنے والے مہاجرین میں بچوں اور اُن کے بزرگوں کے درمیان تناؤ کی صورتحال کے پیچھے ایک بڑی وجہ کلچرل گیپ ہے۔اور مقامی بچوں اور اُن کے والدین کے درمیان تنازعے کی ایک اہم وجہ بچوں کا اپنے ہم عمر ساتھیوں میں مقبول ہونے کی شدید خواہش۔ دونوں ہی صورتوں میں والدین کا بچوں کے ساتھ ہمدردانہ رویہ اور اُن کی بات تحمل سے سُننا بہت کارآمد ثابت ہوتا ہے۔ بچوں کو جب یہ احساس ہو جائے کہ والدین اُن کی بات سُن کر سمجھنے کی کوشش کر رہے ہیں اور اُن کے ساتھ ملکر اُن کے مسائل کا حل نکالنے کی کوشش کرنا چاہتے ہیں تو اُن کی فرسٹریشن کم ہو جاتی ہے اور اُن کا اعتماد اپنے والدین پر بڑھ جاتا ہے۔ بچے اپنے والدین کی عزت کرتے ہیں اور اُن کے ساتھ اپنے آپ کو محفوظ تصور کرتے ہیں۔ اس کے برعکس اگر والدین بچوں کے ساتھ power struggles یا ضد بحث کریں۔ بچوں کو ڈسپلین کرنے کے لیے شرمندہ کریں، طعنے تشنے دیں اور دوسرے بچوں سے اُن کا موازنہ کریں تو بچے باغی ہو کر غلط قدم اُٹھاتے ہیں.

نوجوانی میں ڈسپلین کرنے کے طریقوں میں سب سے زیادہ موثر طریقہ ہے کہ آپ اپنے بچوں کے ساتھ ایک مہربان دوست کی طرح پیش آئیں۔ اُنہیں زندگی میں چھوٹی چھوٹی غلطیاں کرنے اور اُن سے سیکھنے کی اجازت دیں۔ اگر وہ گھر کے بُنیادی قوانین کی پابندی کریں تو اُن کی تعریف کریں اور اُنہیں کچھ مراعات دیں اور اگر وہ قوانین کی خلاف ورزی کریں تو اُسکے منفی نتائج کی ذمہ داری قبول کرنے کا پابند کریں۔ بچوں پر اُن کی عمر اور استطاعت کے مطابق گھر کے کاموں کی ذمہ داریاں ضرور ڈالیں۔ مثال کے طور پر اگر بچہ یا بچی 10 سال کی ہے تو اُس پر یہ ذمہ داری ہونی چاہیے کہ وہ اپنا کمرہ خود صاف کرے، اپنے کپڑے مشین میں خود دھوئے اور کھانا کھا کر اپنی پلیٹ خود دھو کر رکھے۔

ہمیں یہ یاد رکھنا کہ بچوں کی پرورش کے دوران ہم اُنہیں اپنا ماتحت نہیں اپنا شاگرد بنائیں۔اور خود اُن کے لیے ایک اچھے رول ماڈل بننے کی اہم ذمہ داری بخوبی نبھائیں۔

بچوں کی پرورش میں دادادادی کی شمولیت

گرین زون خاندانی نظام میں ہم بچوں کی پرورش کے لیے نانانانی اور دادادادی، خالہ ماموں چاچا اور پوپھی کی شمولیت پر بُہت زور دیتے ہیں۔

میری ذاتی رائے میں بچوں کی مثبت پرورش کے لیے اُنہیں اپنے اور اپنے شریک حیات کے والدین اور بہن بھائیوں سے جوڑے رکھنا ضروری ہے۔

اگر آپ کے والدین آپکے ساتھ رہتے ہیں تو اُن کے اور اپنے بچوں کے درمیان گہری محبت کو فروغ دینا اور بچوں کا اپنے خالہ ماموں، چاچا اور پوپھی کے ساتھ ٹائم گزارنے کو یقینی بنانا آپ کا فرض ہے۔

میرے ذاتی خیال میں جہاں نانا، نانی یا دادا، دادی والدین کے ساتھ ملکر co-parenting کرتے ہیں وہاں ایک تو والدین کے اوپر اکیلے تربیت کا بوجھ نہیں پڑتا اور دوسرے بچوں کو بھی بہت زیادہ محبت ملتی ہے۔

دادادادی اور نانانانی جب بچوں کی تربیت میں شامل ہوتے ہیں تو بچوں کو اُن سے جذباتی لگاؤ کے نتیجے میں زیادہ تحفظ کا احساس ہوتا ہے۔ وہ اپنے والدین کے علاوہ بھی کسی اور کی سرپرستی میں اُٹھنے بیٹھنے اور نئ معلومات اور ہنر سیکھنے کا موقع بھی ملتا ہے۔ مگر ہر چیز کی طرح اس چیز کے بھی کچھ مثبت اور منفی پہلو ہوتے ہیں۔

مثال کے طور پر اکثر دادا، دادی یا نانا، نانی ماں باپ کے ڈسیپلن کو رد کر کے اُن کی اتھارٹی over rule کرتے ہیں۔ جس سے بچوں کی تربیت کرنا مشکل ہوتا ہے اور اُن کے challenging Behavior کو خوب شے ملتی ہے۔ شریک حیات یا آپکے والدین اکثر آپکی پرورش کے طور طریقوں کو بچوں کے سامنے تنقید کا نشانہ بناتے ہیں۔ یا غلط بات پر بچے کی طرف داری کرتے ہیں۔

یوں تو مشترکہ خاندانی نظام کا حصہ ہوتے ہوئے انفرادی خاندانی نظام کے طور طریقوں کو اپنانے کا خواہ ہونا یقیناً ایک مشکل کام ہے۔ لیکن آپ گرین زون فلسفے کے بنیادی اصولوں کو اپنا کر نا صرف ایک

مضبوط جذباتی حد مقرر کر سکتے ہیں جس سے دوسروں کے منفی عمل اور رد عمل آپ پر اثر انداز نہیں ہونگے۔ اور آپ کا رشتہ اپنے آپ اور دوسروں سے خوشگوار رہے گا۔

جس کے لیے سب سے پہلے گھر کے بزرگوں کے ساتھ ایک نرم اور سچا بات چیت کا طریقہ کار اپنائیں جس میں تلخی اور جھوٹ کی آمیزش دونوں نا ہوں۔

مثال کے طور پر جب میری والدہ مجھے پاکستان سے ملنے ٹورنٹو آتی ہیں تو میرے بچے کو بہت پیار ملتا ہے۔ مگر بچے کی پرورش کے متعلق ہمارا اختلاف رائے رہتا ہے۔ اس سلسلے میں اُن سے ایک سچی اور دوٹوک بات کرنا ذرا مشکل ہوتا ہے۔ اس لیے اکثر مجھے اپنی بات بتانے کے لیے قصے کہانیوں کا استعمال کرنا پڑتا ہے۔ کہ فلاں نے ایسا کیا ایسا کہا اور اس کا نتیجہ یہ نکلا وغیرہ وغیرہ۔

اکثر بالکل صاف بات کرنا نا صرف ہماری ثقافتی روایتوں کی نفی کرتا ہے بلکہ اُس سے والدین کی دل آزاری بھی ہو جاتی ہے۔ والدین اکثر صاف بات کرنے کا مطلب یہ لیتے ہیں کہ آپ اُن کی نافرمانی کر رہے ہیں اور شاید یہ جتا رہے ہیں آپ اُن سے زیادہ جانتے ہیں۔ اس لیے لہجے میں نرمی برقرار رکھ کر پیار محبت سے اپنی بات کرنا اہم ہے۔

کوشش کریں کہ بچے کی پرورش سے متعلق شریک حیات یا اپنے والدین کے خدشات کو اہمیت دیں اور اُنہیں پوری طرح محسوس کرائیں کہ اُن کی رائے اور تجربے کی آپ کی نظر میں بہت اہمیت ہے۔

جب کبھی معاملہ کچھ یوں ہو کہ کسی بڑے محاذ پر آپ اُن سے اختلاف رائے کے ساتھ حتمی فیصلہ کر چکے ہوں تو کچھ چھوٹے موٹے معاملات پر فیصلوں کے اختیار اُنہیں دے دیں۔

اس بات کا خیال ہمیشہ رکھنا چاہیے کہ آپ اور گھر کے بزرگ دونوں دل و جان سے بچے کی فلاح و بہبود چاہتے ہیں۔ راستے چاہے مختلف ہوں مگر سب کی منزل ایک ہی ہے۔

مختلف ثقافتی ماحول میں بچوں کی پرورش

2000 سے میں اپنی کمیونٹی میں جنوبی ایشیاء سے کینیڈا ہجرت کر کے آنے والے مہاجرین بچوں، نوجوانوں اور اُن کے والدین کے ساتھ کام کر رہی ہوں۔

جیسا کہ ہم سب ہی جانتے ہیں کہ مشرقی اور مغربی خاندانی نظام کی ساخت، خاندانی نظام میں سرپرست کو حاصل حقوق واختیارات اور بچوں کو ڈسیپلن کرنے کے طریقوں میں بہت واضح فرق ہوتا ہے۔ بعض دفعہ مشرق سے ہجرت کر کے آنے والے والدین کی پرورش کے طور طریقے اُن کے نئے ملک کے قوانین سے ٹکرا جاتے ہیں۔ مثال کے طور پر کینیڈا میں اکثر امیگرنٹ والدین اپنے بچوں سے اُس رہن سہن اور رویوں کے توقع رکھتے ہیں جن کا تعلق اُن کے سابقہ ملک اور ثقافت سے ہوتا ہے۔ وہ اپنے بچوں کی پرورش اُن اصولوں پر کرنا چاہتے ہیں جن اصولوں پر اُن کی پرورش اُن کے والدین نے سابقہ ملک اور ثقافت میں کی تھی مگر وہ ساتھ ساتھ اپنے بچوں کو کنیڈین سوسائٹی میں بھی کامیاب دیکھنا چاہتے ہیں۔

اکثر امیگرنٹ والدین نئے ملک میں قدم جمانے کے لیے جدوجہد کر رہے ہوتے ہیں اور اس دوران اُن کو اپنے بچوں کے ساتھ وقت گزارنے کا ٹائم نہیں ملتا۔ ان تمام وجوہات کی بنا پر بچوں اور والدین کے مثبت تعلقات پر اثر پڑتا ہے اور اُن کا گرین زون رشتہ یلو اور ریڈ زون کا شکار ہو جاتا ہے۔

ایسے میں گرین زون خاندانی نظام کے مطابق والدین کا اپنے بچوں کو وقت دینا اُن کی اولین ترجیح ہونی چاہیے۔ جہاں وہ زیادہ سے زیادہ وقت اپنے بچوں کے ساتھ گزاریں اور اُن سے اُن کی سرگرمیوں اور دلچسپیوں کے بارے میں سوالات کریں۔ مگر بچوں کی طرف سے آنے والے جوابات پر اُن کی صلاحیت اور کردار کو ترازو میں نا تولیں۔ چاہے وہ جوابات آپ کے لیے کتنے ہی غیر متوقع ہوں۔

والدین کو یہ بات سمجھنے کی ضرورت ہے کہ اپنا ملک چھوڑ کر آنا اور نئی دُنیا میں بسنا جس کی ثقافت، رہن سہن، موسم اور نظام سب کچھ آپکے نظام کے برعکس ہے۔ آپکی خواہش تھی اور اس فیصلے میں بچوں کی رضامندی کی کوئی اہمیت نہیں تھی۔ اس کے باوجود بچوں کو ہجرت کے نتیجے میں جو کچھ بدلاؤ ہے اُسے سیکھنا

ہے اور اس نئے معاشرے میں اپنا مقام بنا کر کامیاب ہونا ہے۔ لہذا یہ گاڑی باہمی رضامندی سے چلائیں اور اپنے بچوں کو اس مشکل وقت میں اپنے پیار اور محبت کا احساس دلائیں۔

پُرسکون تعلیمی نظام

ثمر اشتیاق

میری دانست میں ایک ایک مثالی تعلیمی نظام وہ ہے جہاں تمام رنگ و نسل، عقائد اور صلاحیتوں کے مالک افراد کی شمولیت کو خاص اہمیت حاصل ہو۔

ایسے تعلیمی نظام میں سماجی اور جذباتی تعلیم یعنی social and emotional learning کی افادیت سے کون انکار کر سکتا ہے۔ بحیثیت ایک اسپیشل ایجوکیٹر میری ہمیشہ یہ کوشش ہوتی ہے کہ میں اپنے شاگردوں کے لیے ایک ایسا تعلیمی و تربیتی پروگرام مرتب کروں جس کی بُنیاد شاگردوں کی ذہنی نشوونما، جذباتی اور حسی نظام، ثقافتی اور خاندانی پس منظر کو ذہن میں رکھ کر کی جائے۔

اسکول میں بچوں پر سیکھنے اور جو سیکھا ہے اُسے ٹیسٹ اور پروجیکٹس کے زریعے ثابت کرنے کے حوالے سے جو بھی توقعات رہتی ہیں وہ اُنہیں مستقل ایک جذباتی تناؤ کا شکار رکھتی ہیں۔ لہٰذا اسکول کے ماحول کو پڑھائی کے ساتھ بچوں کے لیے دلچسپ اور پُر تحفظ مقام بنانا بہت ضروری ہے۔ ایسی جگہ جہاں بچے محسوس کریں کہ وہ اپنی من پسند سرگرمیوں میں حصہ لے سکتے ہوں۔ جہاں اسکول کے اساتذہ اور دیگر عملہ اُن سے محبت اور شفقت سے پیش آئے اور وہ اپنے آپ کو محفوظ تصور کریں۔

میں اس وقت ایک ایسی اسکول کمیونٹی میں کام کر رہی ہوں جہاں اکثر بچوں کے والدین زندگی کی بے رحمی سے جوج رہے ہیں۔ وہ یا تو دو دو ملازمتیں کر کے کاروبار زندگی چلانے کے لیے کوشاں ہیں یا پھر معاشی اور خاندانی حالات کو لیکر پریشانی کا شکار ہونے کے علاوہ کسی نا کسی ذہنی صحت کے مسلئے کا بھی شکار

ہیں۔ ایسی صورتحال میں ہم اساتذہ پر یہ ذمہ داری عائد ہوتی ہے کہ ہم اسکول میں بچوں کے لیے جس قدر ممکن ہو متوقع اور پُرسکون ماحول فراہم کریں۔

چونکہ اسپیشل بچوں کی معذوری اُن کی ذہنی نشوونما میں بھی کسی نا کسی حد تک رکاوٹ کھڑی کرتی ہے لٰہذا جذباتی نظام پر ذرا سا دباؤ اُنہیں پریشان کر دیتا ہے اور بچے کا ذہن فائیٹ، فلائیٹ یا فریز موڈ میں چلا جاتا ہے۔

فریز موڈ میں بچے کا جذباتی نظام اپنے آپ کو مکمل طور پر بند یعنی shutdown کر لیتا ہے۔ بچہ کلاس روم کے کسی کونے میں دبک کر آنکھیں زور سے بند کر لیتا ہے اور کسی بات کا جواب نہیں دیتا۔

فلائیٹ موڈ میں بچہ کلاس روم سے فرار ہو جاتا ہے اور اسکول میں کوئی حفاظتی کونا ڈھونڈ کر چھپ جاتا ہے۔

اگر فلائیٹ یا فریز موڈ میں بچوں سے زبردستی بات چیت کرنے، اُنہیں لالچ دے کر منانے یا پھر اُن پر اتھارٹی جتانے کی غرض سے سزا سے ڈرایا جائے تو وہ ٹیچرز پر حملہ آور ہوتے ہیں یا پھر کمرے میں موجود چیزیں اور فرنیچر اُٹھا کر اندھا دُھند پھینکنے لگتے ہیں۔

اسی صورتحال میں اگر بچوں سے زبردستی بات چیت کرنے کے بجائے اُنہیں دو چوائیسز دے کر سوچنے کے لیے تھوڑا وقت دے دیا جائے تو بچوں کے حسی نظام پر زور نہیں پڑتا اور وہ بہت جلدی پُرسکون ہو جاتے ہیں۔ مثال کے طور پر جس وقت بچہ فلائیٹ اور فریز موڈ میں ہو اور چیخ پکار کر رہا ہو اُسے یہ کہہ کر چھوڑ دیجئے کہ تم کلاس روم کے پُرسکون مقام پر رکھی روکنگ چیر یا ٹینٹ میں جا کر کتاب پڑھ سکتے، اپنی پسند کے کھلونے سے کھیل سکتے ہو، میوزک سُن سکتے ہو۔ یقیناً بچے کا فوری جواب نہیں میں ہو گا مگر ٹیچر اُس سے بحث کرنے کی بجائے اُس کو جان بوجھ کر نظر انداز کرتے ہوئے کام میں مصروف نظر آئے۔

اس رویے سے ایک تو بچے پر ٹیچر کی بلاوجہ کی توجہ سے جو منفی اثرات مرتب ہوتے ہیں وہ نہیں ہونگے۔ دوسرا ٹیچر کے مستقل بات نا کرنے سے بچے کے حسی نظام پر دباؤ کم ہوگا اور اُسے سوچنے سمجھنے کا موقع مل جائے گا۔

ہم اسپیشل ایجوکیٹرز بطور سپورٹ ٹیچرز بچوں کی مخصوص ضروریات کو سامنے رکھ کر اُن کے لیے پڑھائی، سماجی میل جول اور سینسری انٹگریشن پر مبنی پروگرام مرتب کرتے ہیں تو دُرست سپورٹ ملنے سے بچوں کے رویوں کو تبدیلی رونما ہوتی ہے۔

جب بچوں کے لیے اسکول اور کلاس روم کے ماحول میں نظم وضبط کے ساتھ ایسے سرگرمیاں شامل کی جاتی ہیں جو اُن کے جذبات میں ٹھہراؤ پیدا کرتی ہیں اور بچوں کے رویے مثبت ہو جاتے ہیں تو اُن کی کلاس روم ٹیچرز بھی سمجھ جاتے ہیں کہ بچوں کا کلاس روم میں پڑھائی کے وقت خلل ڈالنا دراصل اُن کے ذہنی دباؤ کا اظہار ہے۔

بچوں کا اپنے اساتذہ اور والدین کے ساتھ ایک مثبت تعلق ہونا اُنہیں نا صرف ذہنی اور جسمانی تحفظ کا احساس دلاتا ہے بلکہ وہ دل سے یقین کرتے ہیں کہ وہ محبت کے لائق ہیں اور لوگ اُن کی پرواہ کرتے ہیں۔ اس مثبت تعلق کو قائم کرنے کے لیے سب سے پہلا قدم یہ ہے کہ روز صبح جب بچے کلاس میں آتے ہیں تو اُنہیں اُن کا نام لیکر صبح بخیر کہا جاتا ہے۔ پھر ایک گروپ کی صورت میں بچوں کو بیٹھا کر ٹیچرز بچوں کے لیے پہلے خود ماڈل کرتی ہیں کہ وہ آج کیسا محسوس کر رہی ہیں۔

پھر باری باری بچوں سے پوچھا جاتا کہ وہ کیسا محسوس کر رہے ہیں اور کیا آج کوئی ایسی بات ہوئی ہے جو کہ اُن کے لیے اہمیت کی حامل ہو۔ بچے اکثر منفی جذبات کا اظہار بھی کرتے ہیں کہ وہ تھکے ہوئے یا اُداس ہیں اور ہم اُنہیں بتاتے ہیں کہ ایسا محسوس کرنا بالکل نارمل اور قابل قبول ہے۔ بچوں کو اُن کے جذبات سے متعارف کراتے ہوئے ہم اُن کی توجہ اس بات پر مبزول کراتے ہیں کہ آج اُن کی اپنے آپ سے کیا توقعات ہیں اور اپنے آپ سے وہ توقعات رکھنا دُرست ہے یا نہیں۔

ہم پرائمری اسکول کے لیول پر بھی بچوں کو سکھانے کی کوشش کرتے ہیں کہ ہمارا جسم اور ذہن ایک دوسرے کے ساتھ کیسے جُڑے ہوئے ہیں اور یہ کس طرح ملکر ہماری بہتری کے لیے کام کرتے ہیں۔ یا اگر اسپیشل بچوں کے والدین بچوں کے اسکول اور گھر میں بڑھتے ہوئے پُر تشدد رویوں پر بے بسی اور غم و غصے کا شکار نظر آئیں تو ہم اُنہیں تسلی دیتے اور سمجھاتے ہیں کہ اگر آپ اپنے بچے کی جذباتی نفسیاتی مشکلات کے بارے میں تھوڑی سی آگاہی حاصل کرلیں اور کمیونٹی میں موجود سماجی اداروں سے تربیت حاصل کرلیں تو آپ خود اُن کی نہ صرف بہتر تربیت کر سکتے ہیں بلکہ اُن کی سب سے بڑی سپورٹ بن سکتے ہیں۔

میں اپنے ساتھ کام کرنے والے اساتذہ اور والدین کو گرین زون فلسفے سے روشناس کراتی ہوں اور مشورہ دیتی ہوں کہ آپ اسکول اور گھر میں گرین زون فلسفے کے اصولوں کو اپنا کر اپنی اور اپنے شاگرد یا بچے کی زندگی کو کیسے پُر سکون بنا سکتے ہیں۔

سب سے پہلے بچوں کے تعلقات اُن کے اساتذہ اور والدین کے ساتھ استوار کرنے میں مدد دیتی ہوں۔ مثال کے طور پر ایک بچہ جس کا رشتہ اپنے والدین یا اساتذہ سے یلو زون میں ہو یا پھر کھیل کود کے دوران وہ دوستوں کے ساتھ چھوٹے موٹے جھگڑوں پر اشتعال میں آجائے۔ اور خود کو اور دوسروں کو نقصان پہنچائے۔ ایسے بچے کو اُس کے جذبات سے آگاہی دلانے کی لیے ہم بچے کی دلچسپیوں کو مد نظر رکھ کر اُس کی پسندیدہ سر گرمیوں میں شامل کرتے ہیں۔

جیسے کہ اگر کسی بچے کو ڈرائنگ کرنا پسند ہو تو اُس کو ڈرائنگ بُک اور پنسلیں دے کر ڈرائنگ بنانے کو دی جاتی ہے اور جب وہ اپنے کام میں مگن ہوتا ہے تو اُس سے پوچھا جاتا ہے کہ تم ڈرائنگ کرتے ہوئے کیسا محسوس کر رہے ہو۔ اگر بچہ خوش ہو تو بتایا جاتا ہے کہ تم اس وقت گرین زون میں ہو۔ اسی طرح جن سر گرمیوں کے دوران وہ ناخوش ہو تو وہ اُس کے یلو اور ریڈ زون ہوتے ہیں۔

پھر اُن جذبات کو ٹریفک لائٹس سے تشبیہہ دے کر جیسے کہ گرین، یلو اور ریڈ زون میں بانٹ دیا جاتا ہے۔ تینوں زونز کے جذبات کے لیے ایک ایک toolbox تیار کروایا جاتا ہے۔

جیسے کہ گرین زون ٹول بکس میں وہ سرگرمیاں ہوتی ہیں جن میں حصہ لے کر بچے گرین زون میں زیادہ سے زیادہ قیام کر سکتے ہیں۔ خوش و خرم فوکس اور پڑھنے لکھنے یا سیکھنے کے لئے تیار۔ یلو اور ریڈ زون میں وہ سرگرمیاں جن میں حصہ لے کر بچے واپس گرین زون میں آجاتے ہیں۔

مثال کے طور پر جب پڑھائی میں دل نہیں لگ رہا اور توجہ بات بات پر بٹ رہی ہے۔ جو کچھ پڑھایا جارہا ہے وہ بچے کو سمجھ میں نہیں آرہا تو اس کا مطلب یہ ہے کہ یا تو بچے کو جو مواد پڑھایا جارہا ہے اُس کا انتخاب بچے کی صلاحیت کو مد نظر رکھ کر نہیں کیا گیا ہے۔ یا پھر ماحول میں شور غُل کی وجہ سے بچے کے sensory system یا حسی نظام جیسے کہ سونگھنے، دیکھنے، سُننے، چھکنے اور محسوس کرنے کی حسوں پر بہت زیادہ زور پڑ رہا۔ جس کی وجہ سے بچے کے دماغ کو حسی نظام سے معلومات بہت کم یا بہت زیادہ تعداد میں موصول ہو رہی ہے۔

بچہ یلو زون میں ہے اور اُسے وقفہ لے کر کوئی ایسی سرگرمی کرنے کی ضرورت ہے جو اُس کے حسی نظام کو وقفہ دیکر متوازن مقدار میں معلومات فراہم کرنے میں مدد دے۔ اور اُسے واپس گرین زون میں لے آئے۔ اسی ایکٹوٹی 15 منٹ کا وقفہ لیکر کچھ کھیل کود کرنا بھی ہو سکتی ہے یا پھر سائیکل چلانا یا سیڑھیاں اُترنا چڑھنا۔

اگر بچہ بہت غصے میں ہے۔ کسی دوسرے بچے سے جھگڑا ہو گیا ہے۔ یا وہ رو رہا ہے تو اُس کے sensory systems کو calm down ہونے کی ضرورت ہے۔ وہ اس وقت ریڈ زون میں ہے۔ ہم اس وقت بچے کو calming activities کرنے کا موقع دیتے ہیں۔ مثال کے طور پر میوزک سُننا، ڈرائنگ اور کلر کرنا، کتاب پڑھنا، لیگو ماڈل وغیرہ بنانا۔

بچوں کے روزانہ کی بُنیاد پر اپنی من پسند سرگرمیوں میں حصہ لینے سے وہ زیادہ سے زیادہ گرین زون میں قیام کرنے لگتے ہیں۔

اُن کا وقت اپنے دوستوں کے ساتھ خوش و خرم گزرتا ہے اور پڑھائی کا حصول اُن کے لیے آسان ہو جاتا ہے۔

اساتذہ اور والدین کے درمیان خوشگوار تعلقات

کینیڈا میں بھی دیگر ممالک کی طرح تعلیمی نظام کو ذرائع اور سرمائے کی قلت کا سامنا ہے ذرائع اور سرمائے کی یہ قلت براہ راست نظام تعلیم کو متاثر کرتی ہے۔

اساتذہ کے لیے دوران ملازمت تربیتی مواقع کی کمی اُن میں سے ایک ہے۔ اساتذہ کو disability-specific training کے بجائے معذوری کے مجموعی تصور کو سامنے رکھ کر تعلیم اور تربیت دی جاتی ہے disability-specific training کی کمی کے منفی اثرات براہ راست بچوں کی تعلیم پر ہوتے ہیں۔ ایک کلاس میں بیس سے تیس عام بچوں اور دو سے چار اسپیشل بچوں کی موجودگی اساتذہ اور بچوں دونوں کے ذہنی دباؤ میں اضافہ کرتی ہے۔ عام بچوں میں کسی حد تک اپنے جذبات کو سنبھالنے کی صلاحیت قدرتی طور سے موجود ہوتی ہے اور وہ شور غل میں بھی اپنی توجہ جس حد تک ممکن ہو سکے پڑھائی پر مرکوز رکھ سکتے ہیں۔

مگر اسپیشل ایجوکیشن اسٹوڈنٹس کلاس اپنے جذبات کو نا سنبھال سکنا اُن کی معذوری کا حصہ ہوتا ہے ۔لہذا وہ اکثر ایسی سرگرمیوں میں ملوث ہوتے ہیں جو کہ اساتذہ کے لیے پڑھانے میں رکاوٹ پیدا کرتی ہیں۔ بچوں کی شکایتیں اُن کے والدین تک جاتی ہیں اور والدین پریشان ہو کر اسکول اور ٹیچرز کو اس کا ذمہ دار ٹھہراتے ہیں۔ اس صورتحال سے والدین اور اساتذہ کے دوران ایک تناؤ پیدا ہوتا ہے۔ ذہنی یا جسمانی معذور بچے کے والدین عموما بہت حساس ہوتے ہیں۔ وہ عام والدین کے مقابلے میں اپنے بچے کے لیئے بہت protective بھی ہوتے ہیں۔ اس لیے اسکول سے آنے والی خبروں کو وہ اکثر یا تو بچوں کے خلاف محاذ آرائی یا پھر اپنی تربیت پر تنقید تصور کرتے ہیں۔ جبکہ اساتذہ کا مقصد والدین تک بچے کی شکایت پہنچانا نہیں بلکہ قانونی طور پر اس بات کا پابند ہونا ہے کہ والدین کو بچے کے اسکول میں گزرے وقت اور سرگرمیوں کے بارے معلومات دیں۔

ایسے میں اسکول میں بچوں، والدین اور ٹیچرز کی مدد کے لیے میرے جیسے اسپیشل ایجوکیٹر مقرر کیے جاتے ہیں۔ جو نا صرف اساتذہ کو بچوں کو پڑھانے میں مدد بلکہ بچوں کو مستحکم جذباتی نظام اور مناسب سماجی رویوں سکھانے میں بھی مدد دیتے ہیں۔ اس کے علاوہ والدین کو بچوں کی تربیت اور گھر میں پڑھانے کے لیے مشورے اور معلومات فراہم کرتے ہیں۔ چونکہ والدین اور اساتذہ کے درمیان کشیدہ تعلقات کا اثر براہ راست بچے پر پڑتا ہے لہذا اُن کو بہتر بنانے کے لیے بچے کو سپورٹ فراہم کر کے اُس کے منفی رویوں کو مثبت رویوں میں تبدیل کیا جاتا ہے۔

جب بچے کا غیر مناسب رویے بدلنے لگتے ہیں تو اساتذہ کی فکر کم ہونے لگتی ہے۔ بچوں کے مثبت رویوں کی خبریں جب والدین تک جاتیں تو اُن کا رویہ بھی اسکول اور اساتذہ کی طرف مثبت ہو جاتا ہے۔ اساتذہ کے دل میں والدین کے لیے ہم احساسی کے جذبات پیدا ہوتے ہیں اور والدین اساتذہ کی کاوشوں کو سراہتے ہیں۔ جس سے اُن کے تعلقات خوشگوار ہو جاتے ہیں۔ والدین اساتذہ کی طرف سے دیے گئے مشورے اور بتائے گئے قوائد و ضوابط گھر میں بھی لاگو کرتے ہیں اور بچہ گھر اور اسکول دونوں میں ایک ہی طور طریقے پا کر اپنے آپ کو محفوظ تصور کرتا ہے۔ جس سے اُس کی خود اعتمادی میں اضافہ ہوتا ہے۔ اور اُسکے رشتے اپنے ساتھیوں اور اساتذہ سے خوشگوار ہو جاتے ہیں۔

صبا مراد کی کہانی

صبا سے میری پہلی ملاقات ویمن سینٹر او کویل میں ہوئی۔ وہ دو بچوں کو ساتھ لیے اپنی ٹوٹی پھوٹی انگلش میں ریسپشن پر بیٹھی سفید فام خاتون کو یہ سمجھانے کی کوشش کر رہی تھی کہ اُسے کاونسلنگ کی ضرورت نہیں بلکہ اُسے ادارے کی طرف سے کچھ اور مدد درکار ہے۔

میں نے زبان کی دقّت کو سمجھتے ہوئے صبا کو اردو میں سمجھانے کی کوشش کی کہ ویمن سینٹر امیگرنٹ خواتین کو اُن ہی کی مادری زبانوں میں مشورے اور معلومات کی سہولیات بھی فراہم کر رہا ہے۔ آپ اگر چاہیں تو مجھے اردو میں بتا سکتی ہیں کہ آپ کو کیا مدد درکار ہے۔ صبا میرے اردو میں بات کرنے سے بہت خوش ہو کر اپنائیت سے بولی کہ اللہ پلیز آپ میری مدد کر دیں۔

میرے آفس میں پہنچتے ہی اُس نے مجھے اپنی بے ربط اور ٹوٹی پھوٹی کہانی جلدی جلدی سُنا ڈالی۔ والدین نے ۱۹ سال کی عُمر میں میری شادی کر کے مجھے کینیڈا روانہ کر دیا تھا اور ماشاءاللہ پچھلے سات سال میں نے تین بچوں کو جنم دیا۔ مگر میرے شوہر ہر وقت مجھ سے نالاں رہتے ہیں۔ کیونکہ مجھے اپنے آپ کو سلیقے سے رکھنا نہیں آتا اور میں نے شادی کے بعد بہت وزن بڑھا لیا ہے۔ وہ کہتے ہیں کہ میں گھر کے کام کاج میں بھی سُستی کا مظاہرہ کرتی ہوں۔

میں پچھلے سات سال میں ایک بار بھی اپنے والدین سے ملنے پاکستان نہیں گئی۔ اپنے والد کے انتقال پر بھی نہیں۔ (یہ کہتے ہوئے صبا کی آواز اُس کے گلے میں رُندھ گئی)۔

مگر الحمد اللہ میرے شوہر بہت اچھے ہیں۔ میری اور بچوں کی تمام معاشی ذمہ داری اُنہوں نے بخوبی اُٹھا رکھی ہے۔ بہت محنت کرتے ہیں مجھے شوہر کی طرف سے گھر سے باہر نکل کر کام کرنے کی اجازت نہیں ہے۔ وہ کہتے ہیں کہ تمہیں کام کرنے کی کیا ضرورت ہے تم بس گھر اور بچوں کو سنبھالو اور آرام سے گھر میں بیٹھو۔ (چہرے پر مُسکراہٹ اور فخریہ جذبات) مگر آپ کو تو پتا ہے۔ اس مہنگائی کے زمانے میں ایک کمانے والا اور چار کھانے والے، گزارہ کہاں ہوتا ہے۔ میں گھر سے کیٹرنگ کا بزنس شروع کرنا چاہتی ہوں۔ آگر آپ ادارے سے کہہ کر مجھے کچھ گرانٹ دلوادیں تو بڑی مہربانی ہو گی۔

میں نے غور سے صبا کی بات سُنتے ہوئے سوال کیا کہ آپ کے شوہر کیا کام کرتے ہیں؟ جی وہ پرائیویٹ کمپنی میں ملازمت کرتے ہیں۔ میرا اگلا سوال تھا کہ اُن کے کام کے اوقات کیا ہیں؟ اور کیا وہ کام کے بعد بچوں کو سنبھالنے میں آپ کی کچھ مدد کرتے ہیں؟ صبا ہنستے ہوئے کہنے لگی۔ ارے آپ کو تو پتا ہے ہمارے یہاں کے مرد کہاں کر سکتے ہیں یہ سب۔ میں کرلوں گی سب، میں شادی سے پہلے بہت ایکٹیو تھی۔ بس اب آبو کے انتقال کے بعد کچھ کرنے کا دل ہی نہیں چاہتا (اُداسی سے) ہزبینڈ بھی ناراض رہتے ہیں۔ کیا کروں بچے بہت تنگ کرتے ہیں۔ دوسرے نمبر کے بیٹے کی ٹیچر نے بہت پریشان کرر کھا ہے۔ ہر دن اسکول سے شکایت آتی ہے کہ آج یہ کر دیا۔ کل وہ کر دیا۔

اسکول والے کہہ رہے ہیں کہ بچے کو کچھ ہے آپ ٹیسٹ کرالیں۔ مگر میرے ہزبینڈ کہتے ہیں کہ اسکول والے خود پاگل ہیں۔ ہمارے بچے کو اپنے کینڈین اصولوں کے مطابق چلانا چاہتے ہیں۔ ہم پاکستانی اور مسلمان ہیں۔ شاید اس کا اسکول بدلنا پڑے گا۔

میں نے گھڑی کی طرف دیکھا اور صبا کو بتایا کہ میں آپ کے لیے معلومات اکھٹی کر کے رکھوں گی۔ آپ اگلا اپائنٹمنٹ بنالیں۔ صبا نے اوکے کہہ کر بچوں کو لینے کے لیے ادارے کے ڈے کیئر روم کا رُخ کیا۔

دوسری ملاقات میں صبا مجھے پہلے سے کچھ زیادہ اُداس نظر آئی۔ اُس نے بتایا کہ ''اصل میں میرے ہزبینڈ معاشی پریشانی کی وجہ سے اکثر میرے ساتھ سختی سے پیش آتے ہیں اور ایسی باتیں کہہ دیتے ہیں کہ جس سے میری بہت دل آزاری ہوتی ہے۔ والد کی وفات کا دُکھ بھی مجھے اندر سے کھائے جارہا ہے اور بچے کی شرارتیں اور اسکول سے شکاتیں بھی دن بدن بڑھتی ہی جارہی ہیں۔ میرے پوچھنے پر اُس نے مزید بتایا کہ اُسے اکثر بے خوابی کی بھی شکایت رہتی ہے۔

میں نے صبا سے سوال کیا کہ کینیڈا میں آپ کے کوئی رشتے دار یا دوست ہیں؟ جس پر اُس نے گہری سانس بھر کے کہا کہ میرا تو یہاں کوئی نہیں ہے۔ چہرے کے تاثرات اور آواز میں بے بسی سے مجھے لگا کہ جیسے اُس نے کہا ہو کہ میرا تو اس دُنیا میں کوئی نہیں ہے۔

میں نے صبا کو ہمارے ادارے کے سوشل گروپ میٹنگ کا پمفلٹ تھماتے ہوئے کہا کہ آپ بچوں کو لیکر اس میٹنگ میں آئیں۔ مجھے پوری اُمید ہے آپ کو اچھا لگے گا۔ صبا نے میٹنگ کی دعوت قبول کر لی اور پھر ہماری تیسری ملاقات سوشل میٹنگ میں ہوئی۔

صبا بہت عرصے تک باقاعدگی سے ان سوشل میٹنگز کا حصہ بنی رہی۔ میں نے اکثر اُسے خوبصورت پاکستانی کپڑوں میں خوشی خوشی ہاتھ میں کھانے کی ٹرے پکڑے یہ کہتے ہوئے سُنا کہ وہ پورے مہینے اُس میٹنگ کا انتظار بہت شدت سے کرتی ہے۔

اسی دوران اُسے دوسری خواتین کی کہانیاں سُن کر یہ احساس بھی ہوا کہ شاید اُسے بھی شوہر سے اپنے دل کی بات کرنے اور بچوں کی پرورش کے معاملے میں کاونسلنگ کی ضرورت ہے۔

صبا تقریبا دو سال کاونسلنگ پروگرام کا حصہ رہی۔ کاونسلنگ کی مدد سے اُس کے اندر احساس وقعت پیدا ہوا اور اُس نے اپنی صلاحیتوں کو پہچانا۔ اس خود اعتمادی نے اُسے اس قابل بنایا کہ وہ اب دُرست الفاظ میں شوہر سے اپنے جذباتی ضروریات کا اظہار کر سکتی ہے۔

والدین کے لیے تربیتی پروگرام نے اُسے بچوں کی تربیت کرنے میں مدد دی۔ جس سے گھر اور اسکول کے درمیان مثبت بات چیت کا آغاز ہوا۔

ساتھ ہی ساتھ ادارے کی طرف سے دی جانی والی انگریزی زبان سیکھنے کی کلاسز لینا شروع کر دیں۔ جہاں بعد میں اُسے ادارے کے ڈے کیئر میں پہلے رضا کارانہ طور پر اور بعد میں اُجرت کے عوض بچوں کو سنبھالنے کی ملازمت مل گئی۔ شوہر پر معاشی دباؤ کم ہوا اور صبا کی خود مختاری میں اضافہ۔

بچپن سے سُنتے آرہے ہیں کہ جہاں چار برتن ہوں کھڑکتے ہی ہیں۔ یعنی جس جگہ دو یا دو سے زیادہ لوگ ہوں گے اختلاف رائے اور آپس کے جھگڑے ضرور ہوں گے۔ جیسے چار برتنوں کا آپس میں کھڑکنا فطری بات ہے۔ اسی طرح چاہے آپ کے رشتوں میں کتنی ہی ہم آہنگی کیوں نہ ہو، چھوٹے موٹے تنازعات ہونا قدرتی عمل ہے۔ بلکہ کبھی کبھی یہ چھوٹے موٹے اختلافات ہماری زندگی کے حُسن کو قائم رکھنے میں مدد بھی دیتے ہیں۔ مثال کے طور پر اختلاف الرائے ہمیں زندگی کے نئے زاویے دیکھنے کی صلاحیت اور اپنے کمفرٹ زون سے باہر قدم رکھنے میں بھی مدد دیتا ہے۔ البتہ یہ چھوٹے اختلافات بڑے تنازعات اور تصادم میں نابدل جائیں اس کے لیے ہمیں جلد از جلد اُن کے حل کے بارے میں سوچنا چاہیے۔ کیونکہ جب ہم رشتوں کی قدر کرتے ہیں اور اُنہیں کامیاب بناتے ہیں تب ہی رشتے ہمیں پیار سے سینچتے اور پروان چڑھاتے ہیں۔

گرین زون کی کہانی

متال موقعن کی زبانی

آج سے پچاس سال بعد سائیکوتھیرپی کی بہت سی کتابوں میں اس طریقہ علاج گرین زون لونگ کا ذکر ہوگا جو ڈاکٹر خالد سہیل نے اپنے کینیڈا کے کلینک میں دریافت کیا۔

میں ایک طویل عرصے سے ڈاکٹر خالد سہیل کو بطورِ شاعر' ادیب اور انسان دوست جانتا تھا لیکن پھر میں نے ڈاکٹر سہیل اور ان کی رفیقِ کار بے ٹی ڈیوس کے گرین زون سیمینار میں شرکت کی۔

جب ہم گرین زون کا نام سنتے ہیں تو ہمارے ذہن میں ماحولیات کا خیال آتا ہے اور میں ماحولیات کے حوالے سے اپنی ذاتی اور پیشہ ورانہ زندگی کے بارے میں بہت فعال ہوں۔ میں نے سوچا کہ اگر میں انسانوں کے باہر کے ماحول کے بارے میں فکرمند ہوں تو مجھے ان کے اندر کے ماحول کے بارے میں بھی جاننا چاہیے کہ انسان اپنے ذہن میں کیسے گرین زون میں رہ سکتے ہیں۔

سیمینار میں میرا گرین زون کی کتاب اور وڈیو سے تعارف ہوا لیکن کچھ تشنگی رہی اس لیے میں نے ڈاکٹر سہیل اور بے ٹی ڈیوس سے درخواست کی کہ میں گرین زون فلسفے کے بارے میں ان کا ایک تفصیلی انٹرویو لینا چاہتا ہوں۔ میری درخواست سن کر وہ دونوں انٹرویو کے لیے راضی ہو گئے۔

اب میں اس سیمینار اور انٹرویو کو بنیاد بنا کر یہ مضمون لکھ رہا ہوں تاکہ قارئین اس فلسفے کو جان سکیں اور ذہنی طور پر ایک خوشحال ٫صحتمند اور پرسکون گرین زون زندگی گزار سکیں۔

ڈاکٹر سہیل نے یہ فلسفہ اس جذبے سے تخلیق کیا ہے کہ وہ زیادہ سے زیادہ لوگوں کی نفسیاتی مدد کر سکیں۔

جب ہم گرین زون فلسفے کا نفسیاتی تجزیہ کرتے ہیں تو ہمیں احساس ہوتا ہے کہ اس طریقۂ علاج میں CBT COGNITIVE BEHAVIOUR THERAPY...کا تخلیقی استعمال کیا گیا ہے۔اس طرزِ فکر ایک پہلو یہ ہے کہ انسان کے جذبات اس کی سوچ سے منسلک ہیں۔انسان جس طرح سوچتا ہے اسی طرح محسوس کرتا ہے۔ منفی سوچ کے منفی اور مثبت سوچ کے مثبت اثرات۔اگر انسان مثبت سوچنا سیکھ جائیں تو وہ اپنی جذباتی کیفیت کو بھی مثبت بنا سکتے ہیں۔

جہاں گرین زون کے فلسفے اور روایتی CBT میں ایک قدرِ مشترک ہے وہیں کچھ فرق بھی ہیں۔

گرین زون فلسفہ مریضوں میں خودآگہی پیدا کرتا ہے۔وہ اسے ٹریفک لائٹس کی مدد سے اپنی جذباتی کیفیات کو گرین ٫ییلو اور ریڈ زون میں فرق کرنا سکھاتا ہے۔

گرین زون کے فلسفے میں ڈاکٹر کسی روایتی ڈاکٹر کی طرح اتھارٹی بن کر مشورے نہیں دیتا اور نصیحتیں نہیں کرتا بلکہ مریض کے ساتھ مل کر اس کے مسئلے کا حل تلاش کرتا ہے۔

گرین زون فلسفے میں مریض کو ایک ڈائری میں لکھنے کا مشورہ دیا جاتا ہے۔ گرین زون ڈائری لکھنے سے مریض اپنے مسائل پر سنجیدگی سے غور کرتا ہے اور پھر اپنے مسائل کا تسلی بخش حل تلاش کرنے کی کوشش کرتا ہے۔

گرین زون کا فلسفہ ڈاکٹر سہیل کے انسان دوستی کے فلسفے سے بھی جڑا ہوا ہے۔اس میں مرض کے علاج کی بجائے انسان کا علاج کیا جاتا ہے جو کسی نفسیاتی مسئلے سے دوچار ہے۔اس علاج میں مریض کی عزتِ نفس کا بڑا خیال رکھا جاتا ہے اور اس کی رائے کا احترام کیا جاتا ہے۔

ڈاکٹر سہیل نے انٹرویو کے دوران یہ بھی بتایا کہ وہ گرین زون فلسفے پر خود بھی عمل کرتے ہیں۔اس طرح وہ جو سکھاتے ہیں اس پر عمل کرتے ہیں اور جس فلسفے پر عمل کرتے ہیں وہ دوسروں کو سکھاتے ہیں۔

گرین زون فلسفے کی منفرد خصوصیات بیان کرنے سے پہلے میں آپ کو ڈاکٹر سہیل کے ایک مضمون کا ایک اقتباس پیش کرنا چاہتا ہوں جس سے آپ کو ڈاکٹر سہیل کی نوجوانی کی زندگی اور انسانی نفسیات سے دلچسپی کا اندازہ ہوگا۔ وہ لکھتے ہیں جب میں ایک ٹین ایجر تھا اور پشاور میں رہتا تھا تو میں شہر کی مختلف لائبریریوں میں جایا کرتا تھا اور جن مختلف موضوعات پر کتابیں پڑھا کرتا تھا ان میں مذہب' فلسفہ' ادب اور نفسیات شامل تھے۔ایک شام مجھے ایک ہزار صفحے کی ایک کتاب ملی جو سگمنڈ فرائڈ اور تحلیلِ نفسی کے بارے میں تھی۔اس کتاب کو پڑھنے کے بعد میری انسانی ذہن کے رازوں میں دلچسپی اتنی بڑھ گئی کہ میں نے ایک ماہرِ نفسیات بننے کا فیصلہ کر لیا تا کہ میں نفسیات کا علم حاصل کر کے دکھی انسانیت کی خدمت کر سکوں اور ان کے دکھوں کو سکھوں میں بدل سکوں۔میں اپنے مریضوں سے کہتا ہوں کہ وہ جتنا مجھ سے سیکھتے ہیں میں بھی اتنا ہی ان سے سیکھتا ہوں۔میں عمر بھر کچھ نہ کچھ سیکھنے کے فلسفے پر عمل کرتا ہوں۔

ڈاکٹر سہیل نے اپنے گرین زون فلسفے میں جن مکاتبِ فکر کے اصولوں سے استفادہ کیا ہے ان میں سگمنڈ فرائڈ کا تحلیلِ نفسی کا فلسفہ، ہیری سٹاک سالیوان کا انٹرپرسنل سکول کا فلسفہ، مرے برائون کا فیمیلی سسٹم کا فلسفہ اور وکٹر فرانکل' ابراہم میسلو اور ایرک فرام کا انسان دوستی کا فلسفہ شامل ہیں۔یہ سب فلسفے تخلیقی غیر محسوس طریقے سے گرین زون فلسفے کا حصہ بن گئے ہیں۔ہم ان فلسفوں کا مختصر جائزہ لیتے ہیں۔

جب ڈاکٹر سہیل سگمنڈ فرائڈ کا ذکر کرتے ہیں تو ان کی آنکھوں میں چمک پیدا ہو جاتی ہے۔وہ جانتے ہیں کہ سگمنڈ فرائڈ کی تحریروں نے ایک صدی پیشتر انسانی نفسیات اور علاج میں ایک انقلاب پیدا کیا تھا اور ہمیں بتایا تھا کہ انسانی ذہن کا شعور کا حصہ چھوٹا اور لاشعور کا حصہ بڑا ہوتا ہے۔انسان بہت سے کام لاشعوری جذبوں کی وجہ سے کرتے ہیں لیکن پھر ان کی شعوری وجوہات پیش کرتے ہیں فرائڈ اس عمل کو rationalizing کا نام دیتا تھا۔

سگمنڈ فرائڈ نے نفسیاتی مسائل کے حل کے لیے جو تحلیلِ نفسی کا طریقہ دریافت کیا تھا وہ کافی لمبا تھا۔ کئی مریض برسوں اپنا علاج کرواتے رہتے تھے ڈاکٹر سہیل نے پیٹر سفنیوس Peter Sifneos اور حبیب ڈیون لو Habib Davanloo کی کتابیں پڑھیں اور سیمیناروں میں شرکت کی تاکہ نفسیاتی علاج کو مختصر عرصے میں کرنا سیکھا جائے اس طرح چھ سال کا علاج چھ ماہ میں ممکن ہوا۔

ڈاکٹر سہیل نے امریکی ماہرِ نفسیات ہیری سٹاک سالیوان HARRY STACK SULLIVAN سے بھی بہت کچھ سیکھا۔ سالیوان نے ہمیں سکھایا کہ انسان کے نفسیاتی مسائل کا گہرا تعلق اس کی خود اعتمادی اور عزتِ نفس سے ہے۔ سالیوان کہتا ہے کہ ہر انسان کی شخصیت کے دو حصے ہیں۔ وہ اپنے بارے میں جو مثبت سوچتا ہے وہ گڈ می good me کہلاتا ہے۔ اور وہ اپنے بارے میں جو منفی سوچتا ہے وہ بیڈ می bad me کہلاتا ہے۔ ذہنی طور پر صحتمند انسان کا گڈ می اس کے بیڈ می سے کافی بڑا ہوتا ہے اور نفسیاتی مسائل کے شکار لوگوں کا بیڈ می ان کے گڈ می سے کافی بڑا ہوتا ہے۔

سالیوان کی کوشش ہوتی تھی کہ نفسیاتی علاج میں مریضوں کی مدد کی جائے کہ ان کا اپنی ذات کے بارے میں تاثر بہتر ہو اور وہ اپنی ذات کو پسند کرنا شروع کریں۔ اس طرح ان میں خود اعتمادی پیدا ہوگی اور وہ زندگی کے مسائل سے بہتر نبرد آزما ہوں گے۔

ڈاکٹر خالد سہیل امریکی ماہرِ نفسیات مرے بوون MURRAY BOWEN سے بھی متاثر ہیں۔ بون نے خاندانی سسٹم کا فلسفہ پیش کیا۔ بوون کا کہنا تھا کہ انسانوں رشتوں کی اکائی دو انسان نہیں تین انسانوں کی ایک تکون ہے۔ جب دو انسانوں کے کسی رشتے میں مسائل پیدا ہوتے ہیں تو دکھی انسان کسی تیسرے انسان کو جا کر اپنے دکھ سناتا ہے اور وہ تیسرا انسان ان دو انسانوں کے مسئلے میں شریک ہو جاتا ہے۔ اگر وہ تیسرا شخص ذہنی طور پو نابالغ ہے تو وہ مسئلے اک حصہ بن جاتا ہے اور اگر وہ بالغ اور ذہین ہے تو وہ ان دونوں میں ایک ثالث بن جاتا ہے اور ان کو مسئلہ حل کرنے میں مدد دیتا ہے۔ ڈاکٹر سہیل نے بتایا کہ جوڑوں کی تھیریپی کے دوران اگر شوہر یا بیوی یہ سمجھے کہ ڈاکٹر سہیل ایک شخص کی طرفداری کر رہے ہیں تو

وہ اپنی رفیقِ کار بے ٹی ڈیوس کی خدمات حاصل کرتے ہیں تاکہ دونوں میاں بیوی یہ سمجھیں کہ دونوں کی برابر کی مدد ہو رہی ہے۔

ڈاکٹر سہیل انسان دوستی کے فلسفے کے جن بانیوں سے متاثر ہوئے ان میں وکٹر فرینکل' ابراہم میسلو اور ایرک فرام شامل ہیں۔ وکٹر فرینکل VICTOR FRANKL کا طریقہ علاج لوگو تھیراپی LOGOTHERAPY کہلاتا ہے۔اس فلسفے کے تحت جب کسی انسان کا دکھ اپنے معنی تلاش کر لیتا ہے تو اس دکھ کو سہنا آسان ہو جاتا ہے۔

ابراہم میسلو ABRAHAM MASLOW کا کہنا ہے کہ جب انسان ذہنی بلوغت کی منزلیں طے کرتا ہے تو وہ روزمرہ کے مسائل سے اوپر اٹھ کر ایسے مقام پر پہنچ جاتا ہے جہاں وہ اپنی تخلیقی صلاحیتوں کا بھرپور استعمال اور اظہار کرتا ہے۔ ابراہم میسلو ایسے انسانوں کو سیلف ایکچوالائزنگ انسان SELF ACTUALIZING PEOPLE کہتا ہے۔

ایرک فرام ERIC FROMM کا کہنا تھا کہ انسان کے نفسیاتی مسائل میں اس کی ثقافت بھی اہم کردار ادا کرتی ہے۔ڈاکٹر سہیل نے مہاجروں کے نفسیاتی مسائل کی تفہیم اور علاج میں ایرک فرام کی تحریروں سے استفادہ کیا۔

گرین زون فلسفے کو سمجھنے کے لیے البرٹ ایلس ALBERT ELLIS کی کوگنیٹیو بیھیویر تھیراپی CBT...COGNITIVE BEHAVIOUR THERAPY کا جاننا بھی اہم ہے۔ ڈاکٹر سہیل نے بتایا کہ اس فلسفے میں بے ٹی ڈیوس ان سے کہیں زیادہ دلچسپی رکھتی ہیں اور اپنی پریکٹس میں اس طریقہ علاج کو زیادہ استعمال کرتی ہیں۔اس طریقہ علاج میں مریض جان لیتے ہیں اور سیکھ جاتے ہیں کہ ان کی سوچ جتنی زیادہ صحتمند ہو گی اتنی ہی ان کی جذباتی صحت بھی صحتمند ہو گی کیونکہ مثبت خیالات مثبت جذبات پیدا کرتے ہیں۔

ڈاکٹر سہیل نے اپنے انٹرویو میں یہ بھی بتایا کہ انہوں نے نیوفن لینڈ' نیو برنزوک اور اونٹاریو کے نفسیاتی ہسپتالوں میں کام کرنے کے بعد وھٹبی میں 1995 اپنا کریے ٹیو سائیکو تھیرپی کلینک CREATIVE PSYCHOTHERAPY CLINIC کھولا تاکہ وہ وہ گرین زون تھیراپی کا بھرپور استعمال کر سکیں۔ڈاکٹر سہیل نے نہ صرف دیگر ماہرینِ نفسیات سے بلکہ اپنے تجربات اور مشاہدات سے بھی بہت کچھ سیکھا اور ان تجربات اور مشاہدات سے گرین زون فلسفہ اور طریقۂ علاج دریافت کیا جواب ان کی کتابوں میں پیش کیا گیا ہے۔ڈاکٹر سہیل نے اپنا گرین زون فلسفہصحتمند زندگی کی طرف سات قدم کے نام سے پیش کیا ہے جو ہم یہاں اختصار سے پیش کرتے ہیں۔

پہلے قدمAwareness:

اپنے تین جذباتی زون۔۔۔ گرین زون۔۔۔ییلو زون۔۔۔ریڈ زون سے آگاہی۔

دوسرا قدمRecognizing:

گرین زون سے ییلو اور ریڈ زون میں جانے کی آگاہی

تیسرا قدمRecovering:

ییلو اور ریڈ زون سے گرین زون کی طرف واپسی

چوتھا قدمRestraining:

گرین زون سے دوبارہ ییلو اور ریڈ زون میں جانے سے روک تھام

پانچواں قدمCreating Green Zone Relationships:

صحتمند گرین زون رشتوں کی تعمیر

چھٹا قدمCreating Green Zone Systems:

صحتمند گرین زون سسٹمز کی تعمیر

پرسکون زندگی کی طرف سات قدم

ساتواں قدم Creating Green Zone Lifestyle:
صحتمند گرین زون طرزِ زندگی کی تعمیر

ساتویں قدم میں انسان ایک مشغلہ اپناتے ہیں پھر اس مشغلے سے دوستوں کا حلقہ بناتے ہیں جنہیں ہم فیمیلی آف دی ہارٹ کہتے ہیں اور پھر انسان اپنے تخلیقی تحفے سے خدمتِ خلق کرتے ہیں اور اپنی خوشیوں میں دوسروں کو شریک کرتے ہیں اور اپنی کمیونٹی کا خیال رکھتے ہیں۔

ڈاکٹر سہیل کے گرین زون فلسفے پر عمل کرنے کے یہ سات قدم بظاہر سادہ دکھائی دیتے ہیں لیکن جب کوئی شخص ان پر عمل کرنا شروع کرتا ہے تو اسے ان کے پوشیدہ رازوں سے آگاہی حاصل ہوتی ہے۔

ڈاکٹر سہیل کے گرین زون فلسفے کا گہرا رشتہ ان کی انسان دوستی کے فلسفے سے ہے جس کے تحت انسان مسائل سے زیادہ اہم ہے۔ وہ انسانوں کی عزتِ نفس کا بہت خیال رکھتے ہیں۔ ڈاکٹر سہیل کے فلسفے کے مطابق ہر انسان کے دل میں ایک پرسکون مرکز ہے۔ جب انسان اپنے مرکز کے ساتھ جڑا ہوتا ہے تو وہ اپنی ذات کے صحتمند اور دانا حصے سے جڑا رہتا ہے اور پرسکون زندگی گزارتا ہے یہی اس کا گرین زون ہے۔

ڈاکٹر سہیل کے گرین زون کے فلسفے پر عمل کرنے کے لیے بعض لوگوں کو ایک تھیریپسٹ کی ضرورت ہوتی ہے اور بعض خود ہی اس پر عمل کرتے ہیں کیونکہ یہ فلسفہ اپنی مدد آپ کے اصولوں پر بنایا گیا ہے۔

ڈاکٹر خالد سہیل اور گرین زون تھیریپی

محمد سلطان ظفر

ڈاکٹر خالد سہیل سے میرا تعلق اتنا ہی پرانا (یا نیا) ہے جتنی میری شادی! چونکہ مارچ 1997 میں وہ میری شادی پر میرے سسرال کی طرف سے مدعو تھے۔ مجھے اپنی شادی پر جہاں بے شمار اقسام کے تحائف ملے جن میں کیسٹ پلیر سے لے کر استریاں تک تھیں وہاں ڈاکٹر صاحب کی طرف سے ان کے اپنے کیمرے سے کھینچی ہوئی تصاویر کے دو پوسٹر سائز فریم بھی تھے۔ ان میں سے ایک تصویر شاہی مسجد کے گنبد شاہی قلعہ لاہور کے جھروکے سے لی گئی تھی۔ جبکہ دوسری تصویر میں ایک چڑیا اپنا دانا دنکا چگ رہی تھی۔ ان تصاویر کو دیکھ کر ہی مجھے اندزہ ہو گیا تھا کہ یہ شخص دنیا کو ایک خاص زاویہ سے دیکھنے اور دکھانے میں ملکہ رکھتا ہے۔

ان دنوں انٹرنیٹ اور موبائل کا صرف تزکرہ ہی شروع ہوا تھا اور لوگ ان کے بغیر ہی جی لیا کرتے تھے۔ کوئی نہ کوئی ادبی گروپ کہیں نہ کہیں کوئی پروگرام کرتا رہتا تھا۔ اور اس کہیں نہ کہیں سے مراد کسی اپارٹمنٹ ' بیسمنٹ یا لائبریری کا ہال ہیں۔ ایسی ہی جگہوں پر ڈاکٹر خالد سہیل صاحب بھی اپنی نظم و نثر کے ساتھ موجود ہوتے تھے۔ عام شاعروں اور ادیبوں کے برعکس ڈاکٹر خالد سہیل صاحب ایک عملی آدمی تھے اور آج بھی ہیں۔ لہذا انکی نثر ' شاعری اور تحقیق میں خیالی پلاؤ کم اور زندگی کی حقیقتیں بہت زیادہ ہیں۔ اس

وجہ سے وہ لوگ جو خیالی دنیا کی (افیمی) گولی کھا کر مدہوش ہو جانا چاہتے ہیں ان کے لیے ڈاکٹر صاحب کی شاعری اسی طرح ہے جیسے کوئی سرجن بغیر بے ہوش کیے آپریشن کر دے۔

آپ ذرا تصور کریں کہ ایک شخص کینیڈا میں بیٹھ کر ٹی وی پر ایک ملزم جاوید اقبال مغل کی تصویر دیکھتا ہے اور اس ملزم کو سمجھنے اور حقیقت پانے کے لیے لاہور کی ایک جیل کی موت کی کوٹھڑی میں پہنچ جاتا ہے اور پھر 'اپنا قاتل' کتاب لکھتا ہے۔

ڈاکٹر خالد سہیل صاحب اپنے (یا ہمارے) مروجہ اور روایتی نظام کو بہت پہلے جھٹک چکے ہیں لہذا انہیں اپنی سوچ کو کاغذ پر منتقل کرتے اس چیلنج کا سامنا نہیں کرنا پڑتا کہ جب ان الفاظ کو میری بیوی 'میرا بھائی' میرے بچے اور میرے دوست پڑھیں گے تو میرے بارے میں کیا سوچیں گے۔ اس آزادی کی بنا پر انہوں نے اپنی صلاحیتوں کا بھرپور مظاہرہ کرتے ہوئے زندگی کی وہ حقیقتیں 'وہ سادہ حقیقتیں جو ہمارے اندر کی بند گلیوں میں ہماری موجودگی کا احساس دلاتی رہتی ہیں باہر نکال کر ہمارے سامنے پیش کر دیتے ہیں۔

پچھلے کئی سالوں میں میرا ڈاکٹر صاحب کے ساتھ بعض نظریات پر شدید اختلاف بھی رہا ہے اور اب بھی ہے۔ ڈاکٹر صاحب خود کو تمام مذاہب سے جدا کر کے انسان دوست سمجھتے ہیں جبکہ میں مذہب پر بڑی شدت سے ایمان اور حسبِ توفیق عمل پر یقین اور مذہب کو دو بڑے ستونوں حقوق اللہ اور حقوق العباد پر کھڑی عمارت سمجھتا ہوں۔ ڈاکٹر صاحب دعا کو ایک نفسیاتی مدد جبکہ میں تمام کامیابیوں کی کنجی مانتا ہوں۔ ڈاکٹر صاحب مشرق کی عورت کے حقوق کی بات بجا طور پر کرتے ہیں لیکن میں اس کے ساتھ ساتھ یہ بھی سمجھتا ہوں کہ ابھی تو مغرب کی عورت بھی برابری کی سطح سے بہت نیچے ہے۔

ڈاکٹر صاحب کے ساتھ اختلاف الرائے کرتے ہوئے سب سے بڑا مسئلہ یہ ہوتا ہے کہ یہ آپ کی بات 'جس کو وہ غلط سمجھ رہے ہوتے ہیں' سنتے ہوئے بھی مسکراتے رہتے ہیں۔ آگے سے آستین چڑھاتے ہیں نہ غصہ دکھاتے ہیں بس ان کی یہ بات مجھے پسند نہیں کہ بحث کا ماحول ہی پیدا نہیں ہونے دیتے۔ جس طرح ٹھنڈے ٹھنڈے آتے ہیں اسی طرح ٹھنڈے ٹھنڈے واپس چلے جاتے ہیں۔

ڈاکٹر سہیل کی بنیادی مہارت (بنیادی میں نے اس لیے کہا ہے کہ ان کے پاس اس کی ڈگری بھی ہے) انسانی نفسیات ہے اور میں بعض نفسیاتی مسائل جیسے ڈیپریشن کو بقول پنجابی کہاوت کو 'بھرے پیٹ کے نخرے' سمجھتا رہا ہوں۔ تاہم چند سال پیشتر جب میری ایک عزیزہ کو ایک کینیڈین ڈاکٹر نے غلط دوائی تجویز کر دی اور نتیجہ انتہائی درجہ کے ڈیپریشن کی صورت میں نکلا تو ڈاکٹرز نے مشورہ دیا کہ انہیں نفسیاتی ماہر کو دکھایا جائے۔ ٹورانٹو میں ایک ماہرِ نفسیات کے زیرِ علاج رہنے کے بعد جب 'مرض بڑھتا گیا جوں جوں دوا کی' لغوی معنوں میں بھی سچا ثابت ہو گیا تو ایک دوست نے مشورہ دیا کہ ڈاکٹر خالد سہیل صاحب کو دکھایا جائے۔

چنانچہ جب مکرم ڈاکٹر صاحب سے رابطہ کیا تو پتہ چلا کہ نئے مریضوں کے لیے اگلے ایک سال تک کوئی اپائنٹمنٹ دستیاب نہیں۔ تاہم ڈاکٹر صاحب نے کمال مہربانی سے اپنی چھٹی والے دن کا وقت دے دیا اور جب میں اپنی عزیزہ اور ان کے میاں کے ساتھ وہاں پہنچا تو اپنے کلینک پر اکیلے ہمارا انتظار کر رہے تھے۔ اپنی سیکرٹری کی غیر موجودگی کی وجہ سے خود ہی تمام فائل اور دوسرے ضروری کاغذات وغیرہ تیار کیے۔

اس دن میں نے پہلی دفعہ 'ریڈ زون'، 'ییلو زون' اور 'گرین زون' کی اصطلاح سنی اور سوچنے لگا کہ آیا میں کسی ماہرِ نفسیات کے کلینک میں آیا ہوں یا کسی وار زون میں یا کسی ٹریفک لائٹ پر پھنس گیا ہوں یا پھر کسی 'کچھوا گھر' میں کہ ہر طرف پلاسٹک' لکڑی' شیشے اور پتھر کے کچھوے ہی کچھوے نظر آ رہے تھے۔

ڈاکٹر سہیل نے ہمیں سمجھانا شروع کیا، ڈیپریشن اور دوسرے ذہنی مسائل پیدا ہونے کی کئی وجوہات ہوتی ہیں (اس کا تو مجھے بھی پتہ تھا) انسانی جسم کے کئی کیمیکل ہوتے ہیں (ڈاکٹر صاحب نے جتنے کیمیکل بتائے تھے ان میں سے ایک نام بھی یاد نہیں مشکل ہی اتنے تھے) جن کے تناسب میں کمی بیشی سے ڈیپریشن شروع ہو جاتا ہے۔ ڈیپریشن ہلکا، درمیانہ اور انتہائی شدید ہو سکتا ہے اور بعض نفسیاتی مسائل میں انسان خودکشی بھی کر سکتا ہے (کسی مولوی صاحب سے پوچھنا چاہیے کہ کیا ایسی خودکشی بھی حرام ہے؟(

عام انسانوں کو زندگی میں کئی دفعہ ڈیپریشن کا سامنا کرنا پڑتا ہے اور اس کا دورانیہ چند منٹوں سے لے کر کئی مہینوں اور سالوں تک محیط ہو سکتا ہے اور اس دوران مریض (مریض؟ نہ نزلہ نہ زکام نہ کھانسی نہ

آپریشن پھر بھی مریض۔۔۔؟) دنیا سے بیزار ہو کر ہر قسم کی دلچسپی سے دور ہو جاتا ہے جس کا اثر نہ صرف مریض بلکہ اس کے ارد گرد کے رہنے والے تمام افراد پر بھی پڑتا ہے۔ ماہرِ نفسیات ڈیپریشن کی وجوہات تلاش کرتا ہے اور ان کا علاج کرتا ہے۔

ڈاکٹر صاحب نے ہمیں مزید بتایا کہ 'میں نے ذہنی علاج کے لیے ایک نئی جہت متعارف کروائی ہے یعنی 'ریڈ زون' 'یلو زون' اور 'گرین زون'۔

ریڈ زون وہ کیفیت ہوتی ہے جب آپ پوری طرح ڈیپریشن کا شکار ہو جاتے ہیں اور کسی کام میں آپ کا دل نہیں لگتا اور مرنے کے بارے میں سوچنے لگتے ہیں۔

یلو زون وہ کیفیت ہے جب آپ مرنے کی حد تک تو نہیں سوچتے لیکن کام کاج سے دور رہتے ہیں اور زندگی کی دلچسپیوں سے بیزار رہتے ہیں۔

گرین زون وہ کیفیت ہے جب آپ زندگی کے بارے میں مثبت سوچتے ہیں اور اپنے تمام مشاغل سے خوب لطف اندوز ہوتے ہیں، ڈاکٹر صاحب نے مزید فرمایا کہ میں نے جو طریقہِ کار اپنایا ہے اس کے مطابق میں مریض سے کہتا ہوں کہ میرے سمجھنے کے لیے وہ سونے سے پہلے یہ سوچے کہ اس نے پچھلے چوبیس گھنٹوں میں سے کتنے گھنٹے گرین زون میں کتنے یلو زون میں اور کتنے ریڈ زون میں گزارے اور ان کی کیا وجوہات تھیں۔

ڈاکٹر صاحب کی بات سن کر مجھے تو ایک لطیفہ یاد آگیا۔ ایک باپ نے اپنے بیٹے کو کہا کہ بیٹا اگر میرے پاس چار سیب ہوں اور ایک میں تمہیں دے دوں اور ایک تمہارے بھائی کو تو میرے پاس کتنے سیب بچ جائیں گے۔ اس سے پہلے کہ بچہ جواب دیتا اس کا چھوٹا بھائی بول اٹھا۔ بھائی جان لگتا ہے کہ ابو تمہیں حساب پڑھانے کی کوشش کر رہے ہیں۔

ڈاکٹر صاحب بظاہر تو مریض کو یہ کہہ رہے ہوتے ہیں کہ ڈاکٹر صاحب کی مدد کے لیے یہ چارٹ تیار کرے لیکن مریض اس پروسس process میں خود اس بات کی شناخت کر رہا ہوتا ہے کہ کن عوامل سے اس کی تکلیف بڑھ جاتی ہے اور کن سے کم ہو جاتی ہے۔

ڈاکٹر صاحب کے ساتھ اس ملاقات سے واپسی پر عزیزہ کے شوہر نامدار تو مجھے تھوڑے بہت مایوس ہی نظر آئے لیکن اہلیہ کا دل رکھنے کے لیے حوصلہ افزائی کے لیے اس پر عمل کرنے کی ضرورت پر زور دیتے رہے۔ بعد ازاں انہوں نے مجھے بتایا کہ شروع میں تو ان کی اہلیہ چوبیس گھنٹے ریڈ زون کی کیفیت میں رہتی تھیں۔ پھر ایک دن ان کو خیال آیا کہ جب سو رہی ہوتی ہیں تو ریڈ زون میں نہیں ہوتیں۔ چونکہ ان کو نیند صحیح نہیں آتی تھی لہذا انہوں نے ان چھ گھنٹوں کو ییلو زون میں شمار کرنا شروع کر دیا اور بعد ازاں جب نیند کا مسئلہ حل ہو گیا تو یکایک وہ آٹھ گھنٹوں کے لیے گرین زون میں داخل ہونا شروع ہو گئیں۔ قصہ کوتاہ عزیزہ نے خود بھی اور ان کے شوہر نے بھی کوشش کر کے ایسے کام کرنے سے گریز کیا جن سے ریڈ زون کا ڈر رہتا تھا۔اور پھر ریڈ زون ییلو زون میں اور بالاخر گرین زون میں تبدیل ہونا شروع ہو گیا۔ اس دوران وہ ہر دوسرے تیسرے ہفتے ڈاکٹر صاحب سے ملنے کے لیے جاتے رہے اور ایک ایسا وقت بھی آگیا کہ ان کے چوبیس گھنٹے گرین زون میں بسر ہونے شروع ہو گئے۔ مجھے ڈاکٹر صاحب کی پہلی ملاقات پر کہی ایک بات یاد آگئی۔ انھوں نے کہا تھا

ڈیپریشن کے مریض قدرتی طور پر کبھی نہ کبھی اپنے ڈیپریشن سے باہر نکل ہی آتے ہیں لیکن بطورِ معالج میرا کام یہ ہے کہ میں اپنے مریضوں کو اس سے جلد از جلد باہر لے کر آؤں اور اس میں سب سے زیادہ کوشش مریض خود ہی کر سکتا ہے اور میرے اس طریقہِ کار سے مریض کے پاس چونکہ اپنی کیفیت کی پیمائش کرنے کی سہولت آجاتی ہے جس کی وجہ سے غیر یقینی کیفیت ختم ہو جاتی ہے اور تاریک سرنگ میں پھنسے اس انسان کو روشنی اور امید کی ایک ایسی کرن نظر آجاتی ہے جس کا پیچھا کرتے کرتے باقی راستہ وہ خود ہی ڈھونڈ لیتا ہے لیکن یاد رکھیں کہ کوئی بھی مریض ایک دن میں ٹھیک نہیں ہو سکتا۔ صحتیابی کی طرف جانے والا راستہ نسبتاً سُست ہوتا ہے اسی لیے آپ کو میرے کلینک میں ہر طرف کچھوے نظر آتے ہیں۔

ڈاکٹر خالد سہیل کے بارے میں بلاشک و شبہ کہا جا سکتا ہے کہ وہ انسان اور انسانیت کی مدد کے لیے کسی بھی حد تک جانے کے لیے تیار رہتے ہیں کیونکہ انہوں نے غریبوں' بیماروں' مظلوموں اور بے چارہ گروں کے درمیان نہ صرف وقت گزارا ہے بلکہ اوائلِ زندگی میں اس کا حصہ بھی رہے ہیں۔ انہوں نے زندگی کی تکلیفوں کا جواب 'قدرت حاصل ہونے کے بعد' انتقام سے نہیں دیا' بلکہ لوگوں کے ان مسائل کو کم کرنے کی کوشش کر کے دیا ہے۔ ڈاکٹر صاحب انسانوں کے ساتھ رہنا بلکہ ان کے ساتھ زندہ دلی کے ساتھ رہنے پر یقین رکھتے ہیں کیونکہ وہ ایک انسان دوست انسان ہیں۔

زندگی دریا کی طرح ہے
جو بہتا رہے تو بہتر ہے

خالد سہیل

ایک مشرقی محبوبہ کی طرح دھیرے دھیرے مجھ پر یہ راز بے نقاب ہوا کہ زندگی ایک دریا کی طرح ہے جو بہتا رہے تو بہتر ہے۔ ہم سب جانتے ہیں کہ دریا کا ایک حصہ اگر بہنا بند کر دے تو وہ جوہڑ بن جاتا ہے جس میں پہلے کائی جمتی ہے اور پھر اس سے بدبو آنے لگتی ہے۔

زندگی کے اس راز سے سب سے پہلے میرا تعارف میڈیکل کالج میں ہوا۔ جب میں جسمانی صحت اور بیماری کے راز سیکھ رہا تھا تو میں نے اساتذہ اور طب کی کتابوں سے یہ جانا کہ صحتمند انسان کے دل کی نالیوں میں خون ہر دم بہتا رہتا ہے۔ اگر وہ خون کی گردش رک جائے تو انسان کو ہارٹ اٹیک ہو سکتا ہے اور وہ مر بھی سکتا ہے۔ دل کی نالیوں کی طرح اگر جسم کے کسی اور حصے کی نالیاں بند ہو جائیں تو انسان کے جسم کا وہ عضو مفلوج ہو سکتا ہے اور مر بھی سکتا ہے۔

خون کی نالیوں کی طرح نظامِ انہضام کا بھی یہی عالم ہے۔ اگر ہماری آنتوں میں خوراک کی گردش رک جائے تو پہلے قبض ہوتا ہے اور پھر INTESTINAL OBSTRUCTION ہوتی ہے جس سے انسان کی موت واقع ہو سکتی ہے۔

خون کی نالیوں اور نظامِ انہضام کی طرح انسانی دماغ اور اعصاب کا بھی یہی عالم ہے۔ اگر اعصابی نظام میں برقی لہریں چلنی بند ہو جائیں تو انسان کے جسم کا کوئی حصہ بے حس بھی ہو سکتا اور مفلوج بھی۔

ایک ڈاکٹر ہونے کے ناطے ہماری کوشش ہوتی ہے کہ انسانی جسم کا ہر نظام دریا کی طرح بہتا رہے کیونکہ یہی جسمانی صحت کا راز ہے۔

جسمانی صحت کی طرح ذہنی صحت کا دارومدار بھی حرکت پر ہے۔ صحتمند انسان اپنے جذبات اور خیالات کا اظہار کرتے رہتے ہیں۔ جو ان کا اظہار نہیں کرتے وہ اکثر کڑھتے رہتے ہیں اور آہستہ آہستہ نفسیاتی مسائل کا شکار ہو جاتے ہیں۔ اپنے کلینک میں ہم ان مریضوں کی حوصلہ افزائی کرتے ہیں کہ وہ اپنے جذبات اور خیالات کا اظہار زبانی یا تحریری طور پر کریں تا کہ ان کے جذبات اور خیالات کا دریا دوبارہ بہنا شروع کر دے اور وہ ایک صحتمند اور بامعنی زندگی گزار سکیں۔

جیسے ڈاکٹر اور ماہرینِ نفسیات مریضوں کی حوصلہ افزائی کرتے ہیں اسی طرح شاعر اور ادیب جرنلسٹ اور دانشور عوام کی حوصلہ افزائی کرتے ہیں کہ وہ اپنے جذبات کا اظہار کرتے رہیں۔ عباس تابش کا شعر ہے

سکوتِ دہر رگوں میں اتر گیا ہوتا
اگر میں شعر نہ کہتا تو مر گیا ہوتا

ایک جینون شاعر کی نظمیں اور ایک جینون دانشور کی تحریریں عوام کے جذبوں کو زبان دیتی ہیں۔

جسمانی اور ذہنی صحت کی طرح سماجی صحت کا دارومدار بھی اسی راز میں ہے کہ دولت اور طاقت چند ہاتھوں' چند خاندانوں اور چند اداروں کے قبضے میں نہ آجائے۔ ایسا ہو تو عوام بہت دکھی رہتے ہیں کیونکہ وہ اپنے حقوق اور مراعات سے محروم ہو جاتے ہیں۔ وہ لوگ اور خاندان جو دولت اور طاقت کی ذخیرہ اندوزی کرتے رہتے ہیں اس راز سے واقف نہیں ہوتے کہ مکافاتِ عمل اٹل ہے۔ ایسے لوگ جلد یا بدیر خود نفسیاتی' سماجی اور سیاسی مسائل کا شکار ہو جاتے ہیں۔

میرا خیال ہے کہ جیسے سورج کی روشنی ہو یا تازہ ہوا' چاند کی چاندنی ہو یا سمندر کا پانی وہ سب انسانوں کی مشترکہ ملکیت ہوتا ہے اسی طرح ہر معاشرے میں سیاسی طاقت اور معاشی دولت بھی مشترکہ ملکیت ہوتی ہے۔ جمہوریت میں عوام رہنماؤں کو ان پر حکم چلانے کے لیے نہیں ان کی خدمت کے لیے چنتے ہیں اور وہ رہنما بھی چند سالوں کے بعد بدل دیے جاتے ہیں تاکہ نئے لوگ آئیں اور سیاست کا دریا بہتا رہے۔ آمریت میں وہ دریا بہنا رک جاتا ہے اور بہت سے مسائل کو جنم دیتا ہے۔ جب دولت اور طاقت ایک اقلیت کے پاس جمع ہو جاتی ہے تو اکثریت اس سے محروم رہتی ہے۔

جب زندگی کا دریا بہہ رہا ہوتا ہے تو لوگ اپنی چیزیں خوشی سے دوسروں سے شیر کرتے ہیں اور دوسروں کو اپنی دکھ اور سکھ' دولت اور طاقت میں شریک کرنے سے خوشی محسوس کرتے ہیں۔

مجھے یہ باب لکھتے ہوئے لوک ورثہ کی ایک کہانی یاد آ رہی ہے۔ دانائی کی بات جہاں بھی ملے میں اسے اپنے ذہن اور دل میں سنبھال رکھتا ہوں۔

ایک پادری نے خدا سے کہا کہ میں ہر ہفتے اپنی قوم کو جنت دوزخ کی کہانیاں سناتا رہتا ہوں لیکن میں نے کبھی جنت اور دوزخ دیکھے نہیں۔ اے خدا کیا میں دوزخ دیکھ سکتا ہوں؟ خدا نے پادری کی دعا قبول کی اور کہا کہ سیدھا جاؤ تمہیں بائیں طرف ایک دروازہ نظر آئے گا اسے کھولو اور اندر جاؤ وہاں تمہیں دوزخ نظر آئے گی۔ پادری نے حکم پر عمل کیا اور جب بائیں دروازے سے داخل ہوا تو کیا دیکھتا ہے کہ ایک بہت بڑا برتن ہے جس میں لذیذ کھانا ہے لیکن اس کے چاروں طرف جو مرد اور عورتیں بیٹھے ہیں وہ سب بھوکے اور غمزدہ ہیں۔ ان مردوں اور عورتوں میں کالے بھی ہیں گورے بھی مشرقی لوگ بھی ہیں اور مغربی بھی۔

جب اس پادری نے غور سے انہیں دیکھا اور یہ جاننے کی کوشش کی کہ وہ لوگ بھوکے اور غمزدہ کیوں ہیں تو اسے یہ نظر آیا کہ ان انسانوں کے ہاتھوں میں چھ فٹ لمبے چمچ ہیں۔ وہ اس چمچ سے کھانا اٹھا تو لیتے ہیں لیکن اپنے آپ کو کھلا نہیں سکتے اسی لیے وہ سب بھوکے اور غمزدہ ہیں۔

پادری واپس آیا تو اس نے جنت دیکھنے کی دعا کی۔ خدا نے کہا کہ اس دفعہ سیدھا جاؤ اور تمہیں دائیں طرف ایک دروازہ نظر آئے گا اس دروازے سے داخل ہو تو تمہیں جنت نظر آئے گی۔ پادری بڑے شوق سے گیا۔ دروازہ کھولا تو کیا دیکھتا ہے کہ اسی طرح کا بڑا برتن ہے اسی طرح کے ہر رنگ نسل اور قوم کے مرد اور عورتیں ہیں اور ان کے ہاتھوں میں چھ فٹ کے چمچ ہیں لیکن وہ سب ہنس رہے ہیں اور خوشحال ہیں۔ پادری نے ان کی خوشی کا راز جاننے کی کوشش کی تو اسے اندازہ ہوا کہ ان لوگوں نے زندگی کا یہ راز جان لیا تھا کہ وہ چمچ سے کھانا اٹھا کر اپنے سامنے والے انسان کو کھلاتے تھے۔ گورے کالوں کو، مرد عورتوں کو اور مغربی لوگ مشرقی لوگوں کا۔

پادری جنت اور دوزخ کا راز جان کر بہت خوش ہوا۔

ہم سب جانتے ہیں کہ اکیسویں صدی میں انسان ایک دوراہے پر کھڑے ہیں ایک راستہ جنگ اور تباہی کی طرف جاتا ہے دوسرا امن اور آشتی کی طرف۔ یا تو انسان اجتماعی خودکشی کر لیں گے یا ارتقا کی اگلی منزل کی طرف بڑھیں گے۔ ارتقا کی طرف جانے والے یہ راز جانتے ہیں کہ ہم سب انسان ایک ہی خاندان کے افراد ہیں اور ہم سب دھرتی ماں کے بچے ہیں۔ ہمیں ایک دوسرے کا خیال رکھنا ہے۔ اور یہ سب اسی صورت میں ممکن ہے کہ ہم یہ راز جان لیں کہ زندگی دریا کی طرح ہے جو بہتا رہے تو بہتر ہے۔

پرسکون زندگی کی طرف سات قدم

گرین زون کا فلسفہ ایک موسیقی کے آلے کی طرح ہے

خالد سہیل

جب لوگ مجھ سے پوچھتے ہیں کہ گرین زون کا فلسفہ کس نوعیت کی تخلیق ہے تو میں ان سے کہتا ہوں کہ فن پارے دو اقسام کے ہوتے ہیں

پہلی قسم کے فن پارے کی مثال ایک نغمہ ہے جو ایک فنکار لکھتا ہے اور پھر اسے گاتا ہے۔ اس کی مثال کینی روجرز کا مشہور گانا گیمبلر GAMBLER ہے۔ کینی روجرز نے وہ گانا لکھا پھر اس کی موسیقی بنائی اور پھر اسے گایا اور ریکارڈ کروایا۔ اس گانے کو ریکارڈ کروانے کے بعد انہوں نے خود عمر بھر اسے سینکڑوں ہزاروں لاکھوں بار گایا لیکن ہر دفعہ اسی طرح گایا جیسا کہ پہلی بار گایا تھا۔ اگرچہ وہ خود اس گانے اور اس کی دھن کے خالق تھے لیکن انہوں نے اسے نہیں بدلا۔ اسی لیے جب دوسرے موسیقار اسے گاتے ہیں تو وہ بھی اسے کینی روجرز کے انداز سے ہی گاتے ہیں۔ اسی طرح رابندرناتھ ٹیگور کے کئی گیت ہیں جن کی دھن انہوں نے خود بنائی تھی اور اب جو بھی موسیقار ٹیگور کے گیت گاتے ہیں تو وہ ان ہی کی دھن میں گاتے ہیں۔

دوسری قسم کے فن پارے کی مثال ایک موسیقی کا آلہ ہے۔ جس بھی فنکار نے پیانو یا گٹار یا ہارمونیم یا ستار تخلیق کیا وہ فنکار یہ امید نہیں رکھتا کہ آپ اسے ایک خاص انداز سے بجائیں۔ جب ایک دفعہ آپ پیانو بجانا سیکھ جائیں تو پھر یہ آپ پر منحصر ہے کہ آپ اس پیانو پر کلاسیکی موسیقی بجائیں یا جدید موسیقی بجائیں روک

اینڈ رول کے گانے گائیں یا جیز موسیقی کی دھن بجائیں۔اسی طرح جب آپ ہارمونیم بجانا سیکھ جائیں تو پھر آپ کی مرضی ہے کہ آپ اس پر غزلیں گائیں یا نظمیں بھجن گائیں یا نغمے۔

میری نگاہ میں گرین زون کا فلسفہ ایک نغمے سے زیادہ ایک موسیقی کے آلے کی طرح ہے۔ایک دفعہ جب آپ اس فلسفے کے بنیادی اصولوں کو سمجھ جائیں تو پھر اسے اپنی زندگی کو بہتر بنانے میں استعمال کر سکتے ہیں۔اپنی تخلیقی صلاحیتوں کو اجاگر اور اپنی داخلی موسیقی کا فنکارانہ اظہار کر سکتے ہیں۔

میں اپنے دوستوں رشتہ داروں اور مریضوں کو بتاتا ہوں کہ میں جو گرین زون فلسفہ دوسروں کو سکھاتا ہوں اس پر پر خود بھی عمل کرتا ہوں۔

میں سمجھتا ہوں کہ ہر انسان ایک داخلی موسیقی کا تحفہ لے کر پیدا ہوتا ہے۔جب وہ اس موسیقی کا اظہار کرتا ہے تو وہ خود بھی خوش رہتا ہے اور اپنے ارد گرد کے لوگوں کو بھی خوش رکھتا ہے۔میری ایک مختصر نظم ہے

مجھ کو ڈر ہے

باہر کے اس شور میں خالد

اندر کی موسیقی اک دن

مر جائے گی

بد قسمت ہیں وہ لوگ جن کی اندر کی موسیقی دب گئی یا مر گئی

خوش قسمت ہیں وہ لوگ جو اپنی موسیقی سے خود بھی محظوظ ہوتے ہیں اور اپنے پیاروں کو بھی محظوظ کرتے ہیں۔

ہر بچہ اپنی داخلی موسیقی لے کر پیدا ہوتا ہے اور ماں باپ، خاندان کے بزرگوں اور اسکول کے ساتذہ کا یہ فرض ہے کہ وہ بچے کی داخلی موسیقی کو پہچانیں اس کی تربیت کریں اور اس کے اظہار کے مواقع فراہم کریں۔

جب بچہ اپنی داخلی موسیقی سے آگاہ ہو جاتا ہے تو پہلے وہ اکیلے سولو اس کا اظہار کرتا ہے اور جب جوان ہوتا ہے تو پھر دوسروں کے ساتھ مل کر آرکسٹرا کی صورت دوسروں کے سامنے پیش کرتا ہے۔

اگر کسی بچے یا جوان کو اپنی داخلی موسیقی کے اظہار کا موقع نہ دیا جائے تو وہ نفسیاتی مسائل کا شکار ہو جاتا ہے۔

گرین زون کا فلسفہ لوگوں کی حوصلہ افزائی کرتا ہے کہ وہ زندگی کے کسی دور میں بھی اپنی داخلی موسیقی کو جانیں پہچانیں اور پھر اس کا اظہار کریں تا کہ وہ خود بھی ایک صحتمند خوشحال اور پر سکون زندگی گزاریں اور دوسروں کو بھی پر سکون زندگی گزارنے میں مدد کریں۔

جب ہمارے مریض پر سکون زندگی کی طرف ساتھ قدم اٹھاتے ہیں اور ریڈ زون سے گرین زون کا سفر مکمل کر لیتے ہیں تو ہم انہیں مشورہ دیتے ہیں کہ وہ اپنی گرین زون کہانی لکھیں اور ہم ان کی کہانی کو اپنی گرین زون کتاب میں شامل کرتے ہیں تا کہ مستقبل میں اور لوگ ان کہانیوں سے استفادہ کریں اور انہیں بھی گرین زون کے فلسفے پر عمل کر کے ایک خوشحال صحتمند اور پر سکون زندگی گزارنے کی تحریک ہو۔

گرین زون کا فلسفہ میرا دکھی انسانیت کے نام ایک محبت نامہ ہے۔

پرسکون زندگی کی طرف سات قدم

گرین زون فلسفے کے چند اصول

خالد سہیل

۱۔ اپنی زندگی کو بہتر بنانے میں خود آگہی ایک اہم کردار ادا کرتی ہے۔

۲۔ زندگی کے ہر موڑ پر ہمیں اختیار ہے کہ صحتمند اور غیر صحتمند راستے میں سے کس راستے کا چناؤ کریں۔

۳۔ ہم ان انسانوں اور حالات کی نشاندہی کر سکتے ہیں جو ہمیں سکھی گرین زون زندگی سے دکھی ریڈ زون زندگی کی طرف دھکیل دیتے ہیں۔

۴۔ ہم اپنی دکھی ریڈ زون زندگی کو سکھی گرین زون زندگی میں تبدیل کر سکتے ہیں۔

۵۔ ہم اپنی زندگی میں پرسکون گرین زون انسانوں سے دوستی کر کے اپنی ایک فیملی آف دی ہارٹ بنا سکتے ہیں۔

۶۔ ہم ریڈ زون نظاموں کو چھوڑ کر پرسکون گرین زون خاندانی، پیشہ ورانہ اور سماجی نظاموں کا حصہ بن سکتے ہیں۔

۷۔ ہم اپنی خفیہ تخلیقی صلاحیتوں کو پہچان کر ان کا فنکارانہ اظہار سیکھ سکتے ہیں۔

۸۔ ہم وولنٹیر کام کر کے اپنی کمیونٹی کے لوگوں کی بے لوث خدمت کر سکتے ہیں۔

۹۔ ہم اپنی کوشش اور محنت سے ایک خوشحال' صحتمند اور پر سکون گرین زون انسان بن سکتے ہیں۔

۱۰۔ ہم اپنے دوستوں رشتہ داروں اور پیاروں کے ساتھ مل کر ایک پر سکون گرین زون معاشرہ تعمیر کرنے میں اپنا کردار ادا کر سکتے ہیں۔

پر امن معاشرے کی تعمیر

خالد سہیل

اگر ہم چاہتے ہیں کہ انفرادی طور پر پر سکون گرین زون میں زندگی گزاریں اور اجتماعی طور پر ایک پر امن گرین زون معاشرہ تعمیر کریں تو ہمیں اس منزل کی طرف چند قدم بڑھانے ہوں گے۔

اس منزل کی طرف پہلا قدم یہ ہوگا کہ ہم دنیا کے ہر بچے کو اپنا بچہ سمجھیں اور ان کی تعلیم و تربیت میں پورا پورا حصہ لیں۔ ایک بچے کا خیال رکھنا پورے گاؤں اور پوری قوم کی سماجی ذمہ داری ہے، میرا ایک شعر ہے

ے وہ جس کسی کی بھی آغوشِ جاں کے بچے ہیں
نویدِ صبح ہیں سارے جہاں کے بچے ہیں

ایک بچے کو ایک پر سکون اور پر امن گرین زون شہری بننے کے لیے ضروری ہے کہ وہ گرین زون خاندان میں پرورش پائے جہاں اس کی صلاحیتوں کو جانا پہچانا جائے۔ گرین زون سکول میں تعلیم پائے

جہاں اس کے اساتذہ اس کی صلاحیتوں کی تربیت کریں۔ گرین زون معاشرے میں پلے بڑھے جہاں اسے ایسے گرین زون رول ماڈل ملیں جو اسے ایک پرامن شہری کی تحریک دیں۔ جہاں سیاسی مذہبی اور سماجی لیڈر اپنے مسائل اور تضادات کا پرامن طریقے سے حل کریں جہاں انسانی حقوق کا احترام کیا جائے۔ ایسے بچے جب جوان ہوں گے تو وہ لوگ رنگ نسل زبان اور مذہب سے بالاتر ہو کر انسان دوستی کے فلسفے کو اپنائیں گے اور مل جل کر پرامن گرین زون معاشرہ قائم کریں گے۔

دریا

ایک گرین زون کہانی

ڈاکٹر خالد سہیل

(۱)

ایک صبح جب آئینہ دیکھا تو میں حیران و ششدر رہ گیا۔ مجھے اپنے چہرے میں بہت سی تبدیلیاں نظر آئیں۔ وہ تبدیلیاں اتنی معمولی تھیں کہ اوروں کو نظر نہ آئی تھیں۔ لیکن اتنی معمولی بھی نہ تھیں کہ میں انہیں نظرانداز کر سکتا۔ میری آنکھوں کی چمک کم ہو گئی تھی اور میرے دل کے شکوک و شبہات بڑھ گئے تھے۔ مجھے اندازہ ہو گیا تھا کہ ایک ذہنی طوفان اور جذباتی بحران کی آمد آمد ہے۔ میں ایک پھسلتی ڈھلوان پر کھڑا ہوں اور اگر ایک دفعہ پھسلنا شروع ہو گیا تو میں اسے روک نہ سکوں گا۔ گہری کھائی میں گرتا چلا جاؤں گا۔ میں اس عمل سے بخوبی واقف تھا کیونکہ میری زندگی میں ایسا پہلی بار نہیں ہو رہا تھا۔

(۲)

دھیرے دھیرے میں نے اپنی خود اعتمادی کھونی شروع کر دی۔ میرے دل کا سورج ناامیدی کے بادلوں میں چھپ گیا۔ میرے چاروں طرف تاریکی پھیل گئی۔ میں ذہنی طور پر بے حس اور جذباتی طور پر مفلوج ہو گیا۔ میری زندگی اتنی بے مقصد ہو گئی کہ مجھے زندہ رہنے کا کوئی جواز نظر نہ آتا۔

ایک دن میں نے خودکشی کا فیصلہ کر لیا لیکن یہ فیصلہ نہ کر سکا کہ خودکشی کیسے کروں۔

کبھی سوچتا نشہ آور گولیاں کھا لوں۔

کبھی سوچتا کسی پل سے چھلانگ لگا دوں۔

کبھی سوچتا اپنی کنپٹی پر بندوق رکھ کر چلا دوں۔

میں سوچتا تو بہت تھا لیکن کچھ کر نہ پاتا تھا۔ میں جذباتی طور پر مفلوج ہو رہا تھا۔ مجھے خدشہ تھا کہ میں اتنا ناکام ہوں کہ خودکشی میں بھی کامیاب نہ ہوں گا۔ ناکام کوشش کے بعد نہ زندوں میں رہوں گا نہ مردوں میں۔ کسی ویل چیر میں بیٹھا بقیہ زندگی گزار دوں گا۔

میں اتنا مایوس ہوا کہ میرا اپنی ذات سے 'دوستوں سے' مذہب سے اور خدا سے ایمان اٹھ گیا۔ یہی نہیں بلکہ دھیرے دھیرے اپنے خوابوں اور آدرشوں پر بھی یقین نہ رہا۔

میں جو کہ ایک چٹان کی طرح مضبوط اور توانا ہوا کرتا تھا دھیرے دھیرے بھر بھری ریت بن کر بکھرنے لگا۔

(۳)

ایک شام میں ایک مقامی میخانے میں تنہا اپنے سامنے شراب کا گلاس رکھے خلاؤں میں گھور رہا تھا کہ ایک اجنبی نے کہا

'تم اپنے غموں کو شراب میں گھول کر پی رہے ہو۔ تم بہت دکھی دکھائی دیتے ہو۔ تم کل میرے ساتھ چلنا میں تمہیں دانائی کے جزیرے پر ایک درویش کی کٹیا میں لے جائوں گا۔'

'وہاں کون رہتا ہے؟' میں متجسس تھا۔

'وہاں ایک داناجوڑا رہتا ہے' اجنبی نے کہا' دانا مرد کا نام خضر اور دانا عورت کا نام صوفیہ ہے'۔

'اس جوڑے کی خاص بات کیا ہے؟' میں نے ایک اور سوال پوچھا۔

'اس جوڑے نے اس جزیرے پر ایک گرین زون حلقہ بنا رکھا ہے۔ اس حلقے میں جو بھی دکھی لوگ شامل ہوتے ہیں وہ دھیرے دھیرے سکھی ہو جاتے ہیں۔'

مجھے وہ اجنبی ایک ایسا دوست دکھائی دینے لگا جس کے سینے میں ایک ہمدرد دل دھڑکتا ہو۔

اگلے دن میں اس اجنبی کے ساتھ کشتی میں بیٹھ کر دانائی کے جزیرے پہنچ گیا۔ مجھے دور سے درویش کی کٹیا نظر آئی جو ایک لائٹ ہائوس کے قریب تھی۔ اس کٹیا میں میری ملاقات مشرق کے دانا مرد خضر اور مغرب کی دانا عورت صوفیہ سے ہوئی۔

میں جب ان کے حلقے میں بیٹھا تو مجھے اندازہ ہوا کہ دانا مرد اور دانا عورت ین یینگ کی طرح تھے۔ ایک اور ایک گیارہ کی طرح تھے۔ اس گرین زون حلقے میں خلوص تھا اپنائیت تھی اور سب سے بڑھ کر شفا تھی۔ ایک ہی ملاقات سے میرے داخلی زخم مندمل ہونے شروع ہو گئے۔

اس حلقے میں ایک موم بتی جلائی جاتی تھی اور صرف وہ شخص بات کر سکتا تھا جس کے ہاتھ میں وہ موم بتی ہو۔ جب ایک شخص بات کرتا تو باقی سب اسے غور سے سنتے۔ میں نے اس حلقے میں پہلی بار گرین زون ییلو زون اور ریڈ زون کے نام سنے۔

میں نے اس دانا مرد خضر سے پوچھا 'یہ گرین زون کیا ہے؟'

خضر مسکرایا اور کہنے لگا' ہم سب کے دلوں میں ایک مرکز ہے۔ پرسکون مرکز۔ وہی ہمارا گرین زون ہے۔ جب ہم اپنے مرکز سے جڑے ہوتے ہیں تو ہم اپنی محبت' اپنے خلوص اپنے امن اور اپنی دانائی سے جڑ جاتے ہیں۔

جب ہم اپنے مرکز سے دور ہٹنے لگتے ہیں تو ہم اپنے ییلو زون میں چلے جاتے ہیں ہم فکر مند ہو جاتے ہیں' پریشان ہو جاتے ہیں' غمگیں ہو جاتے ہیں

اور جب ہم اپنے مرکز سے رشتہ توڑ دیتے ہیں تو ہم اپنے ریڈ زون تک پہنچ جاتے ہیں' ہم غصیلے ہو جاتے ہیں' خوفزدہ ہو جاتے ہیں، آپے سے باہر ہو جاتے ہیں۔

اس گرین زون حلقے میں سب ایک دوسرے کی مدد کرتے ہیں کہ وہ دوبارہ اپنے مرکز اور اپنے گرین زون سے جڑ جائیں۔ ہم تمہیں اپنے گرین زون حلقے میں خوش آمدید کہتے ہیں۔

اس دن اس دانا عورت صوفیہ نے جب میری کہانی' میری بپتا' میری آپ بیتی سنی تو مسکرائی اور کہنے لگی، ساری عمر تم روایتی زندگی کی سیڑھیاں چڑھتے رہے ہو۔ اس سیڑھی پر چڑھنے والوں کا خواب ایک گھر' ایک بیوی' ایک کشتی اور ایک کار ہوتا ہے اور جب تم سب سے اوپر والی سیڑھی پر پہنچے تو تمہیں احساس ہوا کہ تم ساری عمر غلط سیڑھی پر چڑھتے رہے ہو۔'

'تو آپ کا مجھے کیا مشورہ ہے؟' میں نے اس دانا عورت سے پوچھا۔

'میں مشورے نہیں دیتی۔ میں لوگوں کی مدد کرتی ہوں کہ انہیں احساس ہو کہ ان کی شخصیت اور کردار ان کی دولت اور شہرت سے زیادہ اہم ہے۔ ہم میں سے ہر انسان فطرت کا ایک تحفہ لے کر پیدا ہوتا ہے اور اس تحفے کو جاننا اور اس تحفے کو دوسروں میں بانٹنا ایک خوشحال اور پرسکون زندگی گزارنے کے لیے اہم ہے۔ ہمیں اپنی ذات کو پسند کرنا چاہیے۔ ہمیں خود پر فخر کرنا چاہیے۔ جن لوگوں کے دلوں میں سوراخ ہے وہ نہیں جانتے کہ دکھی دل کا سوراخ چیزوں سے نہیں بھرا جا سکتا۔ ایک چھلنی میں کتنا ہی پانی ڈالتے جائیں اس کی پیاس نہیں بجھتی۔'

اس ملاقات کے بعد میں ہر ہفتے دانائی کے جزیرے پر درویش کی کٹیا میں دانا مرد خضر اور دانا عورت صوفیہ سے ملنے جاتا۔ ان کے گرین زون حلقے میں بیٹھتا۔ لوگوں کی کہانیاں سنتا اور بہت کچھ سیکھتا۔ ایسا کرنے سے میرے زخم بھرنے لگے۔ مجھے سکون ملنے لگا۔ مجھے آشتی اور اطمینان ملنے لگے۔ میرا دکھی دل سکھی ہونے لگا۔

گرین زون حلقے میں جب میں نے اوروں کی کہانیاں سنیں تو مجھے احساس ہوا کہ ہم سب اپنے ہی بدترین دشمن ہیں لیکن کسی ہمدرد مسیحا کی نفسیاتی مدد سے ہم اپنے بہترین دوست بن سکتے ہیں۔ ہم روایت کی شاہراہ کو چھوڑ کر اپنے من کی پگڈنڈی پر چل سکتے ہیں۔

(۴)

ایک دن میں نے خضر سے پوچھا کہ دو انسانوں کے درمیان پر سکون گرین زون مکالمہ کب ہوتا ہے؟

خضر کافی دیر چپ رہا پھر کہنے لگا 'اکثر اوقات ایسا مکالمہ خاموشی میں ہوتا ہے اور کبھی کبھار جب دو انسان ایک دوسرے کا احترام کرتے ہوں ایک دوسرے سے محبت کرتے ہوں تو گفتگو میں بھی ہو سکتا ہے۔ گرین زون مکالمہ اس وقت ہوتا ہے جب انسان جان جاتے ہیں کہ دنیا میں اتنے ہی سچ ہیں جتنے انسان اور اتنی ہی حقیقتیں ہیں جتنی آنکھیں۔ جب ہم اختلاف کے باوجود دوسروں کی رائے کا احترام سیکھ جاتے ہیں تو ہم گرین زون مکالمے کے لیے تیار ہو جاتے ہیں، مجھے اندازہ ہو رہا تھا کہ میں جب بھی خضر اور صوفیہ سے ملتا کچھ نہ کچھ سیکھ کر آتا اور میرے اندر کا سکون کچھ اور بڑھ جاتا۔ میرے لیے یہ ایک کرامت سے کم نہیں تھا لیکن یہ ایک مذہبی نہیں انسانی کرامت تھی جو میرے زخموں پر مرہم رکھ رہی تھی۔

(۵)

ایک سہ پہر میں نے صوفیہ سے کہا، میں بہت تکلیف میں ہوں 'پریشان ہوں' درد سے ہوں 'صوفیہ کہنے لگی، تمہیں دردِ زہ ہو رہا ہے۔ تم جلد اپنی نئی ذات کو جنم دو گے۔ تم ان دیکھی زنجیر توڑ رہے ہے'

'ان دیکھی زنجیر؟ وہ کون سے زنجیر ہے؟' میں نے سوال کیا۔

'یہ تمہاری بچپن کی زنجیر ہے جو تمہارے خاندان تمہارے معاشرے نے تمہارے ذہن اور تمہارے دل پر ڈال دی تھی۔ اب تم اس سے آزاد ہو رہے ہو۔ جب تم آزاد ہو جاؤ گے تو ہوا میں اڑتے پرندے کی طرح اور پانی میں تیرتی مچھلی کی طرح محسوس کرنے لگو گے۔'

پھر صوفیہ نے مجھے ایک چڑیا گھر کے ہاتھی کی کہانی سنائی جس کے پاؤں میں مالک نے بچپن میں ایک چھوٹی سی زنجیر ڈال دی تھی کیونکہ وہ بہت شرارتی بچہ تھا۔ وہ ہاتھی ساری عمر اس زنجیر کے ساتھ زندہ رہا کیونکہ اسے یقین تھا کہ وہ اس چھوٹی سی زنجیر کو نہیں توڑ سکتا لیکن پھر ایک دن چڑیا گھر میں آگ لگ گئی اور سب جانور بھاگے۔ اس لمحے وہ ہاتھی بھی بے خیالی میں بھاگا۔ اس کی زنجیر ٹوٹ گئی اور وہ آزاد ہو گیا۔ صوفیہ نہ کہا اس ہاتھی کی طرح تم بھی روایت کی ان دیکھی زنجیر توڑ رہے ہو اور آزاد ہو رہے ہو، میں جب بھی صوفیہ کی باتیں سنتا میں پر سکون محسوس کرتا کیونکہ وہ دانائی کی باتیں کرتی۔

(٦)

ایک دن خضر نے مجھ سے کہا، اب تم دانائی کے قریب آ رہے ہو اب تم گہری محبت کو محسوس کرنے کے قابل ہو رہے ہو۔

'یہ گہری محبت کیا ہوتی ہے؟' میں نے ایک معصومانہ سوال پوچھا۔

خضر کہنے لگا میں تمہیں ایک مثال سے سمجھاتا ہوں۔ گاؤں میں جب لوگ ایک کنواں کھودتے ہیں تو انہیں چند فٹ کی گہرائی پر پانی مل جاتا ہے۔ لیکن وہ جانتے ہیں کہ وہ پانی صاف نہیں ہوتا اس سے کپڑے تو دھوئے جا سکتے ہیں لیکن وہ پیا نہیں جاتا کیونکہ اس میں بہت سی کثافتیں اور آلائشیں ہوتی ہیں۔ وہ لوگ جب کچھ اور کھودتے ہیں تو انہیں بیس فٹ کی گہرائی پر ایک اور طرح کا پانی ملتا ہے۔ وہ پانی صاف ہوتا ہے وہ پیا بھی جا سکتا ہے کیونکہ وہ کثافتوں اور آلائشوں سے پاک ہوتا ہے۔

کنویں کے پانی کی طرح انسانی دل میں بھی دو طرح کی محبت ہوتی ہے

سطحی محبت.....

جس میں انا بھی ہوتی ہے حسد بھی 'اضطراب بھی ہوتا ہے پریشانی بھی۔

گہری محبت.....

جو بے لوث محبت ہوتی ہے۔ اس میں خلوص بھی ہوتا ہے اور روحانیت بھی۔ سخاوت بھی ہوتی ہے اپنائیت بھی۔

سطحی محبت گھر کے چراغ کی طرح ہوتی ہے جس سے صرف ایک گھر ہی روشن ہوتا ہے۔

گہری محبت چاند کی طرح ہوتی ہے جو سارے جہان کے لیے ہوتی ہے۔ وہ اپنوں کے لیے بھی ہوتی ہے غیروں کے لیے بھی۔ وہ ساری انسانیت کے لیے ہوتی ہے۔

خضر نے کہا کہ میں اس مقام پر پہنچ رہا ہوں جہاں میرے دکھ میرے سکھ بن جائیں گے۔ جہاں تاریکیوں کی کوکھ سے روشنی جنم لے گی۔

(۷)

ایک شام میں نے مردِ دانا خضر سے پوچھا

''انسانی ارتقا کا راز کیا ہے؟''

خضر نے کہا

''انسانیت صدیوں سے ارتقا کا سفر طے کر رہی ہے۔ وہ مذہبی دور سے روحانی دور میں اور روحانی دور سے سائنسی دور میں داخل ہو رہی ہے۔''

''ایک صوفی اور ایک سائنسدان میں کیا فرق ہے؟'' میں نے طالب علمانہ سوال پوچھا۔

'صوفی اندر کی آنکھ سے دیکھتا ہے۔ سائنسدان باہر کی آنکھ سے دیکھتا بھی ہے اور سب کو دکھاتا بھی ہے۔ صوفی جو وجدان سے جانتا ہے سائنسدان اسے منطق سے ثابت کرتا ہے۔ ہر صوفی سائنسدان نہیں ہوتا لیکن ہر سائنسدان پہلے صوفی ہوتا ہے وہ وجدان کی نگاہ سے دیکھتا ہے پھر اسے منطق سے ثابت کرتا ہے تاکہ وہ علم وہ آگہی وہ بصیرت ساری انسانیت کے لیے عام ہو جائے۔'

'کیا صوفی اور سائنسدان ایک دوسرے کے دشمن ہیں یا دوست ؟' میں نے ایک اور سوال پوچھا۔

خضر نے جواب دیا 'وہ سائنسدان اور صوفی دشمن ہیں جو خود غرض ہیں۔ جو سب کام دولت اور شہرت کے لیے کرتے ہیں اور وہ سائنسدان اور صوفی دوست ہیں جو اپنی زندگی انسانیت کے لیے وقف کر دیتے ہیں اور خدمتِ خلق کو عبادت کی طرح کرتے ہیں۔ ان کے لیے سچ ان کی انا سے زیادہ محترم ہوتا ہے۔ وہ زندگی کے راز جانتے ہیں اور پھر ان رازوں کو عوام و خواص کو تحفے کے طور پر پیش کرتے ہین۔ ایسے دانشور انسانی ارتقا میں اہم کردار ادا کرتے ہیں۔

(۸)

جوں جوں وقت گزرتا گیا میرا بینک بیلنس خالی ہوتا گیا لیکن میرا دل بھرتا گیا۔ آخر وہ دن بھی آگیا جب میرے پاس نہ کھانے کے پیسے تھے نہ گھر کا کرایہ دینے کی رقم۔ میری جیب خالی تھی لیکن پھر بھی میں پر سکون تھا۔ اس رات جب میں سویا تو میں نے ایک خواب دیکھا۔ کیا دیکھتا ہوں کہ میں ایک جھیل کے کنارے بیٹھا ہوں وہ جھیل ایک آئینے کی طرح اتنی شفاف اور پر سکون ہے کہ اس میں چودھویں کے چاند کا دلفریب عکس دکھائی دے رہا ہے۔ میں خواب میں چاند کا عکس دیکھ کر بہت خوش تھا۔

اگلے دن میں نے اپنا خواب خضر اور صوفیہ کو سنایا۔ انہوں نے مجھے بتایا کہ وہ خواب اس بات کی پیشین گوئی کر رہا ہے کہ میں درویش بننے کے لیے تیار ہوں۔

خضر اور صوفیہ نے مجھ سے کہا میں ان کے لیے کام کر سکتا ہوں اور کچھ رقم کما سکتا ہوں۔ اس دن مجھے اس بات پر یقین آیا کہ جب زندگی میں ایک دروازہ بند ہوتا ہے تو دوسرا پراسرار طریقے سے کھل جاتا ہے۔

مجھے اس دن خضر اور صوفیہ نے بتایا کہ ساری دنیا میں ان کے درویشوں کے ڈیرے ہیں جو مختلف طریقوں سے انسانیت کی خدمت کرتے ہیں تاکہ انسانیت ارتقا کے اگلے مرحلے کی طرف سفر کر سکے۔

خضر اور صوفیہ نے مجھے بھیجا کہ میں دنیا کے چاروں کونوں میں جاؤں اور مختلف کلچروں اور روایتوں کا دانائی کا ادب جمع کروں اور ایک کتاب مرتب کروں۔

میں نے جو دانائی کی کتاب تیار کی اس میں ایشیا سے بلھے شاہ اور کبیر داس کا کلام یورپ سے چارلز ڈارون اور البرٹ آئن سٹائن کے مضامین اور امریکہ سے والٹ وٹمین اور چیف سیئٹل کے فرمودات کے علاوہ ساری دنیا سے بہت سے اور بھی بہت سے ادیبوں شاعروں اور دانشوروں کی تخلیقات شامل تھیں۔

میں نے اس کتاب کا مختلف زبانوں میں ترجمہ کروایا تاکہ ان دانائی کی باتوں سے زیادہ سے زیادہ انسان استفادہ کر سکیں۔

اگلے چند سال میں دنیا میں مختلف ممالک میں گھوما پھرا اور بہت سے عوام و خواص سے ملا۔

مجھے اس سفر کے دوران احساس ہوا کہ انسان ہزاروں سالوں کے ارتقا کے باوجود ابھی بھی ذہنی طور پر نابالغ ہے۔ اس نے رنگ، نسل، زبان، مذہب سے اوپر اٹھ کر انسان دوستی نہیں سیکھی۔ دوسرے انسانوں کے ساتھ محبت پیار آشتی اور امن سے زندہ رہنا نہیں سیکھا۔ اس نے یہ نہیں جانا کہ ہم سب انسان دھرتی ماں کے بچے ہیں اور ہمارے دشمن بھی ہمارے دور کے رشتہ دار ہیں۔ ہم سب انسان دھرتی ماں کی کوکھ سے پیدا ہوتے ہیں اور مرنے کے بعد اسی کی کوکھ میں سو جاتے ہیں۔

جوں جوں انسانوں نے دانائی کا ادب پڑھا اور ان میں دانائی آئی تو انہوں نے انفرادی طور پر پر سکون زندگی گزارنی اور اجتماعی طور پر دوسروں کے ساتھ مل کر پر امن معاشرہ تعمیر کرنے کی کوشش شروع کر دی۔

پرسکون زندگی کی طرف سات قدم

وہ آہستہ آہستہ تشدد اور جارحیت کے ریڈ زون سمندر میں پرسکون اور پرامن گرین زون جزیرے بن گئے۔

جب میں دنیا کے اس سفر سے لوٹا تو میری زندگی میں نمایاں تبدیلی آئی۔ میں دولت اور شہرت سے جتنا بے نیاز ہوا وہ خود میرے قریب آ گئے۔ مجھے اندازہ ہوا کہ دولت ایک سائے کی طرح ہے اگر آپ حریص بن کر اس کی طرف جائیں تو وہ دور ہوتی جاتی ہے اور بے نیازی سے آپ اس سے دور ہوں تو وہ خود آپ کے پیچھے آتی ہے۔ پہلے تو میں اس سے کتراتا تھا لیکن پھر میں نے اسے قبول کر لیا۔

(۹)

ایک دفعہ جب میں ایک طویل سفر سے لوٹا اور اپنے سفر کی کہانی صوفیہ اور خضر کو سنائی تو انہوں نے مجھ سے کہا

'جب تم پہلی بار ہمارے پاس آئے تھے تو تم ایک بے چین مادہ پرست انسان تھے اور اب تم ایک پرسکون درویش بن گئے ہو۔'

میں نے کہا

'پچھلے چند سالوں میں میں نے جو کچھ کھویا تھا اس سے زیادہ پا لیا ہے۔'

پھر میں نے خضر اور صوفیہ سے پوچھا کہ انہیں اتنے عرصے کے بعد مجھ میں کیا فرق نظر آتا ہے؟ کہنے لگے

'اب تم ان چیزوں کے ساتھ جذباتی طور پر جڑے ہوئے نہیں ہو۔ اب تم جان گئے ہو کہ زندگی ایک سمندر کی طرح ہے اور انسانی دل ایک کشتی کی طرح۔ پانی کشتی کے باہر رہے تو کشتی محفوظ ہے پانی کشتی کے اندر آ جائے تو اسے ڈبو سکتی ہے۔ جب تم آئے تھے تو پانی کشتی کے اندر آ گیا تھا اب وہ کشتی کے باہر ہے۔ اب اگر تم ان تمام چیزوں کو کھو بھی دو گے تو جذباتی بحران کا شکار نہیں ہو گے۔'

پرسکون زندگی کی طرف سات قدم

جب انہوں نے یہ باتیں کیں تو مجھے اندازہ ہوا کہ میں ایک گرین زون انسان بن گیا ہوں اور میں نے پرسکون زندگی گزارنے کا راز پا لیا ہے۔

(۱۰)

میں نے یہ راز جان لیا کہ

زندگی میں ہر چیز عارضی ہے

چیزیں آتی ہیں

اور چیزیں چلی جاتی ہیں

زندگی ایک دریا کی طرح ہے

جو بہتا رہے تو اچھا ہے

گرین زون کہانیاں

زہرہ نقوی کی گرین زون کہانی

جب میں نے پہلی بار گرین زون فلاسفی کے بارے میں سنا تو یہ کوئی لگ بھگ 2004 کی بات ہو گی اور بات یوں ہوئی تھی کے ایک شاعر دوست کی چار سال کی بچی نے کہا ابا بھائی نے میری گڑیا توڑ دی ہے اس لئے میں ریڈ زون میں ہوں ابھی میں بات نہیں کر سکتی۔ تھوڑی دیر بعد بچی نے پھر باپ سے آکر کہا کہ اگر آپ مجھ کو نئی گڑیا دلانے کا وعدہ کریں تو میں پھر گرین زون میں آجاؤں گیں۔ شاعر دوست کا خیال تھا کہ یہ اتنی آسان فلاسفی ہے کہ گھر میں چند لمحات کی گفتگو کے نتیجے میں ان کی بچی اس کو اپنانے میں کامیاب ہو گئی۔

پھر بات ہوئی کہ سہیل صاحب کے ایک اور دوست کی جنہوں نے اپنے آفس میں اپنے کیبن پر تین مختلف رنگ کے جھنڈے لگا کر گرین زون فلاسفی کو استعمال کیا تاکہ وہ اپنی جذباتی کیفیات کا اظہار اپنے کولیگز کے لئے کریں اور لوگ ان کی جذباتی کیفیت سے آگاہ رہیں اور آپس میں گفتگو میں آسانی رہے۔ پھر seven steps towards green zone living آئی۔ سہیل صاحب کی اور کتابوں کی طرح میری اس کتاب کے لئے بھی وہی خواہش تھی کہ کاش یہ اردو میں ہوتی۔ اردو پڑھنے والوں کو اس کی زیادہ ضرورت ہے کیونکہ انگلش میں تو شاید اور بہت کچھ میسر ہو۔ حالانکہ میں غلط ثابت ہوئی وہ اس طرح سے کہ ہاں انگریزی میں ذہنی صحت پر بہت کچھ میسر ہے مگر ان آسان الفاظ میں نہیں جس میں یہ کتاب بات چیت کر پاتی ہے۔

اور پھر وہ دن آگیا جب ثمر اشتیاق نے اس گرین زون ورک بک کا ترجمہ اردو میں کیا اور خالد سہیل صاحب نے فیصلہ کیا کہ وہ اپنی گرین زون گروپ تھراپی کو اپنی کلینک سے نکال کر zoom میٹنگ پر لے آئیں گے اور وہ بھی اردو میں zoom گرین zone تھیراپی کا تجربہ توقعات سے کہیں زیادہ دلچسپ اور کامیاب ثابت ہوا۔ مجھ کو اس لیے فخر محسوس ہوتا ہے کہ میں اس پائلٹ پراجیکٹ کا حصہ رہی کہ مجھ کو اس میں مشاہدے اور اپنے اوپر اطلاق دونوں کا تجربہ ایک ساتھ حاصل ہوا۔

میں جب بھی گرین زون پائلٹ پروجیکٹ کا کوئی بھی سیشن اٹنڈ کرتی تھی تو مجھ کو یہ خیال آتا کہ جوھنز برگ میں موجود بہنوں کے ساتھ بھی اس پرجیکٹ کو آزمایا جائے۔ معلوم کیا جائے کہ گرین زون ورک بک ان کے لیے کیسے اثر کرتی ہے۔

اسی لیے جیسے ہی پایلٹ پروجیکٹ ختم ہوا میں نے اپنی بہن مینا نقوی اور اس کی دوستوں سے رابطہ کیا اور ان لوگوں کے ساتھ ان سیشنز کا آغاز کر دیا۔ ہم لوگوں نے ایک وہاٹس ایپ گروپ بنایا اور اس پر زوم لنک بھیج دیا۔ شروع شروع میں شاید ہم چار لوگ تھے اور لوگوں کی انگیجمنٹ بھی کچھ کم تھی مگر میں نے سوچا مجھے اپنی پوری کوشش کرنی چاہئے اور جو بولنا ہے وہ اپنے طور پر بولتے رہنا چاہئے۔ ایک دو سیشن میں ہی مجھ کو حوصلہ افزائی ملنے لگی۔ اور اس کے ساتھ ساتھ لوگوں کی تعداد میں بھی اضافہ ہونے لگا۔

آہستہ آہستہ اور لوگوں کی بھی ہمت افزائی ہونے لگی جس سے گروپ میں ایک ایک کر کے لیڈر شپ بڑھنے لگی۔ سب سے پہلے مینا نقوی نے اپنے تجربات اور خیالات شئیر کرنے شروع کئے ۔جس سے اور لوگوں کو اندازہ ہوا کہ وہ کس طرح اپنی بات کر کے اپنا تھوڑا تھوڑا حصہ ڈال سکتے ہیں اور اپنے تجربات شیئر کر سکتے ہیں۔

اور پھر گروپ آہستہ آہستہ اپنی شکل نکالنے لگا اور اگلی لیڈر شپ نازیہ کی نظر آئی۔ پھر کندن، زریں اور مونا کی شمولیت نے گروپ کو سب لوگوں کے لیے اور دلچسپ بنا دیا۔

گرین زون فلاسفی نفسیات کے ایک انتہائی بنیادی اصول

سیلف اویر نسیعنی خود شناسی پر استوار ہے اس پر عمل کرنے سے آپ کو سیلف اویر نسیا خود شناسی کی ہماری زندگیوں میں کامیابی اور اس کی اہمیت کا احساس ہوتا جاتا ہے۔ جوں جوں آپ اس پر عمل کرتے ہیں آپ کو احساس ہوتا ہے کہ آپ اپنے سے کتنے کم آگاہ تھے اور اس آگاہی سے آپ کو کیا کیا فوائد حاصل ہو سکتے ہے۔ایسا ہی ثنا کی موجودگی سے ہوا اور اس نے گروپ میں ایک دلچسپ dynamics کو جنم دیا۔ جیسے اس کا اپنے وجود کی گہرایوں سے نا آشنا ہونا لوگوں کو خود شناسی کی اہمیت سے متعارف کرواتا رہا۔ مگر جس طرح ثنا آخری سیشن میں اپنی شخصیت کے نہاں پہلوؤں تک پہنچے اور اس پر بات کرنے پر آمادہ ہوئیں وہ دیدنی تھا۔یقیناً ثنا کے لیے یہ سیشن سب سے زیادہ مفید ثابت ہوئے اور اس کے ذریعے وہ ہم سب سے جڑنے میں کامیاب ہوگئی۔

اس کے علاوہ کندن کا اپنی ضروریات اور جذبات کو پہچاننا۔ زریں کا اپنے بچوں اور اپنی تخلیقی شخصیت سے اور بھی گہرائی سے جڑنا مونا کے اعتماد کی واپسی اور بہت کچھ جس میں سے اپنی اپنی کہانیوں کو بیان کرنے کی خواہش اور ان کی اہمیت کا اندازہ میں یہاں چاہوں گی کہ کچھ ممبران کے تجربات یہاں بیان کروں۔ جس میں سب سے پہلے ثنا کے خیالات ہیں۔

اسلام وعلیکم

میرا نام ثنا کاشف ہے۔ اور میں ساؤتھ افریقہ میں رہتی ہوں۔ اور گرین زون سیشنز اٹنڈ کر چکی ہوں
۔

گرین زون کے بارے میں مجھے مینا باجی اور بھابی نازیہ رشید سے انٹروڈکشن ملا اور اس طرح گروپ میں شمولیت اختیار کی۔ اور جو جو گروپ میں شامل تھے ان سب سے انٹروڈکشن ہوا۔ اور زوم پر کلاسس کا آغاز ہوا۔ کلاسس لینے کے دوران جس چیز کا سب سے زیادہ آئیڈیا ہوا وہ سیلف کانفڈنس اور اپنے موڈ سے آگاہی تھی کہ کب آپ اپنے آپ کو کون سے موڈ میں فیلیا محسوس کر رہے ہیں۔ اگر آپ یلو یا ریڈ زون کی طرف جا رہے ہیں یا جا چکے ہیں۔ جبکہ وجہ کوئی بھی ہو۔ مگر کس طرح آپ کو واپس گرین زون میں آنا ہے۔

پر سکون زندگی کی طرف سات قدم

الحمد اللہ جب سے یہ گروپ جوائین کیا اور اپنے موڈ سے آگاہی ملی تو اب زیادہ تر وقت گرین زون میں گزرتا ہے۔ شروع میں جب ریڈ زون میں چلی جاتی تھی تو مجھے اس بات کا اندازہ ہوتا تھا کہ میں اس وقت ریڈ زون میں ہوں۔ تو میں اپنے مائینڈ کو ڈائیورٹ کر لیتی تھی۔ اور اب بھی کرتی ہوں۔

کبھی کلرنگ کر کے

کبھی میوزک سن کے

یا بچوں کے ساتھ کھیل کر

یا کوئی اچھا سا ڈرامہ دیکھ کر

یا پھر مہندی لگا کر جو کہ میری ہوبی ہے

اور بہت خوشی فیل ہوتی ہے اور آپ گرین زون کی طرف واپس آنے لگتے ہیں اور اپنے جذبات پر ایسا کنٹرول آپ کے لیے ایک بہت بڑی خوشی کا باعث بنتا ہے۔

گرین زون کے بارے میں میں نے اپنی بہنوں اور کزنز کو بھی بتایا جنہوں نے کافی انٹرسٹ شو کیا اور ڈائری لکھنی شروع کی اور اپنے موڈ سے آگاہی بھی حاصل کی۔ اس طرح سے ہر ویک کلاس لینا بہت اچھا فیل ہوتا تھا۔ اور انتظار رہتا تھا کہ کلاس کا۔ اور دوسرے گروپ ممبرز کے مختلف تجربات سن کر کافی پازیٹو وائبس آتی تھیں اور ایک بونڈنگ فیل ہوتی تھی اوور آل مائنڈ فریش اور کمپلیٹ گرین زون میں آجاتا تھا۔

اور انشااللہ آگے جا کر گرین زون کمیونٹی بہت زیادہ فیمس ہو گی اور زیادہ سے زیادہ لوگ اس سے استفادہ حاصل کریں گے اور پر سکون زندگی گزار سکیں گے۔ اور آخر میں سب سے زیادہ ان سب کا شکریہ جن سے ڈاکٹر خالد سہیل صاحب اپی یعنی زہرا نقوی اور ثمر اشتیاق صاحبہ اور سب وہ لوگ جنہوں نے یہ خوبصورت گرین زون کمیونٹی تشکیل دی۔ جس کی بدولت کافی لوگ اس سے استفادہ حاصل کر رہے ہیں۔ انشااللہ ستمبر میں ہونے والے سیشن بھی ضرور اٹینڈ کروں گی۔ بہت شکریہ آپ سب کا۔

ثنا میں یہاں آپ کا بھی شکریہ ادا کرنا چاہوں گیں۔آپ کی شرکت ہمارے لیے بہت اہم ثابت ہوئی۔

اور اب نازیہ کہتیں ہیں۔

گرین زون فلسفے سے متاثر ہو کر میں نے یہ سیکھا کہ میں کس طرح گرین زون نظام کا حصہ بن سکتی ہوں میں نے وہ راستہ ڈھونڈا جس سے میں نے اپنی فطری تحفوں اور تخلیقی صلاحیتوں کو پہچانا۔ میں نے وہ مشاغل ڈھونڈے جس سے مجھے بہت خوشی ملی۔ میں نے کئی گھنٹے اپنے کریٹو کام میں گزارنے لگی جب کوئی چیز کریئیٹ کرتی تو گھنٹوں ان سے خوشی سے دیکھتی اور دل ہی دل میں اپنے آپ کو داد دیتی پھر میرے ذہن میں گرین زون اگزیبشن exhibition کا خیال آیا کہ کیوں نہ میں اپنی کریٹوٹی کو سب سے شیر کروں۔ کیوں کہ یہ اگزیبشن گرین زون فلسفے سے متاثر ہو کر رکھی جارہی ہے اس لئے اسکا نام گرین زون اگزبشن رکھا ہے۔ اور میں بہت جلد اسے منعقد کرنے والی ہوں مجھے امید ہے کہ اس سے سب کو بہت خوشی ملے گی اور ہم گرین زون فلسفے سے بہت کچھ سیکھتے ہوئے اپنی زندگی کو بہت پر سکون بنائیں گے۔ خوشی اور خوش رہنا ہم سب کا حق ہے اور وہ ہمارے اندر ہے بس ڈھونڈنے کی دیر ہے اور مشکور ہوں اپی بینا اور ڈاکٹر سہیل کی جن کی وجہ سے کسی نہ کسی طرح ہم سب کی زندگی میں پازیٹو چینج آیا اور آگے بھی آئے گا۔

ایک اور بات جو میں شیر کرنا چاہوں گی جو میرے لئے کافی کارآمد ثابت ہوئی وہ ہے ایموشنل رین کوٹ کی ٹیکنیک جس کو اپنانے سے گرین زون میں رہنے کا موقع ملا اور پریشان کن صورتحال سے نبٹنے میں بہت کارآمد ثابت ہوئی۔ اور یہی ٹیکنیک ہمیں گرین زون فلسفے سے ملی۔

آپکا شکریہ نازیہ کہ آپ نے گرین زون ورک شاپس میں شرکت کی اور اپنا یہ رفلکشن لکھ کر بھیجا۔

میں نے ان ورکشاپس کو facilitate کرتے ہوئے محسوس کیا کہ ہم سب کے لیے خود شناسی کا عمل دو حصوں میں ہوتا ہے یا اس سیلف اویرنس کے دو بنیادی حصے ہیں۔ پہلا حصہ لمحہ بہ لمحہ آگاہی۔ جیسے ابھی ہم کیا محسوس کر رہے ہیں یا ہم اس وقت جذبات کے کون سے زون میں ہیں۔ گرین یلو یا ریڈ، اس آگاہی نے شروع میں لوگوں کو تھکاوٹ کا احساس دلایا۔

دوسری آگہی ماضی کے تجربات کی آگاہی ہے جو کہ یا تو فلیش بیکس کی شکل میں وقتاً فوقتاً اپنی شکل دکھاتی رہتی ہے۔ یا پھر اس کو لوگوں نے کسی برے خواب کی طرح بھلا دیا مگر چونکہ وہ کوئی خواب نہیں حقیقت تھی تو وہ نفسیات پر اثر انداز ہوتی رہی اس آگاہی نے وقتی طور پر لوگوں کو افسردہ کیا۔

مگر یہ تھکاوٹ اور افسردگی وقتی طور پر تھی۔ جیسے اگر آپ نے آج ورزش کی تو کل آپ کے پٹھوں میں کافی تکلیف ہوگی۔ مگر وہ تکلیف آپ کے جسم کو اصل میں صحت مندی کی طرف لے جاتی ہے اور جلد ہی دور ہو جاتی ہے۔

گرین زون ورک بک نے ممبران کو کچھ ایسے ٹولز مہیا کئے جن کو استعمال کر کے انہوں نے اپنے بارے میں اپنی آگاہی کو بڑھاوا دیا۔ جیسے جب انہوں نے گرین زون ڈائری لکھنا شروع کیا تو وہ اپنے آپ کو اور اپنے حالات کو تھوڑا باہر سے دیکھنے کے قابل ہوئیں۔اور اس میں وقوع پزیر ہونے والی تبدیلیاں اور ان تبدیلیوں کی وجوہات بھی دیکھ پائیں۔ جس سے ان میں آہستہ آہستہ یہ صلاحیت پیدا ہونے لگی ہے کہ وہ اپنی مرضی سے اپنے اندر اور اپنے حالات میں تبدیلیاں پیدا کر سکیں۔

جب ممبران اپنے آپ کو اپنے آپ سے اپنے رشتے کو اور پھر اپنے ماضی اور حال کو بہتر طریقے سے دیکھنے کے قابل ہوئیں تو انہوں نے اپنی زندگی میں اپنے دوسرے رشتوں کو غور سے دیکھنا شروع کیا۔ان کے قریبی رشتے کون کون سے ہیں ان رشتوں کی جذباتی نوعیت کیا ہے۔اور پھر آہستہ آہستہ ان کو اس بات کا بات اندازہ ہونے لگا کہ ان رشتوں میں وہ کیا چیز ہے جو ان کو گرین زون مہیا کرتی ہے کیا ان کو یلو زون میں لے جاتی ہے اور کیا ان کو ایک دم سے ریڈ زون میں پھینک دیتی ہے--اور پھر ان کے رشتوں کا مستقبل بھی تبدیل ہونے لگا چاہے وہ اپنے آپ سے تھا یا دوسروں سے۔

ان رشتوں کو استوار کرنے کے لیے جب انہوں نے گرین زون تھراپی کے خطوط لکھنے کے مشورے پر عمل شروع کیا تو ان کو اندازہ ہوا کہ ان کا لاشعور ان کے رشتے کے بارے میں کیا محسوس کر رہا ہے۔اگر جذبات ریڈ زون میں ہیں تو کیوں ہیں۔ان ریڈ زون رشتوں کو resolve کرنا ہے dissolve کرنا ہے۔اور ہم نے سیکھا کہ جذباتی برساتی کا سہارا کب اور کیسے لینا ہے۔

گرین زون تھراپی ورکشاپس کے دوران ہم نے اپنے اطراف موجود نظاموں کا بھی مشاہدہ کیا جیسے کہ خاندانی نظام سماجی نظام اور معاشی نظام اور سیکھا کہ نظام مفرد سے کہیں زیادہ طاقتور تھے جس میں فرد کی حیثیت اہمیت اور عزت واحترام نسبتاً کم تھا تو کوشش کی کہ ممبران میں وہ جذباتی صلاحیتیں پیدا کیں جائیں کہ وہ ان نظاموں میں رہتے ہوئے اپنے لیے بہتر اور زیادہ مواقع پیدا کر سکے تاکہ ان نظاموں میں کم سے کم پھنسا ہوا محسوس کرے۔

گرین زون فلاسفی سے اپنی مدد آپ کرتے ہوئے گروپ کے افراد اپنے لیے اور دوسرے ممبران کے لیے ایک پرسکون زندگی کی تعمیر کی شروعات کر پائے۔

آخر تک ان کو اس بات کا احساس ہونا شروع ہو گیا کہ ان کو کیا پسند ہے اور کیا ناپسند کیا وہ اپنے آپ کو خوش کرنے کے لیے کر رہے ہیں کیا دوسروں کی خوشی کے لیے کون سی چیزیں ہیں جو ان کے لیے کام کر رہی ہیں اور کون سی ہیں جو کہ کام نہیں کر پا رہیں اس طرح وہ لاشعور سے شعور کا سفر طے کرتے ہوئے اپنی زندگی کو گرین زون لائف سٹائل تک پہنچا پائے۔

شکریہ

مینا نقوی کی گرین زون کہانی

مجھے کافی عرصے سے کسی ایسے ذریعے کی تلاش تھی جو کہ میری اور میری دوستوں کے نفسیاتی مسائل میں مدد کر سکے اور جو کہ ہماری اپنی زبان میں بھی ہو۔ گرین زون ورکشاپ سیریز نے میری ان دونوں خواہشات کو پورا کیا۔

چونکہ یہ گروپ کرونا لاک ڈاؤن کے درمیان شروع ہوا اس لیے یہ گروپ ہمارے لیے تازہ ہوا کے جھونکے کی طرح تھا جس سے اس تنہائی اور خوف کے ماحول میں اپنے دوستوں سے ملاقات کر کے بہت خوشی ملتی رہی۔

جب اپنے جذبات کو تین رنگوں سے دیکھنے کی بات کی گئی تو مجھے اور بہت سارے رنگ دکھائی دینا شروع ہو گئے۔ جیسے sadness میں نیلا اور lightness میں گلابی۔

ایک نئی بات سیکھی کہ کیسے دوسروں کے بجائے اپنے اوپر توجہ دینا اور دوسروں کے بجائے اپنی کمزوریوں اور خوبیوں پر نظر ڈالنا۔

اپنی بات کو بہتر طور پر سمجھ کر کیسے دوسروں تک بہتر طریقے سے پہچانا۔

ڈائری لکھنے کی عادت تو اس طرح نہیں ہو پائی مگر اس سے یہ سمجھ میں آیا کہ جیسے ہی آپ کچھ لکھتے ہیں خاص طور پر غصے میں لکھنے کے بعد آپ ریڈ زون سے یلو میں میں آجاتے ہیں تو جب آپ بات کرتے ہیں تو آپ redzone میں نہیں ہوتے اور اس طرح بات کرنا آسان ہو جاتی ہے۔

ڈاکٹر خالد سہیل نے بہت ہی ذہانت اور ریسرچ کے ساتھ یہ سات قدم بنائے ہیں جس میں ایک قدرتی sequence موجود ہے جس سے آپ ایک مثبت کی طرف چل پڑتے ہیں جو خود بخود آپ کو اگلے قدم کی طرف لے جاتا ہے۔

جس کی وجہ سے اب بھی جب کسی قدم کی ضرورت پڑتی ہے تو غیر ارادی طور پر ذہن اس پر عمل کر لیتا ہے۔

یہ عادت ہو گئی کہ بات کو آرام سے سن لینا اور defensive ہونا بھی کم ہو گیا ہے۔ کئی موقعوں پر ایسا لگا کہ کہ میں نے emotional امبریلا بھی استعمال کی اور boundaries بھی بنائیں اور ایسے لوگوں سے distance بھی کر لیا جو مجھے redzone میں ڈال دیتے تھے۔

یہاں گروپ میں جو لوگ شامل تھے ان میں سے کچھ کے تجربات بتانا چاہوں گی۔

اس ورک شاپ میں شامل سبھی لوگ کافی مستفید ہوئے جیسا کہ زرین کے بچوں نے گرین زون فلاسفی کا آپس میں استعمال کرنا شروع کر دیا۔ اور زریں نے دوسرے کمرے سے سنا کہ ان کے بچے اپنے جذبات گرین زون اور ریڈ زون الفاظ میں اظہار کر رہے تھے۔ اور آپس میں اپنے مسائل بات چیت کر کے کے طے کر رہے تھے۔

مونا نے بتایا کہ اس نے اب اپنی پسند اور ناپسند کا اظہار کرنا شروع کر دیا ہے اور اپنے فون سے ایسے لوگوں کو بلاک کر دیا جن سے وہ ریڈ زون میں چلی جاتی تھی۔

کندن نے بتایا کہ اس نے کچھ ایسے لوگوں سے بات کی جن سے وہ بچپن سے ناراض تھی اور کبھی اس کا اظہار نہیں کر پائی تھی اور وہ حیران تھی کہ جن باتوں کو وہ بہت مشکل سمجھتی تھی اور ڈرتی تھی کہ پتہ نہیں

سامنے والا کیسے react کرے گا اس کا اس کو بالکل مختلف reaction ملا جس پر وہ خود حیران رہ گئی۔

کندن نے ایک بات اور بتائی کہ ایک دن اس نے اپنے بچے سے کہا کہ پہلی روٹی جو میں پکاؤں گی وہ خود کھاؤں گی اس کے بعد تم لوگوں کو کھانا دوں گی کیونکہ آخر میں کھانے اور دیر ہونے پر بھوک سے میری اپنی طبیعت خراب ہونے لگتی ہے۔

سب سے اہم بات جو مجھ کو اپنے بارے میں پتہ چلی وہ یہ ہے کہ میں ایک Empath امپتھ انسان ہوں، اس کے بعد مجھ کو اپنے آپ کو سمجھنے میں اور Boundries بنانے میں کافی مدد ملی۔ سب سے کمال کی بات یہ ہے کہ سب کچھ کب اور کیسے بہتر ہو گیا پتہ ہی نہیں چلا، میں اب پہلے سے بہتر زندگی گزار رہی ہوں۔

ڈاکٹر سارہ علی کی گرین زون کہانی

ڈاکٹر سارہ علی

گرین زون کا فلسفہ میرے لیے تین الفاظ کا نام ہے:

خودشناسی، خوداعتمادی اور خودانحصاری۔

خودشناسی

جب آپ اپنی ذات سے پوری طرح آگاہ ہو جاتے ہیں تو بطورِ انسان اپنی اچھائیوں اور برائیوں دونوں کو قبول کرنے لگتے ہیں۔ ہمیں بچپن سے سکھایا جاتا ہے کہ اچھے کام کریں۔ اگر کوئی غلط کام کرتا ہے تو چاہے بچہ ہی کیوں نہ ہو اس کا مار مار کر بھرکس نکال دیا جاتا ہے۔ سب پوچھتے ہیں یہ غلطی کیوں کی؟۔ بھلا ہو مغربی ممالک کی پولیس کا کہ ان کے خوف کے مارے یہاں بچوں کو مارنے پیٹنے سے گریز کیا جاتا ہے اور دیسی والدین دن دہاڑے یہ خواب دیکھتے ہیں کہ جس دن وہ اپنے آبائی ملک کے ایرپورٹ پر قدم رکھیں گے پہلا کام یہ کریں گے کہ نہایت دیسی طریقے سے اپنے بچوں کی غلطیوں کی اصلاح کریں گے۔ ان غلطیوں سے سیدھا جہنم کا دروازہ بھی کھولا جاتا ہے۔ بچپن سے ہی غلطی، غصہ، مار پیٹ اور جہنم کی آگ کا ایسا کمبینیشن بنایا جاتا ہے کہ ہم اپنی غلطیوں کو کبھی بھی اون own کرنے کے لیے تیار نہیں ہوتے۔ ہمیشہ دوسروں کے کھاتے میں ڈالتے ہیں اور کوئی نہ ملے تو خدا ہمیشہ موجود رہتا ہے۔

ہر اچھا کام ہم نے کیا ہے اور ہر برا کام خدا کی مرضی ہے۔ یہ سیلف پروجیکشن self projection کے ایسے کمپلیکس complex کو جنم دیتا ہے کہ ہمارا دل چاہتا ہے کہ اگر اچھی چائے بھی بنالیں تو برج خلیفہ پر کم از کم تصویر آنی چاہیے۔

جب میں لوگوں کو اپنے بچوں کی چھوٹی چھوٹی غلطیوں پر ان کو لمبے لمبے لیکچر اور اپنی عظمت کی مثالیں دیتے دیکھتی ہون تو میرا دل چاہتا ہے کہ پوچھوں اگر ہم سب بڑے اتنے پرفیکٹ ہیں تو یہ دنیا اتنے برے حال میں کیوں ہے۔ علامہ پادری حضرات اور موٹی ویشنل سپیکرز اپنے لمبے لمبے لیکچرز میں ثقیل جملے بھاری بھرکم الفاظ عجیب و غریب مثالیں دیتے ہوئے پائے جاتے ہیں لیکن کوئی آپ کو یہ نہیں کہے گا کہ غلطیاں سیکھنے کے عمل کا حصہ ہیں۔ یہ غلطیاں کہکشاں کے ستاروں کی مانند ہیں ثابت قدم مسافر کو اس کی منزل کی طرف رہنمائی کرتی ہیں۔

چلتے جایئے ۔۔۔ سیکھتے جایئے اور یہی گرین زون کے فلسفے کی پہلی بنیادی اکائی ہے۔ own yourself first bad or good then start working on the areas you think pushing you to darkness

خوداعتمادی

جب آپ اپنے آپ کو ہر اچھائی برائی کے ساتھ قبول کرتے ہیں اپنے کیے گئے فیصلوں۔۔۔ اپنے ساتھ جڑے لوگوں کو اپنے ارد گرد کے معاشرے کو۔۔۔ اس کی اچھائیوں برائیوں کے ساتھ قبول کر لیتے ہیں تو یہ آپ کو جدوجہد کرنے کی خوداعتمادی بخشتا ہے۔

یہ قبولیت قنوطیت والی قبولیت نہیں کہ جو بس جیسا ہے آپ قبول کر لیں اور ڈرامے کی ہیروئن کی طرح آنسو بہا کر صبر شکر کر کے گالیاں گھونسے کھاتے رہیں۔ بلکہ یہ آپ کو اپنے آپ اپنے سے جڑے رشتوں اپنے فیصلوں کاموں اور ارد گرد کے معاشرے اور سماج میں بہتری لانے کا اعتماد پیدا کرتا ہے۔

یہ دوسری بنیادی اکائی ہے کہ آپ اپنے اوپر اعتماد کریں کہ نہ صرف آپ اپنے آپ کو بلکہ اپنے سے جڑی ہر چیز ہر انسان ہر رشتے اپنی ورک سپیس اور اپنے سماج کی بہتری کی کوشش کے اہل ہیں اور آپ یہ صلاحیت اور حوصلہ رکھتے ہین کہ نہ صرف آپ غلط اور صحیح کی پہچان کر سکیں بلکہ غلطیوں پر پردہ ڈال کر ان کو چھپانے کی بجائے ان کو اون کر کے ان کی اصلاح کریں۔ یہ ایک جہدِ مسلسل ہے۔ جیسے آپ کو اپنے جسم کو فٹ رکھنے کے لیے مسلسل ورزش کی ضرورت ہے اس طرح دماغ کو مثبت رہنے کے لیے مسلسل اس تحریک کی ضرورت ہے کہ میرے اندر یہ غلط ہے اور میں اس کو سدھارنا چاہتا یا چاہتی ہوں۔

میرے لیے یہ جملہ بہت اہمیت کا حامل ہے اور ہر تقریر پر بھاری ہے۔

یہ ایک تحریک ہے دماغ کو کام کرنے کے لیے مثبت کی طرف لے جانے کے لیے اس یقین کے ساتھ کہ بہتری کے لیے اٹھائے جانے والے یہ چھوٹے چھوٹے قدم آپ کو مسلسل آگے بڑھا رہے ہیں۔

آج کی دنیا میں فلاح کا تصور خیرات کے تصور سے بدل دیا گیا ہے۔ ہم اس شخص کو جو لوگوں میں چیزیں بانٹتا پھرتا ہے اور تصویریں کھنچوا کر تشہیر کرتا ہے اعلیٰ سمجھتے ہیں۔ لیکن میرے لیے یہ طبقاتی نظام کی ناانصافی سے زیادہ کچھ نہیں یہ ناانصافی جہاں بہت سارے معاشرتی اور معاشی مسائل کو جنم دیتی ہے وہاں نفسیاتی مسائل کا پنڈورا باکس pandora's box بھی کھول دیتی ہے۔

ایک ایسا معاشرہ جہاں ہر نفسیاتی مسئلہ پاگل پن 'معاشی مسائل' صبر کی کمی اور معاشرتی مسائل کردار کی اچھائی اور برائی کے ساتھ منسلک کر دیے جاتے ہیں وہاں ڈاکٹر خالد سہیل کا کالم 'فیملی آف دی ہارٹ' میری سوچ کا عکاس تھا۔ یہ اس وقت کی بات ہے جب میں پاکستان کے معاشرتی اور معاشی اور ورک سپیس کے نظام سے عملاً بغاوت شروع کر چکی تھی۔ مجھے ان کے مضامین سے احساس ہوا کہ آپ اپنے معاشرے مذہب اور تہذیب کے دباؤ کے بغیر اپنی زندگی کے قوانین خود وضع کر سکتے ہیں۔

پرسکون زندگی کی طرف سات قدم

اچھائی کا مصنوعی لبادہ اوڑھ کر انسان دوسرے انسان کی طرف وہ بھیانک طرزِ عمل روا رکھتا ہے وہ اپنی مثال آپ ہے۔ ان کے مضامین سے احساس ہوا کہ آپ ان سب سے الگ اپنی دنیا اپنے اصولوں اور اپنے نظریات کے مطابق بسا سکتے ہیں اور ڈھال سکتے ہیں۔

بھاری بھر کم الفاظ ہیر پھیر کر لکھی گئی باتیں ہمیشہ میرے آس پاس سے گزر جاتی ہیں۔ میں ان لوگوں کو جن کو اس قسم کی لکھی گئی کتابیں اور کی گئی تقریریں سننے اور وڈیوز دیکھنے کا شوق ہوتا ہے اور ان کے سمجھ بھی آتی ہیں بڑے رشک سے دیکھا کرتی تھی۔ اب اپنی جہالت پر شکر کرتی ہوں ورنہ مجھے بھی اب تک علمی بد ہضمی ہو چکی ہوتی۔

ڈاکٹر صاحب کے کالموں نے اس وقت ایک پیرالل ورلڈ parallel world کا دروازہ مضبوطی سے مجھ پر اس وقت کھولا جب میں کیپیلسٹ سوسائٹی capitalist society کے سب مصنوعی رشتے اور ورک سپیس کے سب آرٹیفیشل ایتھکس artificial ethics قریب سے دیکھ چکی تھی۔

یہ پیرالل ورلڈ میرے والدین اور ان کے دوستوں کے ماحول سے مطابقت رکھتی تھی۔ اور پاکستان کے عمومی معاشرے سے بالکل مختلف تھی۔

اس وقت جب میرے سامنے انا پرستی کے کئی قدآور بت اپنی انا کے ہاتھوں میں اپنے سامنے پاش پاش ہوتے دیکھ چکی تھی مجھے اچھی طرح سمجھ آئی کہ ان شخصیات کے لکھے اور بولے گئے الفاظ سے ان کا اپنا کوئی لینا دینا نہیں۔

جب میں نے کینیڈا آنے کا فیصلہ کیا تو ایسے ہی ذہن میں ایک خیال آیا کہ ٹورانٹو میں تو ڈاکٹر خالد سہیل بھی رہتے ہیں جیسے وہ میرے آنے کی خبر سن کر پیرسن ایئرپورٹ پر کھڑے ہوں گے۔

پاکستان میں ہر بندہ سمجھتا ہے کہ کینیڈا میں سونے کی سڑکیں' شہد کی نہریں' ڈولر کے درخت اور حوروں کی بہتات ہے۔ یہاں آکر علم ہوتا ہے کہ حالات خاصے الٹ ہیں اور حوروں کو آپ میں کوئی خاص دلچسپی نہیں۔

اگرچہ میری کوئی ایسی امید نہیں تھی میں صرف شخصی اور فکری آزادی کی خواہاں تھی جو یہاں پر میسر ہے۔ لیکن محبت کے رشتوں سے کوسوں کی دوری انسان کو بے پناہ اذیت میں مبتلا کر دیتی ہے۔ ایسے ہی دنوں میں ڈاکٹر صاحب کا ایک کالم پڑھ کر میں نے ان کو مسنجر پر ایک چھوٹا سا مسیج کیا اور بعد میں سوچا کہ یہ کیا کر دیا ہے۔

دل کو اطمینان تھا کہ جواب نہیں آئے گا کیونکہ میں سمجھتی تھی کہ ڈاکٹر صاحب پاکستان کے بیشتر ماہرینِ نفسیات کی طرح سے انتہائی مغرور اور لکھاریوں کی طرح سے انتہائی فونی اور سوڈو انٹلکچول pseudo intellectual ہوں گے۔ تھوڑی دیر بعد نہ صرف جواب آیا بلکہ فون نمبر دے کر کو لکرنے کو کہا گیا۔

مجھے کیونکہ ایسے کاموں میں سینگ پھنسانے کی عادت ہے اس لیے فون بھی گھما ڈالا۔ س کے بعد سوچا کہ کیا بات کرنی ہے۔

ڈاکٹر صاحب نے صرف فون سنا بلکہ ملاقات کے لیے بھی خود آئے۔ اس ملاقات میں انہوں نے اپنے شاعر چچا عارف عبدالمتین کا تزکرہ بہت محبت سے کیا کہ انہوں نے کس طرح چاہت اور احترام سے ڈاکٹر صاحب کی ادبی پرورش کی۔

اس ملاقات نے میری گرین زون جرنی کی عملاً ابتدا کی۔ کیونکہ لفظوں پر میرا یقین کم او عمل پر زیادہ ہے۔ وہ سے بھی ڈاکٹروں کو وہ بات زیادہ اچھے سے سمجھ آتی ہے جس کا پریکٹیکل کیا جا سکے۔ ڈاکٹر صاحب کی شخصیت گرین زون فلاسفی کا عملی ثبوت ہے۔

اس سفر میں ڈاکٹر صاحب کے اندازِ بیاں میں اصطلاحات کے استعمال نے میری بہت مدد کی۔ کنول کے پھول کے مطابق کرونا کی وبا میں رہنے اور نیگیٹیویٹی کی تابڑ توڑ بارش سے اپنے دماغ کو محفوظ رکھنے کے لیے ایموشنل اوورکوٹ emotional raincoat بنانے کی اصطلاحات میرے لیے بہت ایکسائٹنگ exciting تھیں۔ خاص طور پر انسانی جذبات کا ٹریفک سگنل سے تقابل بہت مزیدار ہے۔ گرین زون۔۔۔یلو زون اور ریڈ زون جب آپ غصے میں ہوتے ہیں اور اس اصطلاح سے آگاہ ہوتے ہیں تو آپکو اپنا آپ ڈونلڈ ڈک کی طرح سے محسوس ہوتا ہے جس کا دماغ سرخ ہو کر پریشر ککر کی مانند سیٹیاں مار رہا ہو۔

ان سب اصطلاحات نے میرا چیزوں کی طرف پر سپیکٹیو perspective بدل دیا ہے۔

ایمپاورمنٹ empowerment کا احساس کہ نہ صرف آپ اپنے جذبات کا ریموٹ کنٹرول اپنے پاس رکھتے ہیں بلکہ آپ اپنے سماجی، معاشرتی اور معاشی رشتوں کے اتار چڑھائو میں بھی جذباتی کنٹرول میں رہتے ہیں ایک ایمپاورنگ احساس ہے۔

یہ گرین زون فلاسفی کی تیسری اکائی ہے۔

خود انحصاری

میں امید کرتی ہوں کہ ایک ایسے وقت میں جہاں دنیا معاشی طور پر بٹی ہوئی ہے اور کرونا کی وبا نے ہر ملک کی اکانومی اور افراد کے لیے نہ صرف صحت بلکہ بے تحاشا نفسیاتی مسائل کو جنم دیا ہے یہ فلسفی ڈاکٹر صاحب کے زیرِ اثر بہت سارے لوگوں کو نفسیاتی ایمپاورمنٹ کے نئے خیالات سے روشناس کرائے گی اور لوگ نفسیاتی خود انحصاری کے اس عمل سے اپنی زندگیوں کو اور اپنے ارد گرد کے رشتوں کو بہتر انداز میں آگے بڑھا سکیں گے۔

ہادیہ یوسف کی گرین زون کہانی

میں جب خدا پر یقین رکھتی تھی تو اکثر سوچتی تھی دکھ، تکلیفیں، مشکلات، آزمائشیں سب خدا کی طرف سے آتے ہیں جو یا تو امتحان ہیں یا سزا، مجھے ہر چیز جادوئی لگتی تھی۔ دیو مالائی... میں اکثر مذہبی کتابیں پڑھتی تھی کیونکہ مجھے ان میں کچھ انہونی کہانیاں ملتی تھیں ایسی کہانیاں جو مجھے اچھی لگتی تھیں۔ جن میں برائی کی ہار ہوتی تھی اور اچھائی کی فتح۔ جس میں ایک طاقت ایسی نظر آتی تھی جو سب ٹھیک کر دیتی اور برائی کو مٹا دیا جاتا۔ مجھے یہ مذہبی کہانیاں بہت پسند تھیں۔ میں نے بہت سی دینی کتابیں پڑھیں اور سینکڑوں کلاسز لیں...

آج کے جتنے مشہور نام ہیں میں نے تقریباً ان سب سے پڑھا۔

پھر جب تھوڑی بڑی ہوئی تو معلوم ہوا نہیں امتحان میں پاس ہونے کے لیے محنت درکار ہے کوئی آسمانی طاقت مدد کو نہیں آتی۔ میرے دل کو شدید جھٹکا لگا۔ ایسا لگا جیسے میری لاٹھی کسی نے چھین لی ہو۔ میرا ایمان اتنا مضبوط تھا کہ مجھے یقین تھا میں غلط ہوں اور کوئی آسمانی خدا میری مدد ضرور کرے گا۔ میں نے دل دل میں اس سے باتیں کرنا شروع کر دیا۔ یہ سوچ کر کہ کبھی نہ کبھی تو اسے مجھ پر رحم آئے گا. وہ ایک نہ ایک دن میری ضرور سنے گا۔ لیکن ایسا نہ ہوا۔

اتنے سالوں کے یقین بھروسے اور اعتماد کو جب ایسے جھٹکا لگے تو انسان بظاہر چاہے جتنا بھی مضبوط نظر آئے وہ اندر سے زرہ زرہ ہو جاتا ہے۔ اگر یہ ذرے مٹی کے ہوں تو انکو تھوڑی سے نمی سے دوبارہ گوندھا جاسکتا ہے۔ لیکن اگر یہ ذرے ریت کے ہوں تو انکو جوڑنا آسان نہیں۔ جیسے مٹی کی کچی دیوار کو واپس بنانا آسان ہوتا ہے لیکن اگر یہی دیوار ریت اور سیمنٹ کی ہو تو اسے دوبارہ بنانا اتنا آسان نہیں مبادہ یہ کہ دیوار کنکریٹ کی ہو؟ پھر تو شاید ممکن ہی نہیں۔

میں نے بھی اپنے خدا سے ایسی ہی محبت کی تھی۔ جس دن میری کنکریٹ کی عمارت گری میں بہت دیر تک ساکت رہی اور دل میں اسے پکارتی رہی کہ وہ اب تو ضرور آئے گا وہ مجھے ایسے تنہا نہیں چھوڑے گا۔ میں اس ملبے پر بہت دیر تک بیٹھی رہی۔ اردگرد پھیلا ملبہ گلنے سڑنے لگا۔ مجھے ملبے کی عادت ہونے لگی۔ جیسے کوئی جوگی سنت فقیر ملبے کی ساتھ رہنے کا عادی ہو جاتا ہے اسے وہ ملبہ کوڑا کرکٹ سب اپنا حصہ لگنے لگتا ہے۔ ایسا ہی مجھے لگنے لگا۔ وہ ساری ریت میرے جسم کا حصہ بننے لگی۔ میں جتنا اسے جھاڑ کر اٹھنے کی کوشش کرتی اتنا ہی واپس اس میں گھیر جاتی۔

میرا اپنا آپ وجود کھونے لگا۔ میں بہت تلاش کرتی کہ اپنے آپ کو پالوں لیکن اس ملبے نے مجھ سے میرا اپنا آپ چھین لیا تھا۔ جب انسان کا وجود ہی نہ رہے تو کیا باقی رہ جاتا ہے؟

اس دوران جب مجھے گرین زون تھراپی کے بارے میں پتا چلا تو مجھے امید تو نظر آئی کہ شاید اس کے سہارے میں اپنے آپ کو پہچان لوں مگر یہ امید کچھ زیادہ نہیں تھی۔ ایک بھاری پتھر کو سرکانا اتنا آسان نہیں تھا اور نہ ہی اس کنکریٹ کی عمارت کو دوبارہ سے جوڑنا۔ پہلا دن مجھے ایسا ہی لگا کہ یہ صرف ایک کتابی چیز ہے اور میرے لیے فائدہ مند نہیں ہو سکے گی۔ لیکن جیسے جیسے ہم آگے بڑھتے گئے مجھے سمجھ آنے لگی کہ مجھے کیا کرنا ہے اور کیسے کرنا ہے

میرا وجود جو بہت وقت سے لاپتہ تھا مجھے ملنے لگا آہستہ آہستہ۔ انفرادی اور اجتمائی دنیاؤں میں کیسے رہنا ہے میں نے ہولے ہولے سیکھا۔ ہر ہفتے ایک نئی پریکٹس کروائی گئی جس نے مجھے میرے اردگرد بسے بہت سے ایسے رشتوں سے ملوایا جن کو میں بوجھ سمجھنے لگی تھی۔ میں نے بہت سی چیزیں سیکھیں بہت سی۔ میں

نے سیکھا کہ میں کیسے لوگوں کے ساتھ اپنے تعلقات کو بہتر بنا کر ان رشتوں کو خوبصورت بنا سکتی ہوں، میں نے سیکھا کیسے مجھے اپنے گرد بنے اس قلعے کو توڑنا ہے جو مجھے آہستہ آہستہ ختم کر رہا ہے۔ میں نے جانا کہ میری زندگی کی اہمیت تب تک نہیں ہے جب تک میں اس سے محبت کرنا نہیں سیکھوں گی۔ وہ کہتے ہیں نہ محبت کی نہیں جاتی ہو جاتی ہے۔۔۔ بس ایسے ہی میں نے پوری زندگی محبت کی مگر یہ مجھے ہوئی نہیں اس سے جس کو اس کی سب سے زیادہ ضرورت تھی یعنی مجھے۔ میں نے سب کو چاہا سب کے لیے زندگی گزاری مگر اپنے لیے نہیں۔ شاید ہم سب کو ہی یہی سکھایا جاتا ہے کہ خود سے محبت گناہ ہے۔ ہم خود خالی رہتے ہیں اور دوسروں کی جھولیاں بھرنے کی کوشش کرتے ہیں اور پھر بدلے میں ان سے امید رکھتے ہیں کہ وہ ہماری جھولی بھر دیں گے... کیا یہ ممکن ہے؟

کبھی نہیں... جب میری اپنی جھولی محبت سے خالی ہے تو میں کیسے کسی کی جھولی بھر سکتی ہوں

میں محبت کا دعوی کرتی رہی لیکن محبت کر نہیں سکی... اپنے آپ سے اس گرین زون فلاسفی نے مجھے مجھ سے ملوایا۔ شاید یہ بات اس شخص کو عام سی لگے جو کبھی کنکریٹ سے ملبہ نہ بنا ہو مگر جو ٹوٹ چکا ہو صرف وہی جان سکتا ہے جڑنا کیا ہوتا ہے۔

میں ڈاکٹر صاحب، میڈم فرحت اور ثمر کی دل سے مشکور ہوں۔ مجھے نہیں پتا آپکا شکریہ کیسے ادا کروں ۔ لیکن آپکی اس خوبصورت اور مخلص کاوش نے مجھے مجھ سے ملوایا ہے۔ مجھے ابھی بہت کچھ سیکھنا ہے اور اس زندگی کو دوبارہ سے جینا ہے۔ اپ تینوں کا بہت بہت شکریہ۔ مجھے لگتا ہے ہم اس گرین زون لائف سٹائل سے بہت سے لوگوں کی مدد کر سکیں گے اور اس کام میں، میں بھی آپکی مدد ضرور کرنا چاہوں گی جیسے بھی کر سکی اور جتنا بھی کر سکی....

ایک بار پھر دل سے شکر گزار

پرسکون زندگی کی طرف سات قدم

شعیب کہوت کی گرین زون نظم

گرین زون کے ساتھیو

بڑھے چلو بڑھے چلو

مشکلات آئیں گی

خوب تمھیں رلائیں گی

ریڈ زون پر تمھیں

بار بار لے جائیں گی

ہنس کے تم نے کاٹنا

یہ سفر حسین ہے

مگر زیست کا سفر ہے

مجھ کو یہ یقین ہے

ییلو کی کوئی بات نہیں

سرخ پر نار کنا

بڑھے چلو بڑھے چلو۔۔۔

دکھوں کی برسات میں

اگر کبھی ہو ہمسفر

اسے تو یاد سے

لے جانا نہ بھولنا

ایک برساتی ہے

کہ جس میں

چھید ناہوں

یہ ضرور دیکھنا

یہ تمھیں بچائے گی

سفر میں لے جائے گی

گرین زون کے ساتھیو

بڑھے چلو بڑھے چلو

ڈاکٹر کامرانی کی گرین زون کہانی

یہ غالباً 2017-18 کی بات ہے، جب میں ڈاکٹر سہیل سے ہم سب کے معرفت آشنا ہوا۔ مجھے لگا کہ میری سوچ اور میرے بنیادی عقائد کو آواز مل رہی ہے۔ وہ سب باتیں، جو زندگی سے متعلق میرے سوال تھے، الجھنیں تھیں، زندگی سے لے کر جو غبار ہے، وہ صاف ہو رہا ہے۔ اور پھر ہم سب پر ہی ڈاکٹر صاحب کے گرین زون فلسفے پر تعارف نے مجھے سمجھایا کہ ہاں زندگی بہت مشکل سہی پر اس کو برتنے کا سلیقہ سیکھا جا سکتا ہے۔

اور جب ڈاکٹر سہیل صاحب نے گرین زون ٹریننگ کا اعلان کیا تو میں نے بہت ڈرتے ڈرتے ڈاکٹر صاحب کو email کیا، کہ مجھے تقریباً یقین تھا کہ میں اس گروپ کا حصہ نہیں بن سکوں گا۔ یہ 2020 کے اگست ستمبر کے دن تھے اور میں 2018-19 سے stress, deep anxiety and to some state of mild depression سے جوجھ رہا تھا۔ گاڑی چلاتے ہر وقت جلدی میں رہتا تھا، صرف اس ڈر سے کہ کہیں کوئی موٹر سائیکل والا یا رکشہ والا غلط سائیڈ سے اوور ٹیک کرے اور حادثہ نہ ہو جائے، یا جلدی کی وجہ سے میں ہی کوئی حادثہ نہ کر بیٹھوں۔

گھر میں بھی بے وجہ irritate کرتا تھا۔ شاید غیر منطقی بات یا رویوں کو قبول کرنا مجھ سے برداشت نہیں ہوتا۔ آفیس، سوسائٹی اور ارد گرد کے لوگ ۔۔۔۔۔۔ اگر یوں کہا جائے کہ لوگوں کے عمومی رویے اور اُن کا صرف میں ہی درست اور ساری دنیا غلط والا غیر منطقی رویہ میری ذات اور پھر نتیجے میں میرے گھر میں بے سُکونی کی صورت میں ظاہر ہو رہا تھا۔

میں ایک پرائیویٹ یونیورسٹی میں بزنس اِسکُول کے انڈر گریجویٹ students کو Human Behaviour, Logic and Critical کی classes لیتا ہوں۔ پچھلے 10-12 سیمسٹرس کے دوراں مجھے محسُوس ہوتا تھا کہ آج کل کے students زندگی اور سماج کی طرف زیادہ سنجیدہ نہیں ہیں۔ وہ اپنے اور دوسروں کے رویوں پر نہ زیادہ سوچتے ہیں اور نہ ہی سمجھنے کی کوشش کرتے ہیں۔ کلاس رُوم میں اُن کی آپس کی باتیں کرنا اور غیر متعلقہ سوال وجواب مجھے annoy کرتا تھا۔

اَب آتے ہیں گرین زون ٹریننگ کے بعد کی صورتحال پر۔۔۔۔۔۔۔۔ ایک بات سمجھ میں آئی کہ دُوسروں کو ایک دم سے درست کرنا شاید ممکن نہیں ہوتا۔۔۔ اِس لئے سب سے پہلے اپنے آپ پر کام کرنا ہوگا۔ خود کو پُرسکون رکھنے کے لئے دوسروں کو space دینا ہوگا۔ میں اب یہ سیکھنے کی مشق کر رہا ہوں کہ کس طرح سب سے پہلے خود کو ریڈ زون سے ییلو زون اور پھر گرین زون میں drive کروں، اور گرین زون کے علاوہ کسی بھی اور زون میں minimum possible time گذار پاؤں۔

گھر اور students کے ساتھ خاص طور پر، اور دوستوں اور سماج کے ساتھ عمومی طور پر بہتری کی طرف جا رہا ہوں۔ ڈرائیونگ بھی passion کے ساتھ کرنے لگا ہوں۔ پہلے کے مقابلے میں 60-70 فیصد کم غصہ آتا ہے۔ غصے کے دو events کے درمیاں فاصلہ بھی بڑھنے لگا ہے۔ students کے ساتھ بہتر رابطہ ممکن ہو پا رہا ہے۔ classroom میں زیادہ organized اور سکون سے ایک دوسرے کی بات سننے اور سمجھنے کا ماحول پیدا ہو رہا ہے۔ students زیادہ involved feel کر رہے ہیں اور میں بھی زیادہ بہتر طریقے سے communicate کر پا رہا ہوں۔

سدرا حسین کی گرین زون کہانی

میرا نام سدرہ حسین ہے اور میں اسکاٹ لینڈ میں گزشتہ پانچ سالوں سے اپنی چھوٹی سی فیملی کے ساتھ مقیم ہوں۔

میرا تعلق پاکستان کے شہر راولپنڈی سے ہے تاہم اعلیٰ تعلیم کی غرض سے انگلستان آنا ہوا یہاں میں نے ایم ایس سی انٹرنیشنل بزنس مینجمنٹ میں کیا۔پڑھائی کے فوراً بعد میری شادی ہوگئی اور میں اپنی فیملی لائف میں بزی ہوگئی اور یہ سفر ابھی تک جاری ہے۔

ڈاکٹر خالد سہیل صاحب کے کالم کی خاموش قاری ہونے کے ناطے مجھے گرین زون تجربے کے بارے میں کچھ نہ کچھ آگاہی ضرور تھی۔تاہم ان کے پائلٹ پروجیکٹ کا حصہ بننے کی بدولت مجھے اس سفر کو کو گہرائی میں جاننے کا موقع ملا۔

گرین زون سفر کی شروعات نہایت ہی پرجوش رہیں ہم سب نے اس کے حوالے سے ذہن میں خاکہ سا بنایا ہوا تھا کہ شاید اس کے ذریعہ میں کچھ حد تک ایک منفرد تجربہ کرنے کا موقع ملے گا مگر یہ اتنا خوشگوار اور گہرائی لیے ہوئے ہوگا اس کا ہمیں شروع میں اندازہ نہ تھا۔اس سفر کے دوران ڈاکٹر خالد سہیل صاحب نے نہایت ہی پیچیدہ نفسیاتی موضوعات کو بہت ہی آسان زبان میں نہ صرف ہمیں سمجھایا بلکہ ان کی ٹیم کے ممبران ثمر اشتیاق صاحبہ اور زہرہ نقوی صاحبہ نے بھی اپنے مشاہدات کی روشنی میں اس کو مزید

خوبصورت بنا دیا۔اس سلسلے کی بہت سی جہتیں ہیں اور بہت سے پہلو ایسے ہیں جن سے متعلق گفتگو کر کے ہم نے اپنی ذات کے ان خفیہ حصوں پر روشنی ڈالی جن کا ہم شائد عام فہم انداز میں بلائنڈ سپوٹ کہہ سکتے ہیں۔ہم نے اپنی اندرونی کشمکش اور اس کے نتیجے میں پیدا ہونے والے نفسیاتی دباؤ کو کیسے مینج کرنا ہے اس بات سے آگاہی حاصل کی۔سب سے پہلے قدم پر اپنی ذات سے ہمارا تعلق ایسا ہونا چاہئے ہم نے اس کے بارے میں اپنے آپ کو سمجھنے کی کوشش کی۔اس سفر کے دوران باقی مراحل میں اس بات کی آگاہی حاصل ہوئی کہ لوگوں کو اور ارد گرد کے ماحول کو سمجھنے سے پہلے انسان کا اپنی ذات سے کیسا رشتہ ہے اس بات پر ہمیں توجہ دینی چاہیے۔کیوں کہ جب ہم خود کو سمجھنے لگتے ہیں اور اپنی ذہنی الجھنوں کو سلجھانے کی کوشش کرتے ہیں تو اس تجربے کے دوران دوسرے انسانوں کی نفسیات پر بھی اور ان کے عمل اور رد عمل پر بھی غور وفکر کرنے لگتے ہیں۔جب سے ہم سب اس گرین زون کمیونٹی کا حصہ بنے ہیں۔ہمیں اپنی ذات کے متعلق بہت ہی دلچسپ پہلوؤں سے آشنائی ہوئی ہے۔اس کے ساتھ ساتھ کیسے ہم نے اپنے سے وابستہ رشتوں سے میچور طرز پر تعلقات استوار کرنے ہیں اس سے بھی آگاہی حاصل ہوئی ہے۔بہت سے ایسے جذبات جن کا ادراک ہمیں نارمل حالات میں نہیں ہوتا ان سے بھی ہمیں آگاہی ہوئی۔۔ہم نے وہ تمام سکیلٹن جو پچھلے کئی سالوں سے ماضی کے کلازٹ میں بند کر کے رکھے تھے ان کو جاڑھ پونچھ کر باہر نکالا ہے اور اپنے ان تکلیف دہ لمحوں کو یاد کرنے کی کوشش کی ہے جن سے ہمیں اذیت ہوتی تھی۔اس سارے عمل کو کرنے سے سے کی زخموں سے کھرنڈ بھی اترے لیکن خود آگاہی اور خود شناسی کے اس عمل نے دوبارہ سے ان زخموں پر مرہم بھی رکھا۔اور اس کے علاوہ ہماری جذباتی کیفیت بھی ہم پر عیاں کی۔جن واقعات کو دہراتے ہوئے ہمیں تکلیف ہوتی تھی۔یہ بالکل ایسا ہی ہے جیسے آپ اپنی ذات کا پوسٹ مارٹم کر رہے ہو۔اپنی ذات کے پوشیدہ پہلوؤں کے بارے میں جاننے کی شعوری کوشش ہمیں کچھ نہ سفر میں آزاد کے متعلق دلچسپ حقائق سے بھی عیاں کرتی ہے۔جو کہ ہمارے دیدہ بینا دیکھنے سے قاصر ہے۔مثال کے طور پر جب ہم اپنے مزاج کے بدلتے رنگوں سے واقفیت حاصل کرتے ہیں ان عناصر کی طرف متوجہ ہوتے ہیں جن کی وجہ سے ہماری طبیعت پر مثبت یا منفی اثر ہوتا ہے ہے تو ہم بحیثیت مجموعی اپنے سے جڑی الجھنوں اور پریشانیوں کا تجزیہ کرنے کی بہتر پوزیشن میں ہوتے ہیں۔

پرسکون زندگی کی طرف سات قدم

اس سے نہ صرف ہمیں ذہنی پختگی اور شعور حاصل ہوتا ہے بلکہ بعد میں ہم اس مرحلے میں داخل ہو جاتے ہیں جس میں ہم کسی بھی واقعے یا کسی شخص کے رویے پر ری ایکٹ کرنے کے بجائے اپنے آپ کو اس صورتحال میں بھی مضبوط اعصاب کا مالک رکھتے ہوئے ایسے حالات سے کیسے نبرد آزما ہونے کے قابل بھی بنتے ہیں۔

یہ مرحلہ دراصل سب سے خوبصورت ہوتا ہے کیونکہ ہم ایکشن اور ری ایکشن کی چین کو توڑ کر کے اس قابل ہو جاتے ہیں کہ جب ہم دوسرے لوگوں کے حالات کے نامناسب ہونے پر ان کے دباؤ میں آئے بغیر اپنے ذہنی صحت کو کیسے بہتر اور غیر موئثر رکھ سکتے ہیں اور اسی بالیدگی کے عمل سے ہم اس قابل ہو جاتے ہیں جس میں ہمیں اپنی سوچ اور عمل کا ریموٹ کنٹرول اپنے ہاتھ میں رکھنے میں مدد ملتی ہے۔

گرین زون ٹیم ممبران کے تجربات اور احساسات کی روشنی میں ہم سب کو بھی اپنے آپ کو سمجھنے میں مدد ملی اور ہم کہیں نہ کہیں ان سے ان کے حالات سے خود کو ریلیٹ کر سکے۔ڈاکٹر خالد سہیل صاحب کے گرین زون فلسفے کی سب سے خوبصورت بات جس سے مجھے سب سے زیادہ مدد ملی تھی یہ ہے کہ اگر ہم بیرونی یا اندرونی عوامل کی وجہ سے ریڈ زون میں اگر چلے بھی جائیں تو ہمیں وہاں پر اپنی جذبات کی گاڑی پارک کرنے کے بجائے ایسا طریقہ اختیار کرنا چاہیے کہ ہم واپس گرین زون میں آجائیں۔ماضی قریب میں میرے والد صاحب کا انتقال ہوا۔پردیس میں رہنے کی وجہ اور کرونا کی صورتحال کی وجہ سے میں پاکستان میں ان کے جنازے میں شرکت نہیں کر سکی اپنے قریبی رشتے کی موت عمر بھر ان سے نہ ملنے کا غم مجھے ہمیشہ اداس رکھے گا۔اس غم کو سہنے میں خصوصی طور پر گرین زون فلسفے نے بہت سہارا دیا۔میرے لاشعور نے مجھے اس سیکھے ہوئے سبق نے تحریک دی کہ میں نے ریڈ زون میں اپنی گاڑی زیادہ دیر پارک نہیں کرنی۔اور میں ہر مرتبہ شعوری کوشش کرتے ہوئے اپنے آپ کو ریڈ زون سے نکالنے کی کوشش کرتی۔ان کی ایموشنل رینکوٹ کی اصطلاح نے بھی مجھے خاص طور خود اختیاری سیکھنے میں مدد فراہم کی۔میں یہاں رہتے ہوئے کیسے اپنے آپ کو مثبت سرگرمیوں میں مصروف رکھ سکتی ہوں۔اس کے علاوہ اپنے سے منسلک رشتوں، جن سے مجھے ناخوشگوار تجربات کا اندیشہ رہتا ہے، سے ڈیل کرنے میں مدد فراہم کی۔آج میں یہ

کہتے ہوئے خوشی محسوس کر رہی ہوں کہ ان کے اس سفر میں، میں نے خودشناسی اور خود آگاہی کو بہت زیادہ انجوائے کی اور اپنی ذات کے اوپر اعتماد بحال کیا۔ اس سفر کے نتیجے میں میری زندگی پر بہت مثبت اثرات مرتب ہوئے ہیں۔

قراۃ العین صبا کی گرین زون کہانی

ہمارے ہاں بد قسمتی سے آج بھی مینٹل ہیلتھ کے بارے میں بات کرنے والے کو یا پھر اس سلسلے میں کسی بھی قِسم کی مدد لینے والے کو پاگل سمجھا جاتا ہے۔ ہمارے ہاں لوگوں کو ایک دوسرے کی ہائے لگ سکتی ہے، جادو ٹونا ہو سکتا ہے، تعویذ کروائے جا سکتے ہیں، پیری فقیری پر ایمان ہے، لیکن یہ سوچنا کہ کسی بھی رویّے، بدلاؤ اور ذہنی اُلجھن کا سبب کوئی نفسیاتی اُلجھن، کوئی پیچیدہ پسِ منظر یا ذہنی صحت کا مسئلہ بھی ہو سکتا ہے گویا پاگل پن کے مترادف ہے۔

یہاں یہ بات سمجھنے کی ہے کہ نفسیاتی مسائل صرف وہ نہیں ہوتے جب انسان نارمل گفتگو سے ہٹ جائے، یا عجیب و غریب حرکات کا مرتکب ہونے لگے۔ ان کے علاوہ شدید غصّہ، بے وجہ فکر و پریشانی، خوف، شدید جذباتی رویہ، غصّے میں بے قابو ہو جانا، بے چینی اور اس طرح کی روز مرہ عادتیں بھی کسی نہ کسی نفسیاتی اُلجھن کا شاخسانہ ہوتی ہیں اور ان پر قابو پا کر پر سکون ہونا بھی ممکن ہے۔ لیکن ہمارے ہاں انہیں عام عادتیں سمجھ کر نظر انداز کر دیا جاتا ہے جس سے اکثر زندگی تو گزر جاتی ہے لیکن بیشتر رشتوں میں تا عمر کڑواہٹ گھلی رہ جاتی ہے۔ اس لیے ایک صحت مند اور خوش و خرم خاندان کی تشکیل کے لیے اپنے اور اپنے پیاروں کی نا صرف جسمانی بلکہ ذہنی صحت کو بھی مد نظر رکھنا بے حد ضروری ہے۔

پرسکون زندگی کی طرف سات قدم

گرین زون کے فلسفے سے آشنائی دراصل ڈاکٹر خالد سہیل صاحب کے توسط سے ہوئی اور اُن سے تعارف ہم سب کے ذریعے ہوا۔ ڈاکٹر صاحب سایکاٹرسٹ ہیں اور اس فیلڈ میں تیس سالہ تجربہ رکھتے ہیں، کینیڈا میں پریکٹس کرتے ہیں اور ساتھ ہی ادیب اور شاعر اور متعدد کتب کے مصنف بھی ہیں۔

گرین زون سیمیناروں کا مقصد یہ ہے کہ ایک تو ذہنی صحت سے متعلق آگاہی دی جاسکے، دوسرا جو لوگ اپنی اُلجھنوں کے حل کے سلسلے میں تھیراپی یا کاؤنسلنگ سے گھبراتے ہیں ان کو روزمرہ کے مسائل کے حل کا ایک جنرل آئیڈیا فراہم کیا جاسکے۔

گرین زون تھیوری کیا ہے، اسے ٹریفک لائٹس کے ذریعے سمجھنا بہت آسان ہے۔ ہم میں سے ہر ایک گرین زون میں ہے جب وہ مطمئن ہے، خوش ہے اور اطراف کے ماحول میں پُرسکون ہے۔ یلو زون جب شروع ہوتا ہے جب کسی بھی وجہ یا رویّے سے ہم اُلجھن اور پریشانی محسوس کرنے لگیں، ذہنی انتشار کا شکار ہو جائیں یا غصّہ آنا شروع ہو جائے۔ اس کے بعد ریڈ زون کی باری آتی ہے، اپنی ذات پر ہمارا کنٹرول اس حد تک ہونا ضروری ہے کہ ہم ریڈ زون سے پہلے ہی اپنی پریشانی کا سدّباب کر سکیں اور یلو زون سے ہی خود کو واپس گرین زون میں لے جائیں کیونکہ ریڈ زون وہ مقام ہے جہاں سے ردعمل شروع ہوتا ہے جب غصّے میں آکر ہم غیر ارادی طور پہ غلط رویّے اپنا بیٹھتے ہیں جو دوسروں کے لیے اور خود اپنے لیے بھی کبھی شدید زبانی تو کبھی جسمانی تکلیف کا باعث ہوتے ہیں۔ یہیں سے خرابی شروع ہوتی ہے اور ہمارے اطراف کے پیارے رشتوں کے درمیان دراڑیں اور فاصلے پیدا ہوتے ہیں اور نتیجہ بڑے نقصان کی صورت نکلتا ہے۔

گرین زون کا فلسفہ دراصل ہمیں اپنی کیفیات کو سمجھنے اور ہمارے اطراف بسنے والوں سے ہمارے تعلقات کو خوشگوار بنانے میں مدد دیتا ہے۔ یہ دراصل اپنی ذات کا ادراک ہے۔ ہم اپنے ماحول کی طرح اپنے اطراف کے رشتوں کو بھی تین زونز میں بانٹ سکتے ہیں، گرین زون رشتے وہ ہیں جو ہمارے لیے سکون، خوشی اور طمانیت کا باعث ہوتے ہیں۔ یلو زون میں وہ لوگ آتے ہیں جن کے ساتھ آپ وقت تو گزار سکتے ہیں لیکن زیادہ دیر اُن کے ساتھ رہنا آپ کو پریشان کرنے لگتا ہے اور بالآخر آپ کو ریڈ زون کی طرف لے جاتا ہے۔ ریڈ زون رشتے وہ ہیں جو ہمہ وقت تکلیف کا باعث ہیں جن کے ساتھ خوشی کشید کرنا ایک مشکل

عمل ہے، ان کی صحبت آپ کو بے سکون کر دیتی ہے۔ اکثر ایسا بھی ہوتا ہے کہ لوگوں کے کچھ بہت قریبی رشتے اُن کے ریڈ زون میں آتے ہیں مثلاً ماں باپ، بچے اور میاں یا بیوی جن سے دوری بھی اختیار نہیں کی جا سکتی اور اپنا سکون اور خوشی بھی ضروری ہے۔

یہاں پر خود کو احسن طریقے سے ہینڈل کرنے کی باری آتی ہے کہ اُن رشتوں کے تعلقات کو کس طرح ریڈ سے گرین زون میں لایا جائے؟

سب سے پہلے خود کو جاننے کی ضرورت ہے۔ ہر آدمی کے کچھ ہیپی اوینیو ہوتے ہیں، یعنی کچھ ایسے کام جو وہ کر کے خوشی اور مسرت محسوس کرتا ہے۔ کوئی کتاب پڑھ کر خوشی محسوس کرتا ہے، کوئی لکھ کر، کسی کے لیے میوزک سُننا خوشی کا باعث ہے، کسی کو ورزش کر کے ذہنی کیفیت درست رکھنے میں مدد ملتی ہے، کوئی کرکٹ، فٹبال یا کوئی اور جسمانی کھیل کے ذریعے بہتر محسوس کرتا ہے۔ کوئی اپنوں سے بات کر کے خوش ہوتا ہے۔ کبھی صرف واک پر نکل جانا اور اس ماحول سے دُوری اختیار کرنا آپ کو اپنے گرین زون میں واپس لے آتا ہے اور آپ غصّے کی کیفیت سے نکل جاتے ہیں۔

ہمارے معاشرے میں بیشتر لوگ اپنے ساتھ بالکل وقت نہیں گزارتے، وہ اس بات سے ناواقف ہوتے ہیں کہ ان کو کس چیز سے خوشی ملتی ہے۔ کوئی بھی کارآمد اور دلچسپ مشغلہ نہ ہونے کے باعث اُن کی زندگی کا محور روزگار، گھر اور اُن کے اطراف کے لوگوں کے مسئلے مسائل رہتے ہیں، یہی سوچ دوسروں کی زندگی میں بے جا مداخلت کا باعث بنتی ہے اور معاشرہ پروڈکٹیویٹی کے بجائے انتشار کا شکار ہو جاتا ہے۔

آج ایک چھوٹی سی ایکسرسائز کریں۔ اپنے بارے میں سوچیں اور کچھ ایسی چیزوں، کاموں اور مشغلوں کے بارے میں سوچیں جن سے آپ کو خوشی ملتی ہے۔ وہ کام جو آپ بے تھکان کر سکتے ہیں اور جو آپ تھکن کے باوجود بھی کرنے کے لیے تیار ہو جاتے ہیں۔ یہ سب آپ کے ہیپی اوینیوز ہیں اور ان سے دوسروں کو بھی مدد مل سکتی ہے۔ لیکن پہلی چیز اپنی کیفیت کا اندازہ کرنا ہے۔

مثلاً سیمینار میں سمجھانے کے غرض سے کچھ کیسز سے جڑی کہانیوں کا بھی تذکرہ کیا گیا۔ ایک جوڑے کی شادی کو عرصہ گزر گیا، میاں کی عادت تھی کہ غصّے میں آتے تو بیوی کو بے نقط سناتے اور ہر طرح سے زبانی تکلیف اور تذلیل کے بعد غصّہ اُترنے پر معذرت خواہ ہو کر معافی مانگ لیتے۔ ایک بیٹا بھی ہو گیا اور وہ بڑا ہو گیا، پھر خاتون تنگ آگئیں اور انہوں نے کہا کہ یا تو جا کر علاج کروائیں یا پھر وہ اُنہیں چھوڑ دیں گی۔ یوں وہ صاحب تھیراپی کروانے پہنچے۔ یہ بد قسمتی سے ہمارے ہاں بہت عام سی بات ہے۔ بعض جگہ مرد حضرات تنہائی، محفل یا بچوں کا لحاظ کیے بغیر بیگم کو بے نقط سناتے ہیں اور غصّہ اُترنے اور احساس ہو جانے پر شرمندگی محسوس کر کے معذرت کر لیتے ہیں۔ کچھ لوگ ایسے مواقع پر تلافی کے طور پہ تحفے تحائف کا سہارا بھی لیتے ہیں اور عموماً ہمارے معاشرے کی بیشتر خواتین اسی احساس سے مسرور ہو کر کہ

"یہ دل کے بُرے نہیں ہیں"

اس منفی روّیے کو نظرانداز کر جاتی ہیں، جبکہ کچھ دن بعد یہ رویّے دوبارہ اسی انداز میں دہرائے جاتے ہیں اور اتنی ہی تکلیف دیتے ہیں، پھر بھی ہمارے کلچر میں وربل ابیوز کو بُرا نہیں سمجھا جاتا بلکہ کہیں کہیں شوہر کا حق تصور کیا جاتا ہے۔ بالآخر ایک وقت ایسا آتا ہے کہ قیمتی تحفے تحائف بھی بے معنی معلوم ہوتے ہیں کیونکہ رشتوں کی حقیقی خوشی دراصل عزت اور محبت سے وابستہ ہے۔

اس سے جڑی ایک مزیدار سی بات یاد آئی۔ میری ایک دوست ایک دن کہنے لگیں کہ یہاں پر کبھی صبح مال میں جاؤ تو بوڑھے ریٹائرڈ جوڑے ہاتھ میں ہاتھ ڈالے گھوم رہے ہوتے ہیں، ستر اَسّی سالہ مائیاں ریڈ لپ اسٹک لگا کر خوش باش نظر آتی ہیں۔ دونوں کافی کے ساتھ خوش گپیاں کرتے دکھائی دیتے ہیں۔ ہمارے ہاں خوش گپیاں تو دُور کی بات ہے یہ عمر آتے آتے ہر کوئی بیزار نظر آتا ہے اور بستر تو کیا کمرے بھی الگ الگ ہو چکے ہوتے ہیں۔

مسئلہ پھر وہی ہے کہ وقت سخت ہو، خوشگوار ہو یا ناگوار، گزر تو بہر حال جاتا ہی ہے، لیکن آخر میں کڑواہٹ گھلی رہ جاتی ہے اور پھر جب عورت جسمانی یا زبانی تکلیف سہہ کر اولاد کے بل پہ مضبوط ہوتی ہے تو صاحب اپنا مقام کھو چکے ہوتے ہیں۔

میں اگر مشرق اور مغرب کا موازنہ کروں تو ایک بہت بڑا فرق یہ ہے کہ یہاں بچپن سے ہی اپنے آپ کو اور اپنے احساسات کو سمجھنے اور ان کا صحیح طور سے اظہار کرنے پر توجہ دی جاتی ہے۔ ہمارا چار سالہ بچہ جب اسکول گیا تو اس نے پہلا سبق اپنے جذبات کے بارے میں سیکھا اور پورا ہفتہ ہمیں بھی از بر کرواتا رہا کہ ہیپی، سیڈ، اینگری اور ایکسائٹڈ کیسے ہوتے ہیں اور It's ok to be Angry, It's ok to be sad یعنی اُداس یا غصّہ ہونے میں کوئی مضائقہ نہیں لیکن اس کا بہتر اظہار ضروری ہے۔

پہلے عموماً جب ہم اُس کی کسی بات پہ سرزنش کرتے تھے تو وہ غصّے کا اظہار کرتے ہوئے روتا ہوا اس جگہ سے بھاگ جاتا تھا۔ اسکول کے دنوں کے بعد ایک بار ایسا ہوا تو وہ جھک کر چپ ہو کر بیٹھ گیا اور ہماری حیرانی پر اس نے کہا کہ میں سیڈ (Sad) ہو رہا ہوں اور ٹیچر نے بتایا ہے کہ سیڈ ایسے ہوتے ہیں۔ ہمیں ہنسی بھی آئی اور دل ہی دل میں ٹیچر کے ممنون بھی ہوئے۔

اب آیئے اُن غصّہ ور صاحب کی طرف۔ اُن سے بات چیت کے بعد اندازہ ہوا کہ اُنہیں بیٹے سے بہت محبت ہے، سوال کیا گیا کہ وہ اس کو کیسا دیکھنا چاہتے ہیں اُنہوں نے کہا بالکل شہزادوں کی طرح، اُن سے کہا گیا پھر پہلے اُس کی ماں کو تو ملکہ بنائیں کیونکہ شہزادوں کی پرورش بھی ملکائیں کرتی ہیں، کنیز کا بیٹا تو شہزادہ نہیں ہو سکتا۔ پھر باری آئی اُن کے رویے کی۔ اُن کے پس منظر سے پتہ چلا کہ اُنہوں نے اپنے والد کو والدہ پر جسمانی تشدد کرتا دیکھا ہے جسے وہ بالکل غلط سمجھتے ہیں لیکن ساتھ ہی کیونکہ وہ جسمانی طور پر تکلیف نہیں پہنچاتے تو زبانی طور پر تکلیف پہنچانے کو کچھ خاص بُرا بھی نہیں سمجھتے کیونکہ یہ اس کے مقابلے میں کچھ خاص بات نہیں۔ یہاں پر مسئلے کو پہچاننے کا مرحلہ ہے کیونکہ اس کو حل اسی وقت کیا جا سکتا ہے جب اس کا ادراک ہو۔ جب تک غلطی کو غلطی تسلیم نہیں کیا جائے گا، تب تک اسے دُرست بھی نہیں کیا جا سکتا۔

یہاں یہ سوچنا بھی ضروری ہے کہ والدین کے مابین رویّے کس طرح اولاد کی زندگیوں میں غلط رویّے اپنانے اور کڑواہٹ گھولنے کا باعث ہوتے ہیں یعنی یقیناً ان کا بچپن گزرے عرصہ بیت چکا ہو گا لیکن اپنے ماحول کے زیرِ اثر اپنائی گئی غلط عادتوں نے ان کی پوری فیملی کو متاثر کیا اور یقیناً اُن کے بچے نے بھی ضرور اُن سے کچھ نہ کچھ سیکھا ہو گا۔ یوں ایک آدمی کے منفی رویّے کے اثرات تیسری نسل تک پہنچے۔

اُن سے سوال ہوا کہ جب گاڑی چلاتے ہوئے سگنل یلو ہو جائے تو وہ بریک لگاتے ہیں یا ایکسلیریٹر پر پاؤں رکھ دیتے ہیں۔ اُنہوں نے جواب دیا کہ وہ ایکسلیریٹر پر پاؤں رکھ دیتے ہیں۔ ڈاکٹر صاحب نے کہا کہ عقل مند آدمی ایسی صورتحال میں بریک لگاتا ہے تاکہ احتیاط کرکے ممکنہ حادثے سے بچا جاسکے۔

اب آیئے جھگڑا اور غصّے کی صورتِ حال کی طرف۔ جب آپ کو لگے کہ اب آپ یلو زون سے نکل کر ریڈ زون میں داخل ہو رہے ہیں وہیں آپ کو اپنی کیفیت سمجھنے، رُک جانے اور خود کو پہلے گرین زون میں لانے کی ضرورت ہے تاکہ آپ اپنی ذات کا کنٹرول نہ کھو بیٹھیں۔ ایسے میں آپ کو اس جگہ سے کچھ دیر کے لیے دُوری اختیار کرنے کی ضرورت ہے، وہاں سے دُور ہو جائیں اور اپنے ہیپی اوینیو والا کام کریں یعنی جو کام آپ کو خوشی دیتا ہو اور یہ بھی نہ ہو سکے تو کچھ دیر کے لیے واک پر نکل جائیں۔ پندرہ بیس منٹ بعد آپ اپنی ذہنی کیفیت میں بہتری محسوس کریں گے اور کیونکہ آپ اب اپنے گرین زون میں ہوں گے تو اپنی بات نرمی اور بہتر طریقے سے کر سکیں گے۔ اس چھوٹی سے پریکٹس سے اُن کی زندگی اور اطراف کے رشتوں میں بہت بڑا بدلاؤ آیا جس کا اعتراف اُن کی خاتون خانہ نے بھی کیا اور شکر گزار ہوئیں۔

اپنی ذات کا ادراک، خود کو سمجھنا اور اپنی کیفیات کا کنٹرول اپنے ہاتھ میں لینا سمجھداری ہے۔ اگر کسی اور کی وجہ سے ہم اپنی ذات کا کنٹرول کھو بیٹھتے ہیں تو یہ دراصل ہماری اپنی کمزوری ہے جس پر چند بنیادی باتیں اپنا کر نہ صرف قابو پایا جاسکتا ہے بلکہ اپنے اطراف کا ماحول بھی پرسکون بنایا جاسکتا ہے۔ اس کے ساتھ ضرورت اس امر کی بھی ہے کہ ذہنی صحت کے متعلق مدد لینے والے کو ہوّا یا تماشا بنانے یا اس کے بارے میں منفی سوچنے کے بجائے اُس کی حوصلہ افزائی کی جائے اور اسے ایک عام علاج کی طرح سمجھا جائے تاکہ لوگ اسے اپنانے میں جھجھک محسوس نہ کریں اور ذہنی طور پر ایک صحت مند معاشرے کی تشکیل آسان کی جاسکے۔

دعا ہے کہ ہم سب اپنے اپنے گرین زون کو پہچانیں اور ہمیشہ خوش اور مطمئن رہیں۔ آمین!

قرۃ العین صبا

ظہور ندیم کی گرین زون کہانی

ڈاکٹر خالد سہیل نے جب آن لائن گرین زون فلسفے کے ہفتہ وار سیمینار کا آغاز کیا تو مجھے شروع ہی سے ان سیمینار میں شرکت کا موقع ملا جس میں مختلف ممالک سے لوگ ایک ہی وقت میں سیمینار میں شرکت کرتے، اپنے نفسیاتی مسائل کا ذکر کرتے اور ڈاکٹر خالد سہیل گرین زون فلاسفی سے آگاہی اور گرین زون مشقوں کے ذریعے ان مسائل پر قابو پانے کے طریقۂ کار سے آگاہ کرتے۔ مجھے بھی بچپن سے کچھ مسائل کا سامنا تھا۔ میں بھی گرین زون فلاسفی میں گہری دلچسپی سے شریک ہوتا رہا۔ گرین زون فلاسفی نے شدید ذہنی کیفیات کو سمجھنے میں آسانی پیدا کی اور مشقوں کے ذریعے شدید ذہنی کیفیات پر قابو پانے میں مدد ملی۔ گرین زون فلاسفی سے آغاز ہونے والی مشقیں بعد میں بڑھتی چلی گئیں اور میں اپنی شدید ذہنی کیفیت اور ردِ عمل کو قابو کرنے میں کامیاب ہو گیا۔

نصف صدی سے لاحق ڈپریشن پر قابو پانے میں مدد ملی۔

ربع صدی سے سٹریس کی وجہ سے شدید مائیگرین کے درد سے نجات حاصل کرنے میں کامیاب ہوا اور کئی برس کے بلڈ پریشر کی دوا سے بھی نجات ملی۔ گرین زون فلاسفی کو سامنے رکھتے ہوئے ذہنی اور جسمانی مشقیں اب بھی بلاناغہ کرتا ہوں اور زندگی سے لطف اندوز ہو رہا ہوں۔ میں اپنی اس کامیابی کا کریڈٹ ڈاکٹر خالد سہیل کو دیتا ہوں۔

زبدہ ذوالفقار کی گرین زون کہانی

کینیڈا آنے سے پہلے میں وہی فرسودہ ریت رواجوں میں زندگی گزار رہی تھی۔ مگر جب کینیڈا آئی تو بہت سی باتوں کا علم ہوا۔ 2021 میں مجھے عظمیٰ عزیز کی کال آئی اور انہوں نے مجھے ایم ڈبلیو سی سے متعارف کروایا۔ کووڈ کے دنوں میں یہ ایک بہت بڑا مثبت قدم تھا جو میں نے عظمیٰ کے ساتھ اٹھایا۔ ان دنوں میری ذہنی حالت بہت خراب تھی۔ ہفتے میں دو سیشن ہوتے اور میں قدرے نارمل ہونے لگی مگر میرے گھر کا ماحول اچھا نہیں تھا۔ میری بیٹی عمر کے جس حصے سے گزر رہی تھی وہ میرے لیے برداشت کرنا مشکل ہو رہا تھا۔ میری حالت ایسی تھی جیسے

نہ جائے رفتن نہ پائے ماندن

مگر پھر بھی میں نے خود میں بہت کچھ ضبط کیا۔ 2022 شروع ہوا کووڈ کم ہونے لگا حالات کچھ بہتر ہونے لگے مگر میری ذہنی پریشانی کم نہ ہوئی۔ پھر عظمیٰ عرفان نے ایک پروگرام ترتیب دیا جو میرے لیے بالکل نیا تھا۔ یہ بھی زوم کے سیشن تھے ڈاکٹر خالد سہیل کے ساتھ جو ماہر نفسیات ہیں۔ انہوں نے ایک نئی راہ دکھائی جو میرے لیے واقعی عجیب تھی۔ انہوں نے انسان کے ذہن کے تین لیول بتائے۔

- ریڈ زون
- ییلو زون

• گرین زون

یہ واقعی ایک زبردست بات تھی جو انہوں نے ہمیں سمجھائی۔ پھر میں نے اپنا محاسبہ کرنا شروع کیا۔

میں کب اور کس وقت کون سے زون میں ہوتی ہوں اور کتنی دیر کس زون میں رہتی ہوں اور میں نے کوشش کی کہ میں زیادہ دیر گرین زون میں رہوں۔

پھر میرا پاکستان جانے کا پروگرام بنا مین آٹھ سال بعد پاکستان جارہی تھی۔ میری بیٹی ابھی نہیں جانا چاہتی تھی۔ مگر میں نے اپنے آپ کو ییلو زون میں جائے بغیر اس کو منالیا۔

پاکستان میں بہت سے مسائل دیکھے مگر شکریہ ڈاکٹر خالد سہیل کا جنہوں نے ہمیں سیشنز میں جو کچھ سکھایا وہ پاکستان میں میرے بہت کام آیا۔

میں یہ بھی جانتی تھی کہ اگر میں خود کو ییلو یا ریڈ زون میں لائوں گی تو نقصان میرا ہی ہے۔

میں نے اپنے ارد گرد گرین زون کی بائونڈری بنالی تھی۔ اس لیے پاکستان کا سفر ریڈ زون اور ییلو زون میں جانے سے بچ گیا۔ واپس آنے کے بعد حالات پھر خراب ہوگئے گھر کے۔ مجھے اپریل میں پھر دبئی جانا پڑا۔ میری بیٹی ے بے بی ہونے والا تھا اس کی حالت بھی اچھی نہ تھی۔ وہاں بھی ایک دو مواقع ایسے آئے کہ میں تھوڑی دیر کے لیے ییلو زون میں گئی مگر جلد ہی واپس گرین زون میں آنے کی پوری کوشش کی اور میں کامیاب ہوئی۔ دراصل اس وقت میرے پاس صرف انگریزی میں لکھی ڈاکٹر خالد سہیل کی کتاب تھی۔

اور میری انگریزی کچھ خاص اچھی نہیں۔ دبئی سے لوٹ کر پھر وہی پریشانی تھی لیکن ڈاکٹر خالد سہیل کے پڑھے ہوئے سبق سے اپنے آپ کو پریشانیوں سے بچاتی رہی۔ مگر مجھے لگا کہ مجھے دوبارہ سے ون اون ون سیشن لینے پڑیں گے۔

مالٹن وومن کونسل نے میری مدد کی اور میرے ون اور ون سیشن ڈاکٹر خالد سہیل سے شروع کروائے۔

پہلے سیشن میں انہوں نے مجھے ہوم ورک دیا کہ آپ مجھے اپنے مسائل کے بارے میں خط لکھیں جو میرے لیے خاصا مشکل تھا۔ کیونکہ ایک زمانہ گزرا مجھے خط لکھے۔

سو میں نے خط لکھنے کی کوشش کی۔ جو سیشن میں میں نے خط لکھے پھر انہوں نے مجھے ڈائری لکھنے کو کہا جو میں بہت عرصے سے چھوڑ چکی تھی۔ ڈاکٹر خالد سہیل نے ایک بار پھر میرے ہاتھ میں قلم تھما دیا۔ جو وقت کے ہاتھوں کہیں کھو گیا تھا اب مجھے بھی مزہ آنے لگا اور میں لکھنے لگی۔ اور میں دوبارہ سے شاعری بھی کرنے لگی۔

یہ مثبت تبدیلی یقیناً خالد سہیل کے گرین زون کے فلسفے کی وجہ سے تھی۔

گرین زون میں رہنے سے میں اندر سے خوش رہنے لگی۔ ایک نئی تبدیلی جو میری زندگی میں آئی کہ میری بیٹی میرے ساتھ ہنسنے بولنے لگی ہے۔ میں نے اس کی وجہ سے دو ماہ بڑی مشکل سے گزارے مگر اس گرین زون فلسفے کی وجہ سے میں نے خود کو بہت سی پریشانیوں اور بیماریوں سے بچا لیا۔ میں سمجھتی ہوں کہ انسان جب گرین زون میں رہنا سیکھ لیتا ہے تو وہ اپنے حالات سے بڑی اچھی طرح مقابلہ کر سکتا ہے۔

اللہ کا شکر ہے میں نے ڈاکٹر خالد سہیل کی بدولت یہ سب سیکھا اور کامیاب ہوئی۔

مقدس مجید کی گرین زون کہانی

ہماری زندگی میں کچھ لوگوں کی خاص اہمیت اور ہماری بہتری میں ان کا کردار تو ضرور ہوتا ہے لیکن اکثر ہم دیر کر جاتے ہیں۔ اس سے پہلے کہ ہم انہیں ان کے کردار کی اہمیت کا احساس دلا سکیں یا تو کہیں ہم باقی نہیں رہتے یا وہ دور ہو جاتے ہیں۔ میں نے اب شعوری طور پر یہ کوشش جاری رکھنے کا سوچا ہے کہ جن لوگوں سے میں نے کچھ اچھا سیکھا اور پایا میں اس سیکھ کا وقت پر اظہار کروں گی اور تہہ دل سے شکریہ ادا کروں گی۔

شکریہ ادا کرنے کی عادت بھی میں نے انہی شخصیت کے گرین زون فلسفے سے سیکھی ہے جن کے متعلق یہ تحریر ہے۔

میں ٹین ایج سے ہی کسی نہ کسی پلیٹ فارم سمیت فیس بک پر لکھتی آرہی ہوں۔ 2020 میں جب ہم سب پر لکھنا شروع ہوئی تو ڈاکٹر سہیل کی تحریروں کو منتخب کردہ اور زیادہ پڑھی جانے والی تحریروں میں پایا۔ انسانی نفسیات سے میرا لگاؤ پرانا ہے۔ ڈگری سوشیالوجی کی ہے مگر انسانی نفسیات کی باریکیوں کو اپنے طور پر کبھی کتابوں سے تو کبھی انسانوں کے رویوں سے پڑھتی رہتی ہوں۔ اس لیے نفسیات کے شعبے سے تعلق رکھنے والوں کی طرف جلدی متوجہ ہو جاتی ہوں۔ ماضی میں کئی مرتبہ جلدی متوجہ ہو جانے نے مجھے مایوس بھی کیا۔ جب نفسیات کے گریجوایٹس کو پریکٹیکل زندگی میں ایسی تھیوری فٹ کرتے دیکھا جو بالکل بھی پریکٹیکل نہیں تھی۔ کہیں ''ماہرین نفسیات'' کو اپنے پاس آنے والوں کو بری طرح ثقافتی اور مذہبی اعتبار سے تنقید کرتے ہوئے بھی دیکھا تو کہیں ایک ہی فارمولا ہر مریض پر تھوپنے والوں کو دیکھا۔

ڈاکٹر سہیل میں جو پہلی متاثر کن بات مجھے لگی وہ ان کا ایک غیر روایتی ماہر نفسیات ہونا تھی۔ وہ میڈیکل ڈاکٹر بھی ہیں مگر نفسیاتی علاج میں ادویات بہت کم اور شفقت اور دانائی کا استعمال زیادہ کرتے ہیں۔ وہ کہتے ہیں کہ ان کا ہر مریض ایک ادھورا ناول ہے۔

2020 میں میں نے ڈاکٹر سہیل کی کتاب Creative Minority کو پڑھ کر اس پر تحریر لکھی۔ اس کے بعد میرا ڈاکٹر سہیل سے رابطہ شروع ہوا۔ میں باقاعدگی سے ان کے کالم پڑھتی اور کوئی نکتہ سمجھنا چاہتی تو انھیں ای۔ میل کر دیتی۔ وہ سوال کو ویلکم کرتے اور جواب بھی دیتے۔ پھر ایک مرتبہ میں نے ان سے اپنا ایک خواب شیئر کیا کہ میں اپنی گریجویشن سے پہلے ایک کتاب لکھنا چاہتی ہوں جو نوجوانوں کے نفسیاتی اور سماجی مسائل کا احاطہ کرتی ہو۔ مجھے اس بات کی امید نہیں تھی کہ ایک اتنے سینئر اور زبردست لکھاری میرے جیسی ایک کم تجربہ کار لکھاری کو یہ موقع دیں گے کہ میری مرضی کے موضوع پر ہم مل کر ایک تحریری مکالمہ کریں گے پھر اسے کتاب کی شکل دیں گے۔ 2021 میں ہم نے تیس خطوط پر مبنی یہ مکالمہ مکمل کیا۔ صرف ایک مہینے میں ہم یہ کتاب لکھ سکے تھے۔ مجھے ڈاکٹر سہیل کے ہر خط کا انتظار رہتا تھا۔ وہ اپنے جوابات سے مجھے لاجواب کر دیتے تھے۔

میری پہلی کتاب، نئے خواب نیا نصاب نے مجھے بہت سے پلیٹ فارمز پر ایک کم عمری میں کتاب لکھنے والی لکھاری کی شناخت بخشی۔ سب سے بڑھ کر تو میرا ٹین ایج کا اہم خواب پورا ہوا۔ بطور لکھاری میرے اعتماد میں بہت زیادہ اضافہ ہوا۔

یہ سب کن کی وجہ سے ممکن ہوا؟ تو میرے نزدیک پہلا کریڈٹ ڈاکٹر سہیل کو جاتا ہے۔ جو دوسرے انسانوں، ان کے خیالات اور خوابوں کو اس قدر اہمیت دیتے ہیں۔

نئے خواب نیا نصاب ہمیشہ میری زندگی میں ایک بڑی اہمیت کی حامل رہے گی کیونکہ یہ میری پہلی کتاب ہے اور ایک لیجنڈ رائٹر کے ساتھ مل کر لکھی گئی کتاب ہے۔

ڈاکٹر سہیل کی گرین زون تھراپی سے میں پہلے بھی واقف تھی مگر جب گرین زون ورکشاپس کا حصہ بنی تو اپنے اندر چھپی ہوئی اس مقدس سے ملاقات ہوئی جو بچپن میں کہیں گم ہوگئی تھی۔

2021 سے اب تک ایسے لگتا ہے جیسے میں ایک ہی وقت میں زندگی کے دو فیز گزار رہی ہوں۔ کہیں پہلے سے بہتر انداز میں اپنے معاملات سنجیدگی سے سلجھا پاتی ہوں دوسری طرف اپنے اندر کے child سے ایک پیارا سا تعلق بھی بنا پا رہی ہوں۔ ایسے جیسے میں The Art of Creating Happiness میں بہتر ہوتی جا رہی ہوں۔ یہ تحفہ گرین زون فلاسفی کا دیا ہوا ہے۔

2020 سے 2023 تک میں اور ڈاکٹر سہیل ایک اور کتاب لکھ چکے ہیں، میں ان کی کتاب Sharing the Secret کا ترجمہ کر چکی ہوں اور اب ان کی ایک اور کتاب کا ترجمہ کر رہی ہوں۔ اس دوران ہم ایک مرتبہ بھی نہیں ملے لیکن ان کی ادبی دوست بننے اور ان کے ساتھ کام کرنے سے میری ذات میں بڑی تبدیلیاں آئی ہیں۔ مجھے محسوس ہوتا ہے جیسے میں پہلے سے زیادہ پر سکون اور خوش رہتی ہوں۔

میں نے بچپن میں ایک کہانی پڑھی تھی جس میں سمندر کی لہریں ساحل کنارے قیمتی موتی لایا کرتی ہیں۔ ایسا لگتا ہے جیسے ڈاکٹر سہیل علم، دانائی اور شفقت کا ایک سمندر ہیں۔ ایسا سمندر جس میں الجھا سا کسی سوال کا کنکر پھینکیں تو اس کی لہریں قیمتی جوابات کے موتیوں سے نوازتی ہیں۔ ہوا کچھ یوں کہ میں پچھلے چند سالوں سے یہ موتی چن چن کر اپنے پاس رکھتی آ رہی ہوں۔ ان موتیوں نے میری ذات اور بطور لکھاری میرے کام کو نکھارنے میں بڑا کردار ادا کیا ہے۔ میں نے ڈاکٹر سہیل سے بہت کچھ سیکھا ہے۔ ان جیسے چند لوگوں نے مجھے انسان ہونے کے خوبصورت ترین پہلوؤں سے روشناس کرایا ہے۔

ڈاکٹر سہیل

میرے ادبی ساتھی اور مسیحا بننے کا بہت بہت شکریہ۔

دعا عظیمی کی گرین زون کہانی

گرین زون میرے لیے جنت جیسی سٹیٹ آف مائینڈ ہے جہاں ہم پرسکون ہوتے ہیں۔۔۔

چونکہ میرا تعلق عظیمی سکول آف تھاٹ سے ہے سو مراقبے کے وسیلے سے اپنے انر سیلف سے متعلق کچھ خیالات واضح طور پر میرے من میں موجود تھے۔۔۔

میں نے اپنے استاد عظیمی صاحب کے توسط سے ایک بات ذہن نشین کر رکھی تھی کہ اگر تم خوش نہیں ہو تو بھی خوش رہنے جیسی شکل بنالو کیونکہ خدا اپنے بندوں کو خوش دیکھنا چاہتا ہے۔اس کے ثبوت میں عظیمی صاحب نے قرآن کریم کی ایک آیت کا سہارا لیا جس میں کہا گیا ہے کہ خدا کے دوست وہ ہوتے ہیں جو نہ مغموم ہوتے ہیں نہ انہیں کسی بات کا اندیشہ ہوتا ہے۔۔۔

گویا میرے پاس خدا کا دوست بننے کا پیمانہ آچکا تھا مگر اس تک میں مکمل طور پر رسائی نہ حاصل کر سکتی اگر میرا تعارف ڈاکٹر خالد سہیل سے نہ ہوتا گو میں ان کو آج تک نہیں ملی مگر میری غیب کی آنکھ نے ان کا مشاہدہ کیا۔۔۔

مجھے حیرت کا جھٹکا لگا جب مجھے علم ہوا کہ ڈاکٹر صاحب خدا کو خدا حافظ کہہ چکے ہیں۔مجھے یہ جان کر خوشی ہوئی کہ یہ حلیم الطبع، درویش صفت مسیحا خدا کے بندوں سے محبت بھی کرتے ہیں اور ان کی خدمت بھی کرتے ہیں۔۔۔اقبال کا ایک شعر یاد آگیا جو پی ٹی وی کے دور میں ٹی وی سکرین پر بار بار دہرایا جاتا تھا۔

خدا کے بندے تو ہیں ہزاروں، بنوں میں پھرتے ہیں مارے مارے، میں اس کا بندہ بنوں گا، جس کو خدا کے بندوں سے پیار ہو گا۔۔۔

یہ انسانوں کو اس جنت کا راستہ بتاتے ہیں جہاں صوفی انسانوں کو پہنچانا چاہتے ہیں جیسے کہ ایک صوفی کا پیغام محبت ہے۔۔۔ان کا پیغام بھی یہی ہے یہ چاہتے ہیں کہ تمام لوگ اپنی اپنی جنت میں رہیں۔۔ یہ نفسیاتی بیماروں کے قریب رہ کے اس جہنم کو بہت قریب سے دیکھتے رہے ہیں جس میں انسان بد قسمتی سے مبتلا ہو جاتے ہیں ان کے پیچھے عوامل جو بھی ہوں مگر یہ طبیب ہونے کے ناطے انہیں اپنی مدد آپ کے تحت ایک ایسی سٹیٹ آف مائینڈ میں رہنے کا گر سکھاتے ہیں جو خود آگاہی سے شروع ہوتی ہے۔۔۔

خود آگاہی اور اپنی مدد آپ کے جذبے کے تحت گرین زون میں کیسے رہا جائے؟

سب سے پہلی چیز ریڈ نگ ہے بروقت ریڈ نگ جب ایک انسان جذبات کا شکار ہوتا ہے وہ ایک بے مہار گھوڑے پر سوار ہوتا ہے۔ عین حالتِ جنگ میں خود کو اپنے سسٹم کو calm mode کی طرف دھکیلنے کے لیے کیا کیا اور کیسے کرنا ہے۔۔ کیسے بچاؤ کرنا ہے کیسے تلافی کرنی ہے؟ کیسے تصادم سے پرہیز کرنا ہے؟

بظاہر یہ آسان نظر آتا ہے مگر اپنے اندر کے بگڑے ہوئے انسان کو سدھارنے کی یہ مشقت اتنی آسان نہیں لیکن آرٹ آف لو نگ ان گرین زون کی مدد سے یہ بہت پریکٹیکل اور آسان ہو جاتی ہے

۔۔۔نیت، دہرائی اور مشق

کے زریعے ہم خود کو گرین زون میں رکھ سکتے ہیں۔۔۔

اب یہ سوچنے کی بات ہے کہ کیوں ہر صوفی کچھ ٹولز دیتا ہے کیوں ہر طبیب کچھ نسخے لکھ کے دیتا ہے خود کو پرسکون رکھیں۔۔۔

پرسکون رہنا کیوں ضروری ہے۔۔۔

اس مسائل سے بھری دنیا میں اس انداز سے جینا کہ خود بھی مسکراتے رہیں اور پازیٹیو انرجی بکھیرتے رہیں کیسے ممکن ہے۔ اگر کوئی سیکھنا چاہے تو ڈاکٹر صاحب سے سیکھ سکتا ہے۔۔

یہ سکھاتے ہیں غصہ جو حرام ہے اس پر آپ کیسے قابو پاسکتے ہیں۔

اپنے بے قابو بے لگام جذبات کو کیسے نکیل ڈال سکتے ہیں۔

خود سے کیسے محبت کر سکتے ہیں۔۔۔

اپنے اندر کے چھپے انسان سے کیسے ملاقات کر سکتے ہیں۔۔۔

دوسروں سے کیسے پیش آنا ہے۔

کہاں گاڑی روکنی ہے؟ کہاں موڑنی ہے؟

کہاں پارک کرنی ہے۔۔ کیونکر سڑک پر چلتے راہگیروں کے گریبان کو نہیں پکڑنا بلکہ خود کو محسوسات کے گرداب سے، عذاب سے، بچانا بھی ہے دوسری طرف محسوسات کے گلاب مہکائے رکھنے ہیں۔

ڈاکٹر خالد سہیل صرف دریادل نہیں بلکہ تخلیقی طور پر بہتا ہوا دریا ہیں۔۔۔

سب کو معلوم ہے کہ دریا پانی کے ایسے راستے ہیں جو مسلسل حرکت میں رہتے ہیں کیونکہ وہ پانی کے دوسرے بڑے راستوں جیسے جھیلوں اور سمندروں سے جڑتے ہیں۔ دریا کھلے دل کے ہوتے ہیں، ہمیشہ بہاؤ میں رہتے ہیں، حرکت ان کی فطرت ہوتی ہے، پہاڑوں کی گود سے نکلتے ہیں آس پاس کے میدانوں کو سیراب کرتے ہیں، زرخیزی ان کے دم سے ہوتی ہے۔ اباسین جیسے بڑے پانیوں والے دریا۔

یہ وہ دریا نہیں ہیں جسے الطاف حسین حالی کے مطابق

دریا کو اپنی موج کی طغیانیوں سے کام

کشتی کسی کی پار ہو یا درمیاں رہے

یہ وہ دریا ہیں جن کو ہر ایک کی نیا پار لنگھانے کی فکر ہے۔اپنی ہم احساسی طبیعت اور پیشے کے اعتبار سے طبیب ہونے کی وجہ سے یہ بہت قریب سے انسانی دکھوں کو جان گئے اور تمام عمر انہیں سکھوں میں بدلنے کے لیے جی جان سے اپنی تخلیق و تحقیق سے اپنے علم عمل سے اپنے علم اور قلم سے کوشاں رہتے ہیں۔

یہ حقیقت ہے کہ ان کے دم سے بے شمار لوگوں کی زندگیوں میں صحتمندانہ بدلاؤ آیا۔غیر روائتی طریقہ علاج کی وجہ سے مشہور ہیں۔ یہ جانتے ہیں کہ ایک ذہنی بیمار کس طرح دکھوں کی صلیب اٹھائے پھرتا ہے۔ یہ اس اذیت کو سمجھتے ہیں جسے عام انسان نہیں سمجھ سکتا۔

ایک دور میں یہ بحث چل نکلی تھی کہ جنت کیا ہے؟

کیا جنت کسی مکانی جگہ کا نام ہے یا ذہنی کیفیت ہے۔۔ یہ مرنے کے بعد ملے گی یا اسے انسان اپنے اعمال سے بناتا ہے۔۔۔

یہ انسان کے پیس آف مائینڈ میں چھپی ہے انر سیلف جسے ہم من کہتے ہیں۔۔۔

اپنے من میں ڈوب کر پا جا سراغِ زندگی

تو ڈاکٹر خالد سہیل کا ماننا ہے کہ اس من کو شانت رکھنے میں عافیت ہے۔۔۔

اور ان کی گرین زون فلاسفی ہمیں بتاتی ہے کہ انسان عام طور پر دماغ کی تین حالتوں میں رہتے ہیں جسے علامتی طور پر ٹریفک لائیٹ سے جوڑ کے ریڈ ییلو اور گرین کا نام دیا گیا۔۔۔

جب ہم شانت ہوتے ہیں تو پر سکون پانیوں کی طرح بہتے جاتے ہیں ۔۔۔ اپنی موج میں مست۔۔۔ سرسبز شاد باد

جب ییلو زون میں ہوتے ہیں تو ہمارے موڈ پر اداسی کی پہلی خزاں اترتی ہے۔۔۔ ہم اداس پھرتے ہیں سردیوں کی شاموں میں، یونہی بے وجہ ۔۔۔اور کبھی معقول مسائل کی وجہ سے۔ایک وقت آتا ہے جب یہ شعلہ بے نوا بھڑک اٹھتا ہے آگ رنگا بن جاتا ہے لال بھبھوکا۔۔۔اشتعال کا رنگ۔

بہر حال ڈاکٹر خالد سہیل کی گرین زون فلاسفی ہمارے ہاتھ میں ایک ریڈنگ انسٹرومنٹ پکڑاتی ہے یعنی ہم میں سے ہی ہمارا کانشئیس سیلف ٹریننگ حاصل کر کے اس سٹیج پہ پہنچ جاتا ہے جب ہم بھڑک رہے ہوتے ہیں یہ بریک لگاتا ہے۔۔۔فائر بریگیڈ کو بلاتا ہے ہماری گاڑی کو موڑتا ہے، بھگاتا ہے اور گرین زون میں جا کھڑا کرتا ہے۔۔۔ یہ سیلف اویرنیس یعنی اپنی خود آگاہی کا پروگرام ہے جو مائینڈ میں فیڈ کر دیا جاتا ہے۔۔۔انسان جان سکتا ہے کہ میرے کون سے ٹچی پوائنٹ ہیں۔۔۔کون سے لوگ ہیں جن سے بات کر کے میں لال ذون میں جا کھڑا ہوتا ہوں۔۔۔ یعنی جہنم میں ۔۔۔کیسے مجھے اپنے باغِ عدن میں لوٹ آنا ہے۔۔۔ کبھی کبھار لگتا ہے یہ پریکٹس انسان کو صوفی بنا سکتی ہے۔۔۔انسان اس کی مدد سے ایک ایسے مقام پہ پہنچ سکتا ہے جس کے بارے میں خدا فرماتا ہے کہ خدا کے دوست وہ ہیں جنہیں نہ اندیشہ ہوتا ہے اور نہ وہ مغموم ہوتے ہیں۔۔ یہ نار سے نکال کر گلزار تک پہنچنے کا راستہ ہے۔اس کی مشق سے کوئی بھی انسان ایک خوشگوار کیفیت میں رہنا سیکھ سکتا ہے۔جو نہیں جانتے وہ سوچ سکتے ہیں کہ یہ صرف باتیں ہیں مگر سچ تو یہ ہے کہ ان کے پاس ہر شئے کا توڑ ہے۔۔۔یہ بتاتے ہیں کہ کس طرح صورتحال کو تبدیل کیا جاسکتا ہے۔

ڈاکٹر خالد سہیل نے اپنی عمر کے پچاسویں برس میں اس فلاسفی کو ایک بچے کی طرح جنم دیا، اسے خونِ جگر دے کر پالا پوسا جوان کیا اور اب ملکوں ملکوں دیس پردیس میں خدمتِ خلق کی خاطر عام کر رہے ہیں۔ جیسے مفتی جی نے الکھ نگری میں اعتراف کیا تھا کہ ان کی زندگی کا سب سے بڑا مشاہدہ قدرت اللہ شہاب ہیں۔۔۔ مجھ ناچیز کا سب سے بڑا مشاہدہ خود ڈاکٹر خالد سہیل ان کی شخصیت کے رنگ اور ان کی گرین زون فلاسفی ہے جسے میں نے سات سمندر پار اپنی بصیرت سے حاصل کیا ہے جس میں قدرت اور خود ڈاکٹر صاحب کی کرم فرمائی بھی شاملِ حال رہی۔

پرسکون زندگی کی طرف سات قدم

ہم جان سکتے ہیں کس طرح خود پہ قابو پانے سے انسان نہ صرف ذہنی بیماریوں سے نجات پا سکتا ہے بلکہ جسمانی بیماریاں جو کہ ٹینشن کی وجہ سے پیدا ہوتی ہیں ان سے کافی حد تک محفوظ رہ سکتا ہے۔

ڈاکٹر خالد سہیل کی پوری زندگی انسانیت کے لئے وقف ہے یہی وجہ ہے کہ ان کے عطا کردہ نسخوں میں جان ہے۔ وہ وہی کہتے ہیں جو کرتے ہیں۔ وہی کرتے ہیں جو کہتے ہیں ان کے نسخے آزمودہ ہیں۔

دعا عظیمی

نوروز عارف کی گرین زون کہانی

میرا تعارف تو گرین زون فلسفے کے ساتھ بہت پُرانا ہے، میری خُوش قسمتی یہ ہے کہ میرا شمار اُن لوگوں کی فہرست میں ہوتا ہے جنہیں سہیل بھائی اپنی تخلیقات سے ہمیشہ نوازتے ہیں۔ گرین زون کا فلسفہ ہم نے اپنی آنکھوں کے سامنے پھلتے پھولتے دیکھا ہے۔

مجھے یاد ہے جب سہیل بھائی نے اپنے وھٹبی میں پینٹ ہاؤس میں ہمیں ڈنر کے بعد گرین زون فلسفے سے متعارف کروایا۔ ہمیں سب سے حیران کن بات یہ لگی کہ خوشگوار زندگی گزارنے اپنی ذات کے غارِ حرا میں مطمئن اور پُرسکون رہنے سے لیکر اپنے گرد گرین زون رشتے قائم کرنے کا فن اور ان رشتوں سے بات چیت اور مشکل گفتگو کے دوران اپنے موڈ اور جزبات کو سمجھنے کے لئے ٹریفک کی بتی جیسی روزمرہ مشاہدے میں آنے والی چیز کو استعارہ بنا کر بات سمجھانا سہیل بھائی کا ہی کام ہے، ورنہ اگر آپ ان موضوعات پر لکھی جانے والی کُتب اور مقالاجات پڑھیں تو پہلا پیرا گراف پڑھنے کی بعد ہی پچھتاوا آن گھیرتا ہے کہ میں نے کالج میں اکاؤنٹنگ کی بجائے نفسیات کا کورس لے لیا ہوتا تو آج اسے سمجھنے میں اتنی جدوجہد نہ کرنی پڑتی۔

اسکے برعکس گرین زون کی کتابیں لکھتے وقت اس بات کا بہت خیال رکھا گیا ہے کہ مشکل نظریات کو آسان زبان میں لکھا گیا ہے تاکہ سب لوگ سمجھ سکیں۔

پھر ایسا ہوا کہ گرین زون فلسفے کو مقبولیت اور پزیرائی ملنے لگی اور "گرین زون اسکولز" جو کہ اساتذہ کی بچوں کو پڑھانے میں مدد کرنے کے لئے لکھی گئی تھی، وجود میں آئی۔

"گرین زون فیملیز" جو کہ نوبیاہتا اور قدیم بیاہتا جوڑوں کو اپنی کمیونیکیشن کو بہتر بنانے کے لئے لکھا گیا تھا۔

اب ایسا ہے کہ چاہے آپ دادا ہیں یا باپ، خاوند ہیں کہ بیوی، استاد ہیں یا شاگرد۔ زندگی گزارنے کے تمام اوزار آپکے لیے ان کتابوں میں موجود ہیں۔

اس فلاسفی پر عمل پیرا ہونے کی وجہ سے میں اور میرے خاندان نے جو افادہ حاصل کیا، اسکا کچھ ذکر کرتا ہوں۔

سن 2004 کی بات ہے جب ہمارا پلیٹھی کا بیٹا سروش وائیں 4 سال اور آزر وائیں تین سال کا تھا۔ سروش کو یہ بات بالکل پسند نہ تھی کہ وہ پلیٹھی کا بچہ ہے اور اسکا ولی عہد ہونا آزر کی آنے کی وجہ سے بالکل برباد ہو گیا ہے اور وہ ایک سال اور چند ماہ کے اندر اندر اکیلا ماں اور باپ کی آنکھوں کا تارہ نہیں ہے۔

اس بات کا غُصہ وہ آذر پر بھرپور انداز میں نکالتا تھا۔ ان حالات میں سہیل بھائی نے "گرینزون فیملیز" پڑھنے کا مشورہ دیا۔ اورُ ہم سب نے ملکر گرینزون فیملی میٹنگز کرنا شروع کر دیں۔

روائتی مشاعروں میں جس طرح شمعِ محفل ایک مہمانُ کے آگے رکھ دی جاتی ہے اور وہُ اپنا کلام سناتا ہے، اسی طرح ایک برخُوردار اپنے ہاتھ میں ایک کھلونا پکڑ لیتا تھا اور اب صرف وہی جب تک چاہے بولتا اور باقی سب خاموشی سے اسکی بات سنتے، دوسرا کوئی اور نہ بولتا جب تک بولنے والا وہ کھلونا دوسرے شریکِ میٹنگ نہ تھمادے۔۔ اور 2004 میں ہمارا تیسرا بیٹا رومی پیدا ہو گیا، اُس نے تو ہوش ہی گرینزون میٹنگز میں سنبھالا۔

مجھے یاد ہے بعض اوقات ہم گرین زون کتاب میں سے کوئی اقتباس نکال کر کسی ایک بچے سے پڑھواتے اور پھر اس پر رائے دہی ہوتی اور ان کانسیپٹس کو سمجھنے کا موقع ملتا۔ مجھے بہت اچھی طرح یاد ہے کہ

ایک دن آزر نے رومی جو، کہ ابھی چند سال کا تھا، کی پینسل چھین لیا اور اسے واپس بھی نہ کی، رومی آزر کی بد سلوکی کی وجہ سے بہت دلگرفتہ تھا اپنی والدہ کے پاس آیا اور کہنے لگا کہ آزر نے میرے ساتھ زیادتی کی ہے اور میں ایک ہنگامی میٹنگ بلانا چاہتا ہوں، اور ہم سب وقت نکال کر اُس میٹنگ میں بیٹھے اور معاملہ طے کیا۔

ان میٹنگز کی وجہ سے بھائیوں کے تعلقات بہت بہتر ہو گئے بلکہ ہم دونوں ماں باپ کی کمیونیکیشن بچوں کے ساتھ بہت موثر اور پختہ ہوتی چلی گئی۔ آہستہ آہستہ گزرتے وقت کے ساتھ ساتھ ہماری نشستوں میں ہر طرح کے موضوعات یعنی اخلاقی، سماجی سیاسی بھی شامل ہوتے چلے گئے۔ اس کے ساتھ ساتھ ہم اپنے خاندان کی تاریخ اور اپنے بزرگوں کے ان اصولوں کا ذکر بھی کرنے لگے جن کے تحت وہُ زندگی گزارتے تھے۔

اب سروش کالج کی تعلیم ختم کر چکا ہے اور اپنی زندگی نیویارک میں گزار رہا ہے، آزر آجکل کاروبار میں ہمارا ہاتھ بٹاتا ہے اور اپنا موسیقی کی مشق کرتا ہے، رومی کالج شروع کر چکا ہے، ان سب مصروفیات کے باوجود ہمارا دو دہائیوں پر محیط ہر ہفتے کی گرین زون میٹنگز کی وجہ سے جو بانڈ بنا تھا وہ ابھی تک قائم ہے، ہم ویکیشن اکٹھے کرتے ہیں ہم سب ایک دوسرے کے ساتھ ابھی تک اپنی زندگیاں شیر کرتے ہیں۔ شکریہ سہیل بھائی!

ابصار فاطمہ کی گرین زون کہانی

میرا گرین زون ڈائری کا تجربہ

ابصار فاطمہ

آپ میں سے کئی قارئین نے گرین زون سیمینار کے حوالے سے کچھ مضامین پڑھے ہوں گے اور اس کا بھی امکان ہے کہ کچھ نے اس کے پہلے سیشن میں شرکت کی ہو۔ اس سیمینار سے پہلے خالد صاحب بارہ ممبران پہ مشتمل ایک پائلٹ پراجیکٹ کامیابی سے مکمل کر چکے ہیں جس میں میں بھی بطور طالب علم شریک تھی۔ عام لڑکی کی ڈائری لکھنے کا محرک بھی کسی حد تک اس پائلٹ پراجیکٹ میں شمولیت ہے۔ ڈائری آپ کو بیک وقت فکشن اور حقیقت دونوں کا مزا دیتی ہے۔

آج آپ کو ایک دلچسپ راز بتاؤں کہ لکھنے اور کاپی کمپلیٹ کرنے سے میری ہمیشہ جان جاتی تھی اور ہے۔ مجھے لکھنے سے بہتر بولنا لگتا ہے۔ لیکن یہ بھی میرا مشاہدہ ہے کہ میرے لکھے ہوئے الفاظ میرے کہے ہوئے الفاظ سے زیادہ مربوط ہوتے ہیں۔ لکھے ہوئے الفاظ کا فائدہ یہ ہوتا ہے کہ آپ کئی بار انہیں پڑھ سکتے ہیں اور ان کی مختلف جہات پہ سوچ سکتے ہیں۔ اور اپنی ذات سے متعلق الفاظ آپ کے لیے مزید مددگار ہوتے ہیں۔ گرین زون ڈائری سے متعلق تعارف کسی حد تک پہلے سے تھا جس کا ذریعہ جناب خالد سہیل صاحب کے مضامین اور ان سے ہونے والی گفتگو رہی تھی۔

پر سکون زندگی کی طرف سات قدم

خالد سہیل صاحب سے رابطہ بہت دلچسپ انداز میں ہوا۔ ان کے نفسیات سے متعلق مضامین میں ہم سب پہ بہت توجہ اور عقیدت سے پڑھتی ہوں چوں کہ نفسیات پہ مستند اور غیر جانبدار معلومات اردو میں ملنا تبرک جیسا ہے۔ مجھے خوش گوار حیرت تب ہوئی جب خالد صاحب کا کمنٹ میری تحریر پہ آیا۔ میرے لیے یہ اہم تجربہ تھا کہ میں اب تک جو ان کی یک طرفہ شاگردی میں تھی اسے دو طرفہ کیا جاسکے۔ میں نے جھٹ سے انہیں فیس بک پہ فرینڈ ریکوئسٹ بھیج دی۔ اور نا صرف انہوں نے قبول کی بلکہ ای میل اور میسنجر کے ذریعے میری کئی اہم نفسیاتی مشاورت کی کیسز میں میری رہنمائی بھی کی۔

کئی نفسیات میں اہم مگر معاشرتی اعتبار سے شجر ممنوعہ قسم کے موضوعات پہ نہ صرف رہنمائی کی بلکہ بذریعہ سی میل مزید معلومات کے لیے اپنے کتب کے خزانے سے آن لائن کتب بھی مہیا کیں۔ اسی دوران ان کا گرین زون پائلٹ پراجیکٹ میں شمولیت کے لیے مضمون نظر سے گزرا اور میں نے فوراً اس میں شمولیت کی درخواست پیش کر دی۔

اس ٹریننگ کے دوران گرین زون کے تناظر میں اپنی روزمرہ زندگی کو ڈائری لکھنے کے سفر میں قدم بہ قدم سیکھنا اور سمجھنا ایک منفرد تجربہ ہے۔ جہاں ایک طرف میں نے ہر گزرتے ہفتے اپنی ذاتی زندگی کے گرین یلو اور ریڈ زونز کی نشاندہی سے لے کر ریڈ زون کو بتدریج یلو اور پھر گرین زون تک لانا سیکھا وہیں دوسرے شرکاء کے تجربات سے بھی سیکھنے کا موقع ملا۔ ایک طرف ہم میں سے کئی افراد کے ریڈ زون میں جانے کے محرکات ایک جیسے تھے، کہیں کہیں ہمیں گرین زون میں رکھنے والے عوامل بھی ایک جیسے تھے وہیں بہت سے محرکات اور عوامل بہت منفرد بھی تھے۔ ہر ایک کا خود کو گرین زون میں رکھنے کا طریقہ منفرد تھا۔ یقیناً آپ جاننا چاہیں گے کہ یہ گرین زون کیا ہے۔

میں اگر پہلے اپنی بات کروں تو گرین زون ڈائری کی مدد سے میں نے اپنے بدلتے احساسات کی نشاندہی بہتر طور پہ کرنا سیکھی خاص طور سے ایک زون سے دوسرے زون میں دھکیل دینے والے محرکات کی نشاندہی اہم تھی۔ جس کی بناء پہ میں اس قابل ہو سکی کہ پہلے اس بات کا شعور پاسکوں کہ کون سے عوامل مجھے کس وقت گرین سے ریڈ زون میں لے جاتے ہیں اور کون سے مجھے گرین زون میں لاتے ہیں۔ میری

اپنی شخصیت کے ان پہلووں پہ بھی توجہ گئی جن پہ پہلے نہیں تھی جس کے باعث میں اس قابل ہوگئی کہ پہلے کی نسبت بہتر طور پہ معاملات اور واقعات کو اپنے کنٹرول میں کر سکوں حالاں کہ پہلے بہت سے حالات میں میں خود کو ان حالات میں ماسٹر آف سچویشن سمجھنے سے قاصر تھی اور اپنے کچھ مسائل یا کچھ روابط میں آنے والی رکاوٹوں کو معاشرتی عوامل سمجھ کر ان پہ پریشان تھی۔

یہ تکنیک اس لیے بھی عمدہ ہے کہ یہ جہاں ایک طرف یہ انتہائی سادہ ہے وہیں انفرادی درجے سے معاشرتی درجے تک ہمیں اپنے مسائل حل کرنے میں مدد دیتی ہے۔

یہ تجربہ بہت غیر محسوس انداز میں ہمیں اپنی ذات کا ادراک دیتا چلا جاتا ہے۔ جب آپ ڈاکٹر خالد سہیل کی رہ نمائی میں قدم بہ قدم گرین زون فلسفے کے ہر قدم کو سیکھتے ہیں تو بہت منظم انداز میں اپنی زندگی اور اس پہ اثر انداز ہونے والے اندرونی و بیرونی عوامل کا مشاہدہ کرنا سیکھتے ہیں۔ گرین زون ڈائری آپ کو اپنی ذات پہ اختیار بڑھانے میں بہت سہل انداز میں مدد کرتی ہے۔

اس تکنیک کی مدد سے میں نے بہت جلد کلائنٹ کو آمادگی کے فیز میں آتے دیکھا۔ ہم خود بھی جب اس پراجیکٹ کا حصہ تھے تو ہر ہفتے کے ساتھ اجنبیت کی دیواریں گرتی گئیں وہ مسائل جن سے ہم خود بھی آنکھیں چرا رہے تھے وہ کئی افراد کے سامنے بیان کرنے کی ہمت ہوئی اور سب سے اہم بات یہ بتدریج یہ احساس پالینا کہ ہماری زندگی پہ ہمارا کنٹرول ہے یہ بہت عمدہ ہے اور یہ احساس پانا ہر کسی کا حق ہے۔

گرین زون تکنیک میں دو بہت دلچسپ قدم جذباتی برساتی یا ایموشنل رین کوٹ اور گرین زون رشتے بنانے کے ہیں۔ کیوں کہ میرے تجربے کے مطابق ایک تو یہ دونوں ایک دوسرے کے ساتھ بہت جڑے ہوئے ہیں۔ دوسری بات یہ کہ اس کو درست انداز میں سمجھ لینے کے بعد آپ کی زندگی میں بہت اہم تبدیلی آتی ہے اور آپ نہ صرف اپنی ذات پہ بہتر کنٹرول حاصل کر پاتے ہیں بلکہ بہت سے ایسے رشتے جو صرف کسی چھوٹے سے مسئلے کی وجہ سے مسائل کا شکار ہوتے ہیں وہ ان دونوں اقدامات کی تکمیل کے بعد با آسانی مثبت تعلق یا گرین زون تعلق میں بدل جاتے ہیں۔ آپ سیکھ جاتے ہیں کہ اگر کوئی رشتہ ہمارے لیے اہم ہے مگر اس تعلق کا کوئی پہلو یا اس فرد کی کوئی عادت ہمارے لیے ریڈ زون یا منفی احساسات سے گزرنے

پرسکون زندگی کی طرف سات قدم

کا باعث ہے تو ہم اپنی جذباتی برساتی کے استعمال سے اس منفی احساس سے خود کو اسی طرح بچا لیتے ہیں جیسے برساتی تیز بارش میں بھیگنے سے بچاتی ہے۔ بتدریج ہم اکیلے پن کے احساس سے نکلنے میں کامیاب ہو جاتے ہیں اور اپنے ارد گرد کئی گرین زون تعلقات بنا لیتے ہیں اور ان کے لیے خود ایک گرین زون تعلق کے طور پہ موجود ہوتے ہیں۔

میرے لیے گرین زون تھیراپی بطور انسان اور بطور سائیکالوجسٹ بہت مددگار ثابت ہوئی ہے۔

میں جتنی بار کسی کلائنٹ کو اس تکنیک کے بارے میں تفصیل بتاتی ہوں اس کی گہرائی بہتر طور پہ سمجھنے لگتی ہوں۔ جیسے کہ میں نے یہ جانا کہ گرین زون اور ریڈ زون کی نشاندہی اہم اور قدرے آسان ہے لیکن یلو زون کا اس پورے پراسیس میں سب سے اہم کردار ہے۔ جب کلائنٹ اپنا یلو زون پہچاننے لگتا ہے تو وہ اس قابل ہو جاتا ہے کہ کئی حالات میں گرین سے یلو زون میں آتے ہی چوکنا ہو جائے اور خود کو ریڈ زون میں جانے سے روک لے۔ میں خود اپنے بہت سے ریڈ زونز کو اب یلو زون میں ہی پہچان جاتی ہوں اور اپنا رخ گرین زون اقدامات کی طرف موڑ لیتی ہوں۔ گرین زون تکنیک سیکھنے کا عمل اسے اختیار کرنے کا عمل اور اسے دوسروں تک پہچانے کا عمل میرے لیے ایک اہم تجربہ ہے جس کے لیے میں خالد سہیل صاحب کی بہت شکر گزار ہوں۔ اس کی ایک بہت بڑی وجہ خالد صاحب کی استادانہ صلاحیت ہے جہاں وہ آپ کی غلطیوں کی نشاندہی کیے بغیر آپ کی صلاحیتوں کو نکھارتے چلے جاتے ہیں۔

تحریم عظیم کی گرین زون کہانی

میں نے ڈاکٹر خالد سہیل کے گرین زون فلسفے کے بارے میں ان کے بلاگز اور کالمز میں پڑھا ہوا تھا لیکن اس کی باریکیاں گذشتہ سال ان کی سات ہفتوں پر محیط گرین زون ورک شاپ میں سیکھیں۔ وقت کی قلت کی وجہ سے ہم گرین زون کے پرسکون زندگی کی طرف سات قدموں میں سے ہر قدم کو ایک ہی ہفتہ دے سکے تھے۔ اگر زیادہ وقت ہوتا تو شائد زیادہ بہتر نتائج سامنے آتے لیکن اس وقت بھی جو نتائج ہمارے سامنے آئے تھے وہ حیران کن تھے۔

میں پڑھائی کے سلسلے میں چین کے دارالحکومت بیجنگ میں مقیم ہوں۔ گرین زون ورک شاپ سے پہلے میں جب بھی گھر فون کرتی تھی، اس کے بعد اداس ہو جایا کرتی تھی۔ میرے اور میرے گھر والوں کے درمیان مسائل کی وجہ سے ان سے ممیرا تعلق کافی حد تک خراب تھا۔ میں گھر فون کرتی تھی، ہماری بات چیت بھی نارمل ہوتی تھی لیکن کچھ ایسا ہوتا تھا جو مجھے بعد میں اداس کر دیتا تھا۔ میری امی کو فون پر بات کرنا زیادہ پسند نہیں ہے۔ وہ آمنے سامنے بات کرنے کو زیادہ ترجیح دیتی ہیں۔ فون پر ان کی عدم دلچسپی مجھے ییلو اور پھر ریڈ زون میں لے جاتی تھی۔ میں ان کی عدم دلچسپی محسوس کر کے فون رکھ دیتی تھی۔ کبھی کبھار تو میں بہت روتی تھی، دنوں بستر میں پڑی رہتی تھی، کچھ کام نہیں کر پاتی تھی۔

پرسکون زندگی کی طرف سات قدم

ورک شاپ کے دوران ہی ایک ہفتہ میری طبیعت بہت خراب رہی۔ اس ورک شاپ سے پہلے یہ سب ہوا ہوتا تو شائد میں نے اپنی صحت کا ویسا دھیان نہ رکھا ہوتا جیسا میں نے اس وقت رکھا تھا۔ اس وقت میرے گھر سے میری چھوٹی بہن کے علاوہ کسی کا فون نہیں آتا تھا۔ میں نے اپنی امی کو بتایا تھا پر ان کا دھیان اس وقت کہیں اور تھا، شائد وہ اسے ہلکی پھلکی بات سمجھی تھیں۔ مجھے اس کا افسوس تو ہوا لیکن گرین زون ورک شاپ کا اثر تھا کہ میں اس اثر سے جلد واپس نکل آئی۔ کچھ دن بعد انہیں دوبارہ فون کیا تو پتہ نہیں انہیں کیسی محسوس ہوا کہ میں ٹھیک نہیں ہوں۔ انہوں نے پوچھا تو مجھے بہت اچھا لگا اور اس کے بعد میں نے اپنی صحت کا مزید دھیان رکھنا شروع کر دیا۔

اپنے گھر والوں سے اپنے تعلقات بہتر کرنے کے لیے میں نے ان کے چھوٹے چھوٹے رویوں کو دل پر لینا چھوڑ دیا ہے۔ میں انہیں تحفے دیتی ہوں، ہفتے میں ایک دو بار فون کر لیتی ہوں اور ان کی دلچسپی کی باتیں کرتی ہوں تاکہ میں اور وہ کچھ دیر بات کر سکیں۔ میں سمجھتی ہوں کہ ان کی بھی اپنی اپنی جذباتی کیفیت ہے اور وہ اس کے مطابق برتاؤ کرتے ہیں۔ ایک مکمل گرین زون والی زندگی کی طرف ہم سب کو اکٹھے بڑھنا ہے اور یہ ایک دن میں ہونے والا کام نہیں ہے۔ میرا گرین زون کی طرف سفر ابھی بھی جاری ہے۔ میں اب خود کو پہلے کی نسبت جذباتی لحاظ سے بہتر محسوس کرتی ہوں لیکن مجھے ابھی بھی اپنے اوپر کام کرنے کی ضرورت ہے۔

میں نے اس ورک شاپ کے دوران ڈائری لکھنے کا جو سلسلہ شروع کیا ہے، اسے میں اب بھی جاری رکھے ہوئے ہوں۔ لکھنا مجھے اچھا لگتا ہے اور اس ورک شاپ کے دوران ہم نے سیکھا کہ ڈائری کا اندراج ہمیں اپنے احساسات سمجھنے میں مدد دیتا ہے۔ میں اب بھی ایک یاد و ہفتوں بعد ڈائری لکھ لیتی ہوں۔ اس سے میرے دل کا بوجھ ہلکا ہوتا ہے اور میں خود کو جذباتی طور پر مضبوط محسوس کرتی ہوں۔

میں آخر میں ڈاکٹر خالد سہیل، ثمر اشتیاق اور زہرا نقوی کا شکریہ ادا کرنا چاہتی ہوں جنہوں نے مجھے اس ورک شاپ کا حصہ بنایا اور مجھے ایک بہتر زندگی کی طرف بڑھنے میں مدد دی۔

عائشہ اسلام کی گرین زون کہانی

یہ عالم گیر مایوس اور پریشان کن دور کے تسلط میں امید کے دِیے روشن کرنے والے فلسفے سے روشناس ہونے کی کہانی ہے۔ سال تھا2020 جب پوری دنیا میں کورونا وبا بے قابو تھی اور لوگ اس کا شکار ہو کر اپنی جانیں گنوا رہے تھے۔ جو وائرس کی لپیٹ میں آنے سے بچ گئے وہ قرنطینہ پابندیوں کے نتیجے میں گہری تنہائی کے احساس میں مبتلا ہوئے۔ تنہائی، معاشی، اقتصادی اور سماجی ابتری کا دباؤ انسانوں میں کئی طرح کے نفسیاتی مسائل کی وجہ بن رہا تھا۔ ان حالات میں ہم سب ویب سائٹ پر ڈاکٹر خالد سہیل کا کالم پڑھتے ہوئے میرا تعارف گرین زون فلسفے سے ہوا۔ کسی بھی انسان دوست شخصیت کی زندگی کا سب سے بڑا مقصد اور خوشی انسانوں کے دکھوں کو کم کرنا اور ان کے سکھوں میں اضافہ کرنا ہوتا ہے۔ ایسا انسان ہمیشہ اس دھن اور لگن میں ہوتا ہے کہ وہ کسی نہ کسی طرح انسانوں کی اجتماعی مدد کر سکے۔

کوئی کتاب لکھتا ہے، جسے پڑھ کر باقی انسان اپنے لیے کوئی راہ منتخب کرنے کے فیصلے میں سہولت محسوس کرتے ہیں۔

کوئی ساز ایجاد کرتا ہے، جسے سن کر غم کا بوجھ دل پر سے سرکنے لگتا ہے۔

کوئی فلسفہ یا اچھوتا آدرش پیش کرتا ہے جو لوگوں کے لیے ان کی زندگی کے معنی اور طرز تبدیل کر دیتا ہے۔

بالکل اسی طرح ڈاکٹر خالد سہیل گرین زون فلسفے کو سیکھانے، سمجھانے اور دکھی انسانوں تک پہنچانے کیلئے زوم پر آن لائن سیمینارز کا انعقاد کروا رہے تھے۔ میں ان گرین زون سیمینارز کا حصہ بنی۔ یوں ڈاکٹر خالد سہیل میرے فیس بک فرینڈ سے گرین زون فرینڈ بن گئے۔ اب میں اُنہیں بہت اپنائیت سے ''ڈاکٹر دوست'' کہہ کر پکارتی ہوں۔

گرین زون انسان کا سیفٹی اور کمفرٹ زون ہے۔ گرین زون تھراپی، اپنی ذات پر اپنا کنٹرول لینے کی مشق ہے۔ اپنے موڈ کو منفی چیزوں سے trigger ہونے سے بچائے رکھنے اور ری ایکٹ کے بجائے ایکٹ کرنے کا نام ہے۔ گرین زون فلسفے کا سب سے اہم اصول اپنی مدد آپ ہے۔ جس کے تحت انسان کسی اور کا انتظار کرنے کے بجائے خود اپنا مسیحا بننے کے قابل ہو جاتا ہے۔ وہ خود کو ایسے لوگوں سے دور کر لیتا ہے جو اسے ریڈ یا ییلو زون میں دھکیلتے ہیں۔ اور خود کو ایسے لوگوں کے ساتھ جوڑ لیتا ہے جو اسے زیادہ سے زیادہ وقت کے لیے گرین زون میں رکھنے میں مددگار ثابت ہوتے ہیں۔ گرین زون میں رہ کر انسان اپنے ساتھ دوستی کر لیتا ہے اور نتیجتاً تنہائی میں بھی انجمن کا گمان گزرتا ہے۔

گرین زون فلسفے کی تفہیم اور اس پر عمل نے میرے ذہن اور موڈ کی کمان میرے ہاتھ میں دے دی۔ مثال کے طور پر ایک واقعہ بیان کرتی ہوں۔ گزشتہ برس مارچ کا ذکر ہے کہ میں نے عالمی یوم نسواں کی نسبت سے خواتین کو بااختیار بنانے کے موضوع پر انگریزی میں ایک نظم لکھی اور اسے لکھنے کے بعد اپنے کالج کے ایک پروفیسر کو وٹس ایپ کے زریعے بھیجی۔ میں نے ان سے درخواست کی کہ وہ میری لکھی نظم کا تنقیدی جائزہ لیں اور مناسب سمجھیں تو کوئی ترمیم تجویز کر دیں جو اسے زیادہ موئثر اور بہتر بنا سکے۔ میرے پروفیسر نے نظم پڑھی اور نظر انداز کر دی۔ انہوں نے ایک لفظ تک نہ کہا۔ بعد ازاں میں نے اپنی بات دہرائی تو انہوں نے محض یہ جملہ کہا:

"This idea can be better expressed in prose."

اور خاموش ہو گئے۔ یہ جواب انتہائی دل شکن تھا۔ میں نفسیاتی طور پر ایسی حالت میں جانے والی تھی جس میں میں اپنی نظم کو پھاڑ کر کوڑے دان میں ڈال سکتی تھی۔ مگر پروفیسر کا جواب میرا اعتماد مجروح کرنے

میں ناکام رہا کیونکہ میں گرین زون فلسفے پر عمل کرنے کی عادی ہو چکی تھی اور میں نے یہ احساس کرتے ہی کہ میں ریڈ زون میں داخل ہو رہی ہوں، خود کو وہیں روکا۔ ساری صورتحال کا از سر نو جائزہ لیا اور پورے اعتماد سے وہی نظم

internationalwomensday.com

کو بھیج دی۔ انہوں نے میری نظم کو نا صرف سند قبولیت بخشی بلکہ اسے اپنی ویب سائٹ پر شائع کیا اور دنیا بھر میں قارئین نے میری نظم خوب سراہی۔ مزید یہ کہ میری نظم

internationalwomensday.com

کی ویب سائٹ پر "Let's Fly Together" کے عنوان سے اب بھی موجود ہے۔ یہاں نظم کا اردو ترجمہ پیش کر رہی ہوں۔

آؤ اُڑیں ایک ساتھ پر پھیلا کر
توڑیں پدر شاہی کی زنجیریں ہاتھ بڑھا کر
چپ نہیں رہنا، بولنا ہے ہمیں
ہاتھوں میں ہاتھ لیے بڑھنا ہے ہمیں

یہ دَور عورتوں کی رہبری کا ہے
ان کے عزم، ان کے ارادے، ان کے مقاصد کا ہے
جبر کو پیچھے چھوڑ کے ہم یہ کہتی ہیں
اپنے جسم کی مالک ہم ہیں، اپنے ذہن کی مالک ہم

پرسکون زندگی کی طرف سات قدم

ہم ہیں اک دوجی کا سہارا، اک دوجے کی آواز ہیں ہم

ڈٹی ہیں ہم اپنے حق، اپنے انتخاب کے لیے

ساتھ مل کے آسماں کی رفعتوں پہ جائیں گی

اپنے سارے سپنے اپنی ہمتوں سے پائیں گی

آؤ بنائیں اک جہاں ایسا

جہاں محبت نفرتوں پہ حاوی ہو

اک مستقبل یوں تعمیر ہو کہ جس میں

آزاد عورت، مضبوط عورت

محض خواب نہیں، جاگتی حقیقت ہو

میں نے پروفیسر کے دل شکن رویے کے منفی اثرات کو گرین زون فلسفے کی مدد سے خود سے دور رکھا۔ میں ذہنی طور پر گرین زون میں رہی اور اپنی ذات اور اپنی تخلیق پر اپنا اعتماد متزلزل نہیں ہونے دیا، جس کی وجہ سے میری نظم ایک ہی دن میں دنیا بھر میں پہنچی اور انگلینڈ، سنگاپور، بھارت سمیت کئی ممالک میں عالمی یوم خواتین کے حوالے سے منعقدہ تقاریب میں پڑھی گئی۔ گرین زون فلسفے نے ہی مجھے اس کمزور لمحے پر قابو پا کر درست سمت میں قدم اُٹھانا سکھایا۔ اب میں روایتی مشرقی ریڈ زون معاشرے میں رہتے ہوئے بھی اپنے آپ کو گرین زون میں رکھتی ہوں۔

گرین زون فلسفہ اِس لحاظ سے میرا پسندیدہ ہے کہ یہ اتنا عام فہم ہے کہ کوئی بھی فرد اِسے باآسانی سمجھ سکتا ہے۔ اِس میں کوئی پیچیدہ و مشکل سوال و جواب نہیں ہیں۔ کڑے اوقات کار کی پیروی کا مسئلہ نہیں ہے۔ مشکل ٹاسکس اور ٹارگٹس نہیں ہیں۔ ادویات کا خرچہ نہیں ہے۔ اِس میں ہمیں کسی دوسرے شخص کی مدد درکار نہیں ہے، اگر ہم خود گرین زون فلسفے کی پریکٹس کریں تو ہمیں اپنے موڈ پر کنٹرول حاصل ہو جاتا ہے۔ جس سے ہم خود کو خود سنبھال سکتے ہیں، خود کو خود تھپک سکتے ہیں، اپنی مدد آپ کر سکتے ہیں۔ اور اپنی زندگی کی گاڑی خود ڈرائیو کر سکتے ہیں۔

جیسا کہ ایک معروف چینی کہاوت ہے:

"اگر تم سچ میں کسی کی مدد کرنا چاہتے ہو تو اُس کو مچھلی دینے کے بجائے مچھلی پکڑنا سکھا دو۔"

گرین زون فلاسفی انسان کو مچھلی پیش نہیں کرتی بلکہ مچھلی پکڑنے کا ہنر سکھاتی ہے۔ میں دل سے سمجھتی ہوں کہ ڈاکٹر خالد سہیل کا گرین زون فلسفہ انسانیت کی حقیقی مدد ہے۔ انسانیت کی مدد اور گرین زون کمیونٹی کی خدمت میں اپنا حصہ شامل کرنے کے لیے میں گرین زون پوسٹرز، کیلنڈرز، مگ اور شرٹس وغیرہ بناتی ہوں، اس کے ساتھ میں کچھ گرین زون آرٹیکلز اور ایک نظم "Green Zone" بھی لکھ چکی ہوں۔ میری خواہش ہے کہ گرین زون کی بارش سے دکھوں کی دھول چھٹتی رہے اور سکھوں کی ہریالی چھائی رہے۔ شکریہ

عائشہ اسلام

GREEN ZONE FRIENDS

Across borders and oceans, bridging the miles,
We come together, sharing smiles

In Green Zone, we bloom like a vibrant tree,

We nurture our minds, setting our spirits free

So let's raise a toast to our friendship so dear,
A bond that grows stronger, year after year

Happy Friendship Day to our Family of the Heart,
May our Iove and harmony never depart
-Ayesha Islam

زہرہ زبیری کی گرین زون کہانی

کئی سال پہلے ڈاکٹر سہیل اور ان کی ساتھی نے مجھے مدعو کیا تھا۔ پروگرام کا مقصد لوگوں کو گرین زون کے فلسفے سے متعارف کروانا تھا۔

کہنے کو یہ ایک عام فہم ترکیب ہے ایک پرامن زندگی کس طرح گزاری جانے کی۔

کون نہیں چاہتا کہ اس کی روزمرہ کی زندگی پرسکون گزرے؟

آنے والی مشکلات (ہمارے بس سے باہر) کا سامنا کرنے کے لیے ذہنی اور جسمانی طاقت کا ذخیرہ موجود رہے۔

میں یہ کہوں گی کہ اس عام فہم نسخے کے پیچھے ایک فلسفیانہ بلوغت ہے۔ کون نہیں جانتا کہ ٹریفک کی ییلو لائٹ ایک تنبیہ کی مانند ہے۔ انسان کو چاہیے کہ وہیں گاڑی روک دے تاکہ حادثے سے بچ سکے۔

میں نے یہ آزمودہ نسخہ نہ صرف کئی دوستوں کے سامنے پیش کیا بلکہ کئی کم اور غیر پڑھی لکھی عورتوں کو بھی بتایا۔

گھروں میں کام کرنے والی عورتوں سے دوستی ہو جائے تو وہ مجھے اپنے مسائل سنانے بیٹھ جاتی ہیں۔

(عام لوگوں کے پاس ان کے لیے وقت کہاں؟)

پرسکون زندگی کی طرف سات قدم

کبھی میں انہیں اردو میں گرین زون کی ترکیب بتاتی ہوں تو کبھی ٹوٹی پھوٹی پنجابی میں۔ وہ خوش ہوتی ہیں کہ کبھی کسی نے انہیں اس طرح نہیں سمجھایا۔

میں خود ایک گہرے گرین زون شخصیت کی مالک ہوں۔ مجھے زندگی میں گرین زون کے علاوہ گہرے ریڈ زون لوگوں کا بھی سامنا ہوا لیکن اس نسخے کے ذریعے میں نے حالات کو سنبھال لیا اور ان ریڈ زون لوگوں سے بچ نکلی۔

میری نصیحت مانیں تو سنجیدگی سے اس فارمولے کو نہ صرف خود اپنائیں بلکہ آگے بھی بڑھائیں۔ آپ کی زندگی پر سکون ہو جائے گی۔

عارفہ بھٹو کی گرین زون کہانی

گرین زون کے فلسفے سے میرا تعارف اس وقت ہوا جب میں اپنی بیماری Trigeminal Neuralgia کی وجہ سے بہت مایوس ہو گئی تھی۔

میں اس بیماری کو سمجھنے کی کوشش کرتے کرتے تھک چکی تھی کیونکہ اس بیماری کی شدت وقت کے ساتھ ساتھ بڑھتی جا رہی تھی اور بہت کوشش کرنے کے باوجود بھی درد میں کمی نہیں ہو رہی تھی۔ اپنی تکلیف کو کم کرنے کے لیے میں نے مختلف قسم کے علاج کروائے تھے کہ کسی طرح سے میری یہ تکلیف کم ہو جائے۔

ایک دن 'ہم سب' پر مختلف لکھاریوں کے کالم پڑھتے ہوئے مجھے ڈاکٹر خالد سہیل کے نفسیات پر کالم پڑھنے کا اتفاق ہوا۔ ان کے الفاظ نے میرے دل پر اثر کیا اور میں نے امید کی ایک کرن دیکھی کہ شاید وہ میری حالت کو سمجھیں گے اور میرے درد پر قابو پانے کے لیے میری رہنمائی کریں گے۔

یہ جاننے سے پہلے کہ گرین زون تھراپی نے میری مدد کیسے کی، یہ سمجھنا ضروری ہے کہ میری بیماری نے میری زندگی کو کیسے متاثر کر رکھا تھا۔ اس کی شروعات 2013 میں ڈنمارک میں پی ایچ ڈی کے حصول کے دوران ہوئی۔ میرے شدید سر درد نے میری زندگی کو اس حد تک متاثر کیا تھا کہ روزمرہ زندگی کے کام جیسے

کھانا کھانا

برش کرنا

یا

بال ٹھیک کرنا

ایک عذاب ہوتا تھااور ان کاموں کی ناکامی نے مجھے مایوسی کی اتھاہ گہرائیوں میں پھینک دیا تھا۔

لاتعداد دوائیوں کے باوجود، ان کے مضر اثرات نے میری حالت کو مزید خراب کر رکھا تھا۔ میں دھیرے دھیرے ڈپریشن کا شکار ہو رہی تھی۔

میری زندگی کے سارے منصوبے غارت ہو رہے تھے۔

میرے خوابوں کی شیش محل چکنا چور ہو رہے تھے۔

میرے حالات اتنے ابتر ہوئے کہ میں اپنے آپ کو ایک ناکام انسان محسوس کرنے لگی۔

دوستوں نے مشورہ دیا کہ واپس پاکستان چلی جائو۔ ہو سکتا ہے اپنوں کے ساتھ زندگی گزارنے سے طبیعت بہتر ہو جائے۔

میں نے دوستوں کے مشورے پر عمل کیا لیکن میری بیماری بہتر ہونے کی بجائے بدتر ہو گئی۔ میری طبیعت اتنی خراب ہوئی کہ میں نے ملازمت سے استعفیٰ دے دیا۔

میری حالت اتنی ابتر ہوئی کہ گھر کے کام کرنے کا سوچ کر ہی میرا درد بڑھ جاتا اور میں ٹر گرہو جاتی۔

ایک دن میں نے سوچا کہ میں جس راستے پر چل رہی ہوں اس راستے پر میری بیماری میری زندگی کو ختم کر دے گی۔ اس لیے میں نے دوبارہ پڑھائی شروع کر دی۔

میں کوشش کرتی رہی کہ ادویہ میرے درد کو کم کریں۔ کچھ عرصہ افاقہ بھی ہوا لیکن پھر درد ادویہ سے بھی کنٹرول نہ ہوتا۔

اس وقت ڈاکٹروں نے کہا آپریشن کروالو۔

چنانچہ ایسے ہی رمضان کی 27ویں شب 2018 کو ایمرجنسی میں میں نے برین سرجری کروائی جس کے بعد شروع میں تو کچھ افاقہ ہوا لیکن اہستہ اہستہ پھر سے درد ہونا اور بڑھنا شروع ہو گیا۔ ان دنوں دوائیوں کے ساتھ ساتھ ان کے سائیڈ ایفیکٹس نے بھی مجھے پریشان کر رکھا تھا۔

یہ وہی دور تھا جب کووڈ COVID-19 کا زمانہ بھی شروع ہو چکا تھا۔

حسن اتفاق سے 2020 میں ڈاکٹر صاحب کا کالم میری انکھوں سے گزرا تو میں نے ان کو فیس بک پہ میسج کیا کہ مجھے آپ کی مدد کی ضرورت ہے اگر اپ سائیکالوجسٹ ہیں تو میرے اس مسئلے میں آپ میری رہنمائی کریں۔ مجھے حیرت اس بات کی ہوئی جب ایک گھنٹے کے اندر ہی ڈاکٹر صاحب کا جواب آیا اور انہوں نے گرین زون بک ای میل کی اور کہا کہ اس کو آپ پڑھ لیں تاکہ اس کے بعد ہم کچھ مکالمہ کر سکیں۔

میری زندگی میں ڈاکٹر سہیل کی کتاب وصول کرنا ایک اہم موڑ تھا۔

نفسیاتی طور پر سرخ، سبز اور پیلے زون کو جاننا اور پھر اس فلسفے سے اپنے مسائل کو حل کرنا صحت کی طرف اہم قدم تھا۔

گرین زو فلاسفی کے تحت پہلی مرتبہ میں نے یہ جانا کہ پہلے تو آپ اپنے ان مسئلوں کو سمجھنا شروع کریں کہ وہ ہو کیوں رہے ہیں اور پھر ان مسائل کا حل تلاش کریں۔

کتاب پڑھنے کے بعد میں نے ڈاکٹر سہیل کی قیادت میں ہونے والے زوم کے سیمیناروں میں شرکت کی۔ ان سیمیناروں نے میری بہت مدد کی اور میں اپنے مسائل کو حل کرنے میں کامیاب ہوئی۔

ان سیشنز میں شرکت کرتے ہوئے، میں نے نہ صرف اپنے درد کے محرکات کی شناخت کرنا سیکھا بلکہ ان سے نبرد آما ہونے کے طریقے بھی سیکھے۔ گروپ لرننگ کا تصور خاص طور پر اثر انگیز تھا، کیونکہ ہم نے اپنی جدوجہد کا اشتراک کیا اور اپنے مشترکہ تجربات میں اجتماعی طاقت پائی۔

ایک مشق، خاص طور پر، نمایاں تھی۔ کسی ایسے شخص کو خط لکھنا جس کا وجود اپ کی زندگی میں سخت تکلیف دہ ہو اور اپ اس سے چھٹکارا بھی پانا چاہتے ہوں لیکن نہیں پا سکتے ہوں تو گرین زون تھراپی میں یہ ٹیکنیک تھی کہ اپ اس کو ایک خط لکھیں اور اس خط میں وہ ساری چیزیں لکھیں جو آپ اس شخص کے بارے میں محسوس کرتے ہیں۔ جب وہ مشق کرتے ہوئے میں نے لکھنا شروع کی تو جس شخص سے میں اس حد تک الرجک ہو چکی تھی کہ اس کی اواز سے بھی مجھے پین اٹیک ہوتا تھا اور وہ ساری چیزیں جب میں نے اس خط میں لکھیں اور پھر اس کو دو مرتبہ پڑھنے کے بعد اس کے حوالے تو نہیں کیا لیکن پھاڑ دیا لیکن اس مشق کا نتیجہ یہ نکلا کہ مجھے اس شخص کے اب ہونے یا ہونے سے کوئی بھی پین ٹگر نہیں ہوتا۔

میرے لیے یہ تبدیلی ایک معجزے سے کم نہ تھی۔

مجھے یہ بات سمجھ آئی کہ جب ہم اپنی تکلیفوں کو اپنے دل اور ذہن میں سنبھالے رکھتے ہیں تو وہ ہمیں اذیت پہنچاتی رہتی ہیں۔ انہیں لکھ کر خط پھاڑ دینے سے وہ بوجھ اتر گیا اور میں ہلکی پھلکی محسوس کرنے لگی۔

خط لکھنے سے میری تھیرپی ہو گئی۔ میں نے اس شخص کو معاف بھی کر دیا اور خود بھی صحتمند ہو گئی۔

گرین زون کے فلسفے کے ساتھ میرے سفر کے دوران میرے نقطہ نظر میں ایک اہم تبدیلی واقع ہوئی۔ اس سے پہلے، میں دوسروں کے نقطہ نظر کو تبدیل کرنے کے لیے مسلسل جدوجہد کرتی رہتی تھی، جس کا مقصد انھیں اس میں ڈھالنا تھا جسے میں "اچھا" سمجھتی تھی۔

تاہم، گرین زون کی تعلیمات کے ذریعے، مجھے دوسروں کی رائے یا طرز زندگی کو تبدیل کرنے کی کوشش کے فضول ہونے کا احساس ہوا۔ اس کے بجائے، میں نے سیکھا کہ حقیقی تبدیلی ہمارے اندر سے شروع ہوتی ہے۔ یہ بات مجھ پر واضح ہوئی کہ باطنی سکون کو فروغ دینا پر سکون زندگی گزارنے کے لیے اہم

ہے۔اس طرح، میں نے اس تصور کو قبول کیا کہ ہماری بیرونی دنیا میں امن اپنے اندر امن پیدا کرنے سے پیدا ہوتا ہے۔

اپنے گرین زون میں پر سکون زندگی گزارنے کے بعد میں نے ڈاکٹر سہیل کو مشورہ دیا کہ کیوں نہ ہم اج کل کے دور کے ساتھ ہم اہنگ ہو کر ایک سافٹ وئر ایپلیکیشن بنائیں جس کو ہر کوئی آسانی سے استعمال کر سکے اور اپنی زندگی کو بہتر بنا سکے۔

چنانچہ ہم نے مل کر گرین زون ایپ بنایا ہے جو انگریزی میں بھی ہے اور اردو میں بھی ہے تا کہ اس سے زیادہ سے زیادہ لوگ استفادہ کر سکیں اور اپنی زندگی کو پر سکون بنا سکیں۔

گرین زون کا فلسفہ انسانوں کو اپنے مسائل کو حل کرنا بھی اور محبت بھرے رشتے تخلیق کرنا بھی سکھاتا ہے۔۔وہ انسانوں کی زندگی کو با معنی بناتا ہے

میں ڈاکٹر سہیل کی دانشمندی اور ہمدردی کے لیے ہمیشہ شکر گزار ہوں گی۔

انہوں نے میری رہنمائی کی کہ میں ایک صحتمند زندگی گزار سکوں۔

پچھلے مہینے پہلی بار ہماری کراچی میں ملاقات ہوئی۔انہوں نے ہم سب دوستوں کے ساتھ مل کر لنچ بھی کھایا اور گپ شپ بھی لگائی۔اجنبیت کا کوئی احساس نہ تھا یوں لگتا تھا ہم برسوں سے ایک دوسرے کو جانتے ہیں۔

ایک وہ زمانہ تھا جب میں اپنے اس بیماری کو ہر وقت کوستی رہتی تھی لیکن جب سے میری گرین زون کے فلسفے 'ڈاکٹر خالد سہیل اور ان کے رفقا سے ملاقات ہوئی ہے تب سے مجھے لگتا ہے کہ یہ بیماری میرے لیے ایک نیا دروازہ بنی ہے جس نے میری ایک نئی زندگی سے ملاقات کروانی ہے۔

میرے لیے اس نئی اور پر سکون زندگی کا نام گرین زون زندگی ہے۔

عارفہ بھٹو

صادقہ نصیر کی گرین زون کہانی

انسان سرسبز جنت میں اگر رہتا تھا تو کیوں نکالا گیا اس بات پر کیوں بحث کی جائے۔ یہ بات بھی اگر طے تھی کہ یہ بنی آدم زمین پر فساد کرے گا۔ تو یہ بات بھی عیاں ہے کہ سرسبز جنت سے نکالا ہوا انسان اس زمین پر گویا ایک جہنم میں رہ رہا ہے۔

یہ کرہ ارض کبھی بھی امن کی جگہ نہیں بن پارہا حالانکہ رہنا تو یہیں ہے۔

اس جنت کے سبزہ زار سے نکالے ہوئے انسان نے نہ جانے کیوں اس زمین کو اپنے ذہن کی ریشہ دوانیوں سے ایک عالم بدحواسی بنا رکھا ہے۔

ہر جا بے ترتیبی، بد نظمی ترش روئی، ایک دوسرے سے نفرت، اپنے سے نفرت، ماردھاڑ، غیض و غضب، تعلقات میں اودھم، روزگاروں میں بے چینی، عدم اعتماد، عدم تحفظ، شادیاں، بربادیاں، اولاد، خاندان سب کچھ انسانی ذہن کے عدم توازن سے سوزش اور شورش کا شکار ہے۔ یوں تو ہمیشہ سے ایسا ہوتا آیا ہے لیکن جوں جوں انسان ترقی یافتہ اور آزاد ہو رہا ہے توں توں وہ اپنے ذہن کے فشار فکر کے ہاتھوں خود بھی پریشان ہے۔ یوں لگتا ہے کہ ہر صبح سرخ آندھی ہے اور ہر شام سرخ بادل ہیں جس سے کہیں سبزہ زار نہیں ہے کہ جہاں جنت کا گمان ہو۔ یا سبزہ ہے بھی تو ذہنوں کی سرخ آندھیوں نے آنکھوں میں بھی سرخی اتار دی ہے۔ اپنوں سے ہی ایسا خوف بے جا ہے کہ ہر شخص پیرانوائڈ نظر آتا ہے۔

سائنس کی ترقی نے ایک راہ دکھائی اور علم نفسیات کا وجود عمل میں آیا، سائکیاٹری کی سائنس بھی دن رات ان سرکش آندھیوں کے تھمنے کے سامان پیدا کر رہی ہے۔ ادویات بھی اپنا کردار ادا کر رہی ہیں۔

لاتعداد مسیحا ایسے ہیں جنہوں نے انسانی دماغ اور ذہن کے سرکش ہیجانی طوفانوں کی وجوہات پیش کیں اور طریقہ ہائے علاج پیش کئے جن سے فرد اور معاشرے کے اندر بے چینی اور تکلیف دہ رویوں پر قابو پایا جا سکے۔

اس ضمن میں بہت سے نظریات نے شہرہ آفاق مقبولیت حاصل کی۔

سائیکیاٹری کی ادویات نے بھی انقلاب برپا کیا۔

انیسویں صدی کے بابائے تحلیل نفسی سگمنڈ فرائیڈ کے نام سے تو سبھی واقف ہیں کہ جس نے انسانی ذہن کے اعمال و افعال کی تشریح کرتے ہوئے اڈ، ایگو اور سپر ایگو جیسی قوتوں سے متعارف کرایا اور شعور، لا شعور، تحت الشعور کی بھول بھلیوں کے انسانی کردار اور ذہنی امراض کی وجوہات میں عمل دخل ہونے کی وضاحت کی اور اسی تحلیل نفسی کے نظریہ کے تحت مختلف انقلابی طریقہ ہائے علاج متعارف کرائے جو آج بھی مختلف متنازعہ بحثوں اور مخالفتوں کے باوجود کسی نہ کسی صورت پسندیدہ ہیں اور ان کو معروضی بنا کر سائیکو تھیراپی میں مستعمل ہیں۔

لیکن آج ہم اکیسویں صدی میں ایک اور ماہر نفسیات سے متعارف ہو رہے ہیں جس کو ذہنی صحت کے نئے انداز کی بناء پر ''بابائے گرین زون'' کے لقب سے نوازا جا سکتا ہے۔ اور مجھے اعتماد ہے کہ اس لقب پر ڈاکٹر خالد سہیل کا استحقاق ہے۔ جو کسی شخصیت پرستی کی بنیاد پر نہیں بلکہ خالصتاً اس فلسفۂ ذہنی صحت کی فی زمانہ شدید ضرورت اور موثریت کی بناء پر ہے۔

اور نہ ہی یہ تھیراپی کسی پیری مریدی کی طرح تعویذ اور وظائف کا پیکیج دیتی ہے اور نہ ہی شخصیت پرستی کی دعوت ہے۔ یہ خالصتاً نفسیاتی اور کرداری سائنس کی ایک نئی کاوش ہے۔

ڈاکٹر خالد سہیل جو پیشے کے لحاظ سے سائیکیاٹرسٹ ہیں جو عرصہ دراز سے ادویات کے استعمال سے ذہنی مریضوں کا علاج کرتے کرتے اس نتیجے پر پہنچے کہ ادویات کے علاوہ بھی کئی طریقے ہیں جن کو ادویات کے ساتھ اور علیحدہ بھی استعمال کر کے کسی بھی فرد کو ذہنی مرض سے بچایا جا سکتا ہے، اور اگر کوئی فرد مریض بن چکا ہے تو اس کو واپس نارمل دنیا میں لایا جاسکتا ہے اور اسی طریقے سے اسے بیماری کے بعد صحت کی حالت کو بحال رہنے پر آمادہ کیا جاسکتا ہے۔

مجھے ماہر نفسیات ہونے اور نفسیات کی طالبعلم ہونے کے ناتے سے ڈاکٹر سہیل اور ان کے طریقہ علاج سے متعارف ہوا بھی زیادہ عرصہ نہیں ہوا۔

ڈاکٹر خالد سہیل سے ملاقات کے بعد میں نے ذاتی دلچسپی سے ان کے متعارف کردہ طریقہ علاج اور فلسفہ ذہنی صحت کا بغور مطالعہ کیا، اس کا دیگر طریقہ ہائے علاج سے تقابلی جائزہ لیا اور اس کی اہمیت اور موثریت کو پرکھا۔

قارئین کی خدمت میں نفسیات اور ذہنی صحت کی دنیا میں انقلاب کی جانب پیش رفت کرنے والے اس نفسیاتی معالج کی انقلابی سوچ، فکر اور اختراع کو جو محض ڈرائنگ روم فلاسفی پر مبنی نہیں بلکہ خالصتا عملی اقدامات پر مبنی تھیراپی کہلاتی ہے اس کا تعارف یوں ہے:

گرین زون فلاسفی بہ حیثیت طریقہ علاج: 2000 میں ڈاکٹر خالد سہیل کینیڈا میں اپنے گرین زون فلسفے پر مبنی طریقۂ علاج کو متعارف کروایا۔

اس نئی فکر کے ساتھ ڈاکٹر خالد سہیل سائیکیاٹرسٹ ہونے اور ادویات کی دنیا سے تعلق رکھنے کے باوجود لگتا ہے کہ وہ علاج کے مروجہ طریقوں سے مطمئن نہیں تھے اور ان کی افادیت سے مشکوک دکھائی دیتے ہیں اس عدم اطمینان کی وجہ سے ''فلسفہ گرین زون'' کا بانی ہونے کا تاج ان کے سر پر جاتا ہے: یہ دلچسپ اختراع ٹریفک کی ہری پیلی اور لال بتیوں کے اس مصرف سے مستعار لی گئی ہے جس میں سرخ بتی پر گاڑی کو رکنا ہے، پیلی پر چلنے کے لئے تیار اور سبز پر چلنا ہے۔ ٹریفک کے یہ اصول آفاقی اور جبلی قوانین ہیں۔

لال بتی پر نہ رکنا حادثے کا یقینی باعث ہے، پیلی پر چوکس نہ ہونا بھی اور سبز ہونے پر نہ چلنا بھی حادثے کا موجب ہو سکتا ہے۔

ڈاکٹر خالد سہیل نے اس سوچ کو بڑے ٹھوس دلائل کے ساتھ زندگی کی ٹریفک پر اطلاق کر کے انسانوں کو اپنے دل اور دماغ کی گاڑی کو ''ڈرائیونگ'' سکھانے پر آمادہ کیا ہے۔

آج موٹر چلانا تو سب سیکھ گئے ہیں لیکن ایکسیڈنٹ کی بہتات بتاتی ہے کہ ٹریفک کے قوانین کی خلاف ورزیاں عام ہیں۔ اور یہی نہیں بلکہ امر واقعہ یہ ہے کہ ہمارے دل اور دماغ کی گاڑیاں بھی خلاف قانون فطرت پر چل رہی ہیں۔ بلکہ ہم دھکا لگا رہے ہیں۔ کیونکہ ہم نے یہ تو سیکھ لیا ہے کہ ہم نے چلنا ہے زندگی کی مادہ پرستی کی دوڑ میں آگے بڑھنا ہے اور غلبہ حاصل کرنا ہے۔ اس ریس میں نہ تو ہمارے جی۔پی۔ایس درست سمت کے لئے سیٹ ہیں اور نہ ہی ہمارے دل اور دماغ تعین سمت کی صلاحیت رکھتے ہیں۔ ہم بے سمتی کی وجہ سے نہ تو واقف ہیں اور نہ واقف ہونے کا طریقہ جاننے کا کوئی وسیلہ ہے۔ آج کے کنزیومرازم کے دور میں ہر پراڈکٹ خرید کر اس کا مالک بننے کی خواہش میں ایک افراتفری کا عالم ہے۔ رات دیر گئے تک جاگنا، صبح آفس سے دیر ہونا اور جلدی پہنچنے کے لئے ٹریفک کے تمام اصول توڑتے ہوئے دفتر پہنچنا پھر ٹکٹ لگ جانے سے مالی نقصان پر کڑھنا اور ایک دوسرے کو الزام دینا جس سے دفتروں اور گھروں میں کشیدگی کا سلسلہ چل نکلتا ہے اور ان واقعات کی تکرار ہماری زندگیوں میں سٹریس جیسی خاموش قاتل کو داخل کرتی ہے۔

گرین زون فلسفہ ہمیں بتاتا ہے کہ ٹریفک کی ان ہری پیلی لال بتیوں کا معاملہ انسانوں کو سڑکوں اور چوراہوں پر ہی نہیں بلکہ زندگی کی شاہراہ کے ہر سنگ میل پر درپیش رہتا ہے۔

اس کی وجہ یہ ہے کہ انسانوں نے ابھی تک سیکھا ہی نہیں ہے کہ دل اور دماغ میں چلنے والے بھاپ کے انجن بھی ہر وقت چلنے بلکہ پھٹنے کو تیار رہتے ہیں۔ وقت بے وقت سیٹیاں بجتی ہیں۔ کبھی ہم سیٹیاں سن کر بھی نہیں چلتے اور کبھی سرپٹ دوڑتے ہیں۔ یہ دماغ کی بھاپ دراصل ہمارے وہ احساسات، خیالات اور جذبات ہیں جنہیں ہمارے شعور کے کنٹرول میں ایک توازن کے ساتھ رہنا اور ظاہر ہونا تھا۔ لیکن بہت

ذہین اور سمارٹ انسان بھی شاید اس شعور کا شعور نہیں رکھتے۔ اور جذبات، خیالات اور احساسات کے بہاو کو کسی قانون اور ضابطے کے تحت رکھنے سے قاصر ہیں اور مناسب اظہار کا سلیقہ نہیں رکھتے۔ یعنی آپے میں نہیں رہتے۔ اس آپے میں رہنے کو فلسفۂ گرین زون کے مطابق ''زون'' کا نام دیا گیا ہے۔ جس کی درجہ بندی اس طرح کی گئی ہے:

- ریڈ زون
- یلو زون
- گرین زون

انسانوں کو آپے میں رہنے کے لئے سیکھنا ہوگا کہ انسانی جذبات اور احساسات کی گاڑی کو کب اور کیسے اور کیوں کس زون میں رہنا ہے۔

گرین زون فلسفے کی یہ تین بتیاں انسان کی ذہنی صحت کے نہ صرف استعارے ہیں بلکہ باقاعدہ تھیراپی کے سیشن ہیں۔ ان کے ذریعے بچے مرد عورتیں اور بوڑھے اپنی مدد آپ کے تحت ذہنی امراض کی روک تھام کر سکتے ہیں، مرض سے نکل سکتے ہیں اور شدید امرض اور مسائل سے اس طرح نبرد آزما ہو سکتے ہیں کہ وہ اپنے اور دوسروں کے لئے خطرہ نہیں رہتے۔

اس ضمن میں گرین زون فلسفے پر مبنی تھیراپی ان کو صحت مند زون میں اس طرح لاتی ہے:

1۔ مریض اس فلسفے سے واقف ہو کر اپنی مدد آپ کے تحت اپنے آپ کو سمجھ کر اپنے احساسات، جذبات اور کردار کو ایسے زون یا دائرے میں خود ہی رکھنے کی صلاحیت پیدا کر لیتا ہے۔

2۔ دوسرا مرحلہ تب شروع ہوتا ہے جب مریض اپنے مسائل اور نفسیاتی الجھنوں کو نہ تو سمجھ سکتا ہے اور نہ ان پر قابو پا کر اپنی روزمرہ زندگی کے کاموں میں فعال ہوتا ہے۔ ایسے میں گرین زون تھیراپسٹ اور اس کے اہل خانہ کے ساتھ ٹیم ورک کے ذریعہ اسے سکھایا جاتا ہے کہ کس طرح صحتمند زون میں داخل ہونا ہے۔

تیسرے درجے میں ایسے مریض آتے ہیں جو شدید نفسیاتی مسائل سے دوچار ہیں اور انہیں ادویات کی بھی ضرورت ہوتی ہے۔ ان مریضوں کو ادویات کے ساتھ گرین زون تیکنکوں کے ساتھ منظم طریقے سے ہاتھ پکڑ کر گرین زون میں داخل ہونے کی سعی کی جاتی ہے جو کہ ایک صبر آزما اور طویل ہو سکتی ہے۔

فلسفہ گرین زون سے ذہنی صحت ہر ایک کی دسترس میں کیونکر ممکن ہے؟

بابائے گرین زون ڈاکٹر خالد سہیل کا دعوی ہے کہ اس فلسفے کی بنیاد پر ذہنی صحت کا حصول ہر ایک کے لئے آسان ہے ایک تو یہ کہ ٹریفک لائٹوں کے تصور کی مثال سے زندگی کی شاہراہ پر چلنے کے طریقوں کو سمجھنا آسان ہے۔ اس کو بچے بھی سمجھ سکتے ہیں۔

میں نے یہ جانا کہ جس طرح بچوں کو سڑک پار کرنے اور ہری پیلی لال بتیوں کا تصور ابتدائی کلاسوں میں سمجھایا جاتا ہے اسی طرح انہیں بہت ابتدائی کلاسوں میں اپنے جذبات، احساسات اور منفی کرداروں کو کنٹرول کرنا سمجھانے کے لئے آسان فہم طریقوں سے ٹریفک کی بتیوں کے تحت سمجھائے جائیں۔ اور یہ تصور درجہ بدرجہ ٹین ایج، پھر جوانوں اور شادی شدہ جوڑوں کے لئے کارآمد بنایا جاسکتا ہے۔

بابائے گرین زون ڈاکٹر خالد سہیل اپنی اس گرین زون تھیراپی میں ایک بہت کارآمد تکنیک کا استعمال کرتے ہیں۔ وہ ہے ڈائری لکھنا۔ جس کا ذکر شاید نفسیات کے لٹریچر میں ملتا ہے جب فرائیڈ نے مریضوں کو کہا تھا کہ وہ رات کو دیکھے گئے خوابوں کو شب نامے کے طور پر لکھیں تاکہ ان کی تعبیروں کے ذریعے ان کے لاشعور تک پہنچا جاسکے۔

مگر بابائے گرین زون رات کے خوابوں کے بجائے دن کے اعمال کو "روزنامچے" کی صورت میں درج کرنے کی سفارش کرتے ہیں۔

مجھے اس ڈائری لکھنے کے تصور نے بہت متاثر کیا۔ بلکہ اس کو یوں سمجھا جاسکتا ہے کہ ڈائری لکھنا اپنی مدد آپ کی بہترین حکمت عملی ہے۔ یہ ڈائری دراصل اپنا حساب کتاب رکھنا ہے۔ یہ وہ حساب کتاب ہے

جس کو انسانوں نے ان دیکھے فرشتوں کراما کاتبین پر چھوڑ رکھا ہے اور خود اپنے اعمال کے اچھے اور برے نتائج کے لئے قیامت تک انتظار کرتے ہیں لیکن اس انتظار میں برے نتائج اسی زندگی میں بھگتتے رہتے ہیں۔

ڈائری لکھنے کو ہم یوں بھی سمجھ سکتے ہیں کہ جس طرح ہمارا مذہب یہ سکھاتا ہے کہ جب مال اور پیسے کا لین دین کرو تو ''لکھ لیا کرو'' تاکہ جب واپسی کا وقت ہو تو بھول چوک نہ ہو اور فتنہ نہ ہو۔

میں نے اس مذہبی حکم کو گرین زون فلسفے پر اطلاق کیا تو یوں سمجھا کہ جس طرح ہم رقم اور مال کے لین دین میں لکھت پڑھت کے عمل سے گزر کر اپنے کاروبار کو شفاف بنانے کی سعی کرتے ہیں تو سوال یہ پیدا ہوتا ہے کہ کیوں نہیں ہم اپنے رویوں، کرداروں اور ہیجانات کے مظاہروں، غصہ، منافقت اور وہ کنٹرول، حسد جھوٹ اور دیگر لاتعداد منفی اور مثبت جذباتی اور ذہنی معاملات کے لین دین کو جن کا تعلق فرد کی ذاتی اور دوسروں سے تعلقاتی زندگی پر اچھا اور برا اثر ہوتا ہے کو بھی لکھ لیں اور پھر دوسروں سے شکایات اور الزام تراشیوں اور زہریلے پن کی فضا قائم ہونے کے ذمہ دار دوسروں کو ٹھہرانے اور اپنے ذہنی امن اور سکون کو خراب کرنے والے اپنے ہی اعمال کو پہلے خود پرکھیں اور اس حساب کتاب کے ذریعہ ہم خود آگاہ ہو جائیں گے کہ ہم نے دوسروں کو کیا دیا؟ اچھے رویئے، نرم مزاجی، ترش روئی، دھونس یا آزاد سانس لینے کے مواقع؟

ڈائری لکھنا ویسے ہی ہے جیسے ہم اپنے بخار، بلڈ پریشر اور شوگر کا ٹریک رکھتے ہیں۔ فرق یہ ہے کہ روزمرہ ڈائری فری ایسوسی ایشن کے بہاو کی طرح اپنی دماغی جوار بھاٹوں کو تخلیقی اور برجستہ لکھنا ہے۔

اور ڈائری لکھنے کو اگر ہر فرد معمول بنا لے تو اسے خود شناسی اور مشاہدہ باطن کرنے کی عادت ہونے سے وہ اپنے اچھے برے اعمال، احساسات، خیالات جذبات اور کرداروں پر نظر ثانی کرنے کا موقع ملے گا۔ ایک نارمل اور باشعور فرد خود ہی اپنی ذات کے خطرناک زون سے نکل کر ذہنی صحت کی حفاظت کر سکتا ہے ۔لیکن ضروری ہے کہ وہ پہلے اس گرین زون فلسفے سے مکمل طور پر آگاہ ہو۔

اسی طرح اس ''ڈائری'' کا استعمال والدین، اساتذہ اور تھیراپسٹ اپنی نگرانی میں بھی کروا سکتے ہیں۔ اور نفسیاتی مسائل کے شکار بچوں، ٹین ایجرز اور خاص طور پر شادی شدہ جوڑوں کی کاونسلنگ میں استعمال کروا کرانہیں ان کے اپنے اپنے خطرناک چوراہوں سے بچا کر بہ حفاظت محفوظ زون یعنی صحتمند طرز عمل اپنا کر صحتمند طرز زندگی جسے گرین زون کہا جاتا میں لا سکتے ہیں۔ یہ ڈائری دراصل ہر مذہب، عقیدے اور نظریئے کے افراد کو اپنے باطن یا اپنے گریبان میں جھانکنے کا وسیلہ فراہم کر کے بلا شرمندگی اپنا احتساب خود کرنے کا آسان ذریعہ بنتی ہے۔ اور یہی ڈائری آئندہ پیش آنے والے شدید نفسیاتی مسائل کی نشاندہی کرنے اور ان کے علاج میں بھی معاون ہو سکتی ہے۔

تخلیقی صلاحیتیں اور ذہنی صحت: بابائے گرین زون کا نظریہ ذہنی صحت ہمیں بتاتا ہے کہ انسانوں کی دبی ہوئی جسمانی، دماغی، احساساتی اور جذباتی خواہشیں ان کو ریڈ زون میں رکھتی ہیں جو صرف فرد ہی نہیں بلکہ پورے سماج کے لئے آتش فشاں کی صورت میں بے چین رکھتی ہیں جس سے ایک فرد یا معاشرہ ایک خطرناک معاشرہ ثابت ہوتا ہے بالکل گیس بھرے غبارے کی مانند جس میں زیادہ بھری گیس دھماکے کا پیش خیمہ ہوتی ہے۔ باشعور لوگ اپنی اس دبے ہوئے بھونچال سے واقف ہوتے ہیں اور اپنے آپ کو اذیت سے بچانے کے لئے صحتمندانہ دفاع کرتے ہیں اور اس صحتمندانہ اقدام کو نفسیات کی زبان میں ''ارتفاع (SUBLIMATION)'' کہا جاتا ہے۔ اس کا اظہار فنون لطیفہ کی تمام اصناف کی صورت میں ہوتا ہے جیسے موسیقی، مصوری، اداکاری، رقص اور ادب کی تمام اصناف وغیرہ۔ بہت سے لوگ جو ذہنی طور پر بالغ نہیں ہوتے اس قسم کے شدید ذہنی دباؤ کی وجہ سے منفی رد عمل مثلاً غیض و غضب، غصہ، توڑ پھوڑ اور جارحیت عدم تحفظ، دوسروں کو شعوری اور لاشعوری طور پر نقصان پہچانا، حسد، اور منافقت کے عملی مظاہرے کرتے ہیں اور آپے سے باہر ہو کر خود بھی برے بنتے ہیں اور دوسروں کی نظر میں ناپسندیدہ کہلائے جاتے ہیں۔

لیکن ذہنی طور پر بالغ اور چوکس افراد اپنے لئے ارتفاع یعنی سبلی میشن جیسی نفسیاتی دفاعی میکانتیں استعمال کرنے کی صلاحیت رکھتے ہیں اور فنون لطیفہ کے کسی بھی شعبے میں نام کماتے ہیں۔

مگر ڈاکٹر خالد سہیل نے دنیا کے لاتعداد مصنفوں اور ادیبوں کی سوانح عمریوں سے یہ نتیجہ نکالا ہے کہ تخلیقی اظہارات اور ذہنی مرض کا آپس میں گہرا تعلق ہے۔ ہر تخلیق کار کہیں نہ کہیں کسی دباؤ کا شکار رہا ہوتا ہے اور ہو سکتا ہے کہ وہ مریض بھی رہ چکا ہو۔ اور تخلیق کے بعد بھی اس کا مرض جاری رہا ہو حتی کہ بہت سے نامور ادبی تخلیق کاروں کے خودکشی کرنے کے واقعات بھی ملتے ہیں۔

اس سے ثابت ہوتا ہے کہ گرین زون کے فلسفے کے مطابق ''ارتفاع'' جیسے مثبت دفاع کو استعمال کر کے دباؤ سے خود بخود نکلنے کے لئے ضروری نہیں کہ ہر کوئی صلاحیت رکھتا ہو۔ یہاں دوبارہ کہنا پڑے گا کہ اس گرین زون فلسفے کو بہت ابتدا سے ہی افراد کو متعارف کرانا ہوگا تاکہ اگر کوئی اپنی مدد آپ نہیں کر سکتا تو اسے فیملی اور تھیراپسٹ مل کر ''ارتقاع'' کے ذریعہ اس کی تخلیقی صلاحیتوں کو اجاگر کرنے کے طریقے سکھا کر اس کے دبے ہوئے منفی جذبات کو نکالنے کے صحتمند طریقے اور اصول بتائے جا سکتے ہیں اور اسے پاتال میں گرنے سے بچایا جا سکتا ہے یا گرے ہوئے کو نکالا جا سکتا ہے۔

گویا ڈائری لکھنے کے علاوہ ''تخلیقی تھیراپی'' جسے گرین زون کی اصطلاح میں ''کری ایٹو تھراپی'' کہا جاتا ہے ایک اہم مقام رکھتی ہے جو کسی بھی فرد کو بریک ڈاؤن سے بچا سکتی ہے اور بریک ڈاؤن سے بریک تھرو تک لا سکتی ہے۔ اس طریقۂ نے مجھے بھی اپنی کلینکل پریکٹس میں ایک بار چونکا دیا تھا جب میں ایک ایسی نوجوان لڑکی کا علاج کرنے کی کوشش میں تھی جو کسی صدمے کی وجہ سے بولنا بند ہو گئی تھی۔ جب اس کو لکھنے کو کہا تو ابتدا میں وہ اس بات پر راضی نہ ہوئی لیکن رفتہ رفتہ اس نے لکھنا شروع کیا اور ایک وقت آیا کہ جب اس نے اپنی تمام کہنی لکھ کر کہہ ڈالی اور ایک دن جب وہ آخری کاغذ مجھے تھما رہی تھی تو وہ مکمل بولنا شروع ہو گئی اور یوں مجھے نفسیاتی طریقہ علاج میں ایک نئی سوچ ملی لیکن اس پر کوئی حتمی اور مستند رائے نہ مل رہی تھی کہ چند سال قبل مجھے ڈاکٹر خالد سہیل کے بارے میں علم ہوا کہ وہ پہلے سے ہی اس طریقے علاج سے اپنا کلینک چلا رہے ہیں۔ جو گرین زون کے ان کے اپنے فلسفے پر قائم ہے۔

اور اس ضمن میں ایک گروہ بھی تشکیل دیا ہے جس میں ڈاکٹر خالد سہیل دنیا بھر کے ادیبوں، مصنفوں اور فنون لطیفہ سے منسلک لوگوں سے رابطہ رکھتے ہیں اور اسی کی بنیاد پر ''فیملی آف دی ہارٹ'' نامی تنظیم قائم ہے۔

اس فلسفے سے جڑے تمام اقدامات ادیبوں کو متحرک کرنے، نئے لکھنے والوں کی حوصلہ افزائی کر کے انہیں ''ارتقاع'' کے مثبت استعمال کی جانب راغب کیا جاتا ہے اور صحتمند ادب سے صحتمند معاشرے کے قیام کی جانب ایک مستحسن اور انقلابی قدم ہے۔

اس کلینک میں ان لوگوں کے لئے بھی تحریک ہے جو اپنی زندگی میں کامیابی کے اہداف مکمل کرنے میں ناکام رہتے ہیں۔ اس مقصد کے لئے ایک اور منفرد تیکنیک ہے جسے اس کلینک میں ''کچھوے'' کے استعارے سے لیا گیا ہے۔ جس کے اصول ہیں؛

آہستہ چلنا مگر روز چلنا۔

یعنی اپنے اہداف کے لئے روز کا کام روز کرنا

مستقل مزاجی

استقامت اور

جیسے کچھوا است روی کے باوجود چلتا رہتا ہے اور. جیت جاتا ہے۔

''اگر تھوڑا تھوڑا کرو صبح شام،

بڑے سے بڑا کام بھی ہو تمام''

دراصل ڈاکٹر خالد سہیل بذات خود ذہنی صحت کے حصول کے لئے ایک ''ہیلپ لائن'' ہیں جہاں سے کوئی بھی اپنی مدد آپ کرنا سیکھ کر صحتمند جسمانی اور ذہنی طرز زندگی اپنا کر اس کرہ ارض کو گرین زون بنا سکتا ہے تو کیا اس کرہ ارض کو سرسبز بنانا جنت ارضی بنانے کا خواب نہیں جہاں ہر رنگ، نسل، مذہب اور

قوم کے افراد جس جنت سے نکالے گئے تھے اس علاقے کو دوبارہ حاصل کرلیں۔ سائنس کی بنیادوں پر امن کے ساتھ یہ جنگ جیت کر چین سے رہیں۔ گرین زون میں۔

اگر اس طرح یہ جنت ارضی قائم ہو جائے تو رہتی دنیا تک بابائے گرین زون کو یاد رکھا جائے گا۔

رنٹو بھاٹیا کی گرین زون کہانی

مجھے پندرہ جنوری 2021 کی وہ شام کبھی نہیں بھولے گی جب گرین زون فلسفے سے میرا تعارف ہوا۔ میں مالٹن وومن کونسل اور عظمیٰ عزیز کا شکریہ ادا کرنا چاہتی ہوں جنہوں نے ڈاکٹر خالد سہیل کو مدعو کیا کہ وہ ہمیں گرین زون فلسفے کے بارے میں تفصیل سے بتائیں۔

گرین زون فلسفے کی اہمیت وافادیت کو چند الفاظ میں بیان کرنا بہت دشوار ہے۔ میں صرف اتنا کہہ سکتی ہوں کہ وہ فلسفہ انسانوں کی زندگیاں بدل سکتا ہے۔ گرین' ییلو اور ریڈ زونز کا فلسفہ سادہ بھی ہے اور تہہ دار بھی۔ اس فلسفے سے ہم یہ سیکھتے ہیں کہ ٹریفک لائٹس کی طرح ہم اپنے جذبات کو بھی گرین' ییلو اور ریڈ زونز میں تقسیم کر سکتے ہیں۔

جب ہم ڈاکٹر خالد سہیل کے گرین زون فلسفے کے سات قدموں پر چلتے ہیں تو ہماری زندگی صحتمند' خوشحال اور پر سکون بن جاتی ہے۔ گرین زون سیمیناروں میں میرے ساتھ میری بیٹی سیرت نے بھی شرکت کی۔ ان سیمیناروں کا ہمارے خاندان کو بہت فائدہ ہوا اور اب ہم سب پر سکون گرین زون خاندان میں زندگی گزارتے ہیں۔ ہمارا خاندان ہر ہفتے گرین زون میٹنگ کرتا ہے اور ایک دوسرے سے اپنے مسائل پر تبادلۂ خیال کرتا ہے۔ ہم نے ڈاکٹر سہیل کی گرین زون کتابوں سے بھی استفادہ کیا ہے۔

اس فلسفے کی وجہ سے ہماری خاندانی زندگی ہی نہیں ہماری سماجی زندگی بھی بہتر ہوئی ہے۔ یہ ایک ایسا سفر ہے جس میں راستہ مشکل ہے پر ہمیں یقین ہے کہ منزل ضرور ملے گی۔

ڈاکٹر سہیل نے سماج کو گرین زون فلسفے کا ایک قیمتی تحفہ دیا ہے۔

میں آخر میں حفصہ اور عظمیٰ کا شکریہ ادا کرنا چاہتی ہوں جو ڈاکٹر سہیل سے ہماری ملاقات کا وسیلہ بنیں۔

بھگوان ڈاکٹر سہیل کو اپنے حفظ وامان میں رکھے

محبت بھری دعاؤں کے ساتھ

رنٹو بھاٹیا

عظمیٰ عزیز کی گرین زون کہانی

ڈاکٹر خالد سہیل کا گرین زون فلسفہ اور مالٹن وومن کونسل

ساری عمر ہری پیلی اور لال بتی کے ٹریفک سگنل کو دیکھتے رہے مگر یہ کبھی بھی خیال ہی نہ گزرا کہ ہمارے اندر بھی اس طرح کی بتییاں جلتی بجھتی رہتی ہیں جو دراصل ہمارے اندرونی جذبات کی ٹریفک کا سگنل ہوتی ہیں۔

2019 میں گرین زون فلسفے کا ذکر تو سنا تھا لیکن ہم اس کی تفصیل سے ناواقف تھے۔ پھر دو سال کے بعد ایک روز کووڈ کی ایک یخ بستہ شام میں ڈاکٹر خالد سہیل زوم کی چھوٹی سی کھڑکی سے مالٹن وومن کونسل کی بیٹھک میں تشریف لائے اور اپنے سہل اندازِ بیان سے اس گرین زون فلسفہِ نفسیات بلکہ فلسفہ حیات کے بارے میں ایک ڈیڑھ گھنٹے کا لیکچر دیا۔ ڈاکٹر صاحب تو چلے گئے لیکن اس مختصر سے لیکچر سے جو ہماری روزمرہ کی گفتگو میں کچھ نئے الفاظ واصطلاحات کا اضافہ ہوا وہ دراصل ان سے دوبارہ مستفید ہونے کا اشارہ تھا۔ ڈاکٹر سہیل کے اس لیکچر کے بعد ہم سوچنے لگے کہ کس طرح اس concept کو اور ڈاکٹر صاحب کے آسان فہم تصورِ سیلف ہیلپ کو گھر گھر تک پہنچایا جائے۔

مالٹن وومن کونسل جو کہ کینیڈا کے صوبے انٹاریو کے شہر مسساگا کے ایک چھوٹے سے گاؤں مالٹن میں 2009 سے عورتوں کی فلاح و بہبود کے لئے دن رات سرگرداں ہے' وہ کمیونٹی میں بالخصوص خواتین کی Holistic health سے متعلق بہت سے معلوماتی پروگرام پیش کرتی ہے۔

پرسکون زندگی کی طرف سات قدم

ان دنوں مالٹن وومن کونسل بزرگوں کی مینٹل ہیلتھ کو مد نظر رکھتے ہوئے کمیونیٹی میں دس مینٹل ہیلتھ امبیسیڈر کو تربیت فراہم کرنا چاہ رہی تھی جس سے یہ امبیسیڈر کمیونیٹی میں زیادہ سے زیادہ بزرگوں کو اپنی ذہنی صحت کی دیکھ بھال اور نگہداشت کی ترغیب دے سکیں۔ اس سلسلے میں بھلا گرین زون لوونگ سے بہتر ٹریننگ کیا ہو سکتی تھی۔ چنانچہ ہم نے ڈاکٹر خالد سہیل سے رجوع کیا اور انہوں نے بہترین انداز میں ہمارے ایمبسڈرز کو گرین زون فلسفے کی ٹریننگ دی۔ اب گرین زون مالٹن وومن کونسل کی بھی صحت کا ضامن بن گیا تھا اور ہم اپنی کونسل کو بھی گرین زون میں رکھنے کی ہر ممکن کوشش کرنے لگے۔

ہمارا پروجیکٹ ''سویرا'' ایسی خواتین کے ساتھ کام کر رہا تھا جو کہ زندگی میں کہیں نہ کہیں Abusive Relationship کے باعث ذہنی تشدد کا شکار رہیں۔ ان کے ماضی کے زخم ان کے حال میں بھی تازہ تھے۔ ان کو ایک ایسے معالج کی تلاش تھی جو کہ نہ صرف ان کے زخموں پہ مرہم رکھ سکے بلکہ آئندہ بھی اپنے آپ کو ہر طرح کی ذہنی اور جذباتی چوٹ سے بچا سکے۔

ڈاکٹر خالد سہیل نے اس ضمن میں مسساگا اور گرد و نواح کی خواتین کو انفرادی تھراپی اور چھ ہفتوں کے گروپ سیشن بھی دیے ہیں جن سے ان خواتین کی ذہنی صحت میں خاطر خواہ مثبت تبدیلی آئی ہے۔

میں مالٹن وومن کونسل کی جانب سے ڈاکٹر خالد سہیل کی تہہ دل سے شکر گزار ہوں کہ انہوں نے نا صرف ہمیں اپنے اندر کے ٹریفک سگنل کی پابندی کرنے کی ترغیب و تحریک دی ہے بلکہ ہمیں اس گرین زون فلسفے سے روشناس کروا کے ہماری کونسل کو بھی سرسبز و شاداب بنا دیا۔

عظمیٰ عزیز

ایکسیکٹو ڈائریکٹر

مالٹن وومن کونسل